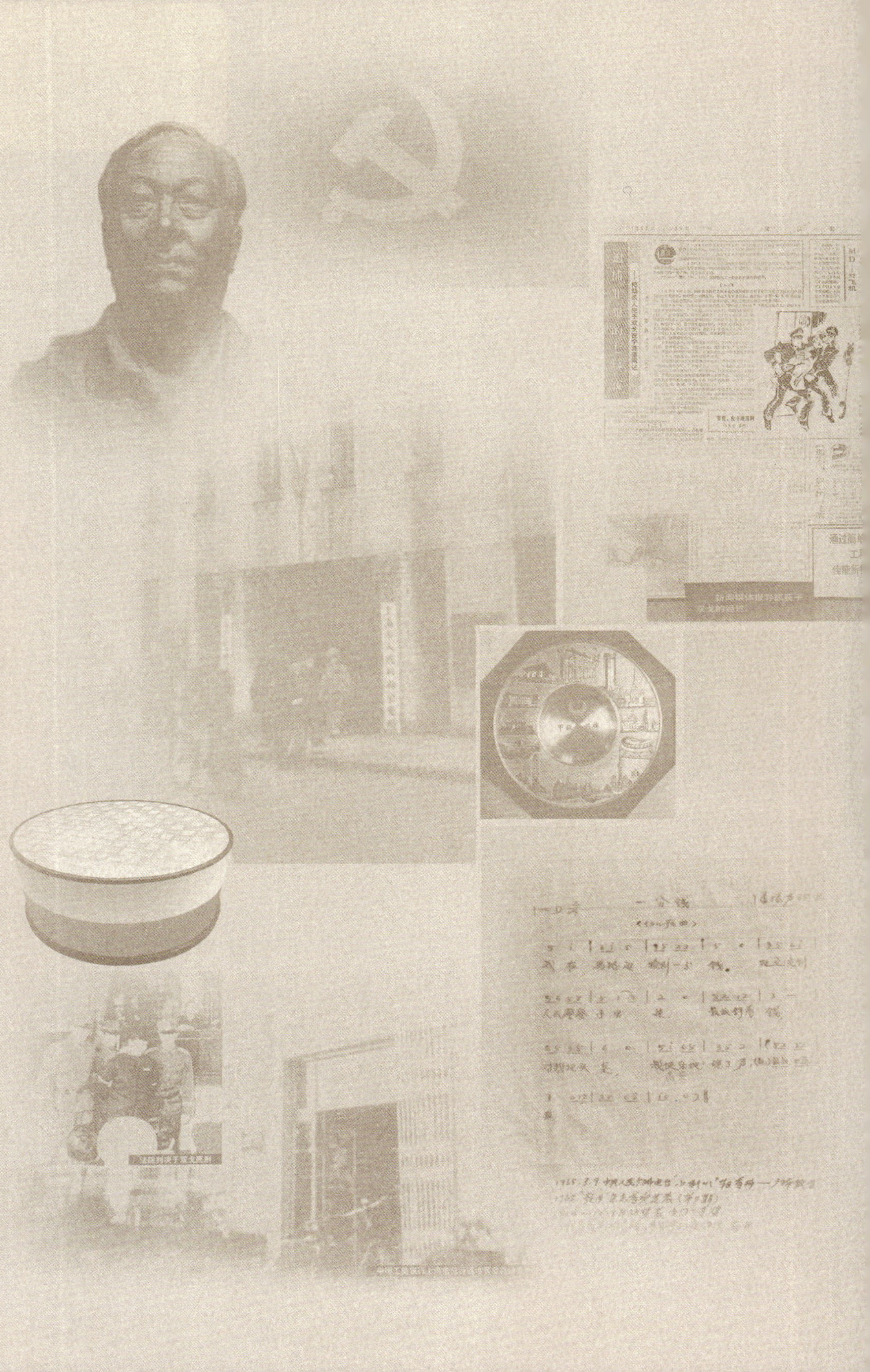

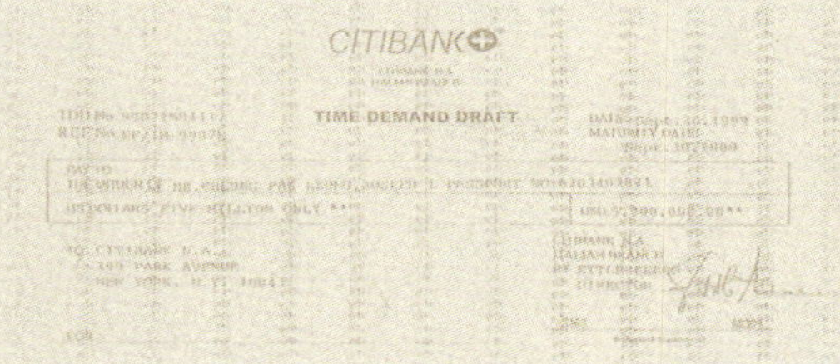
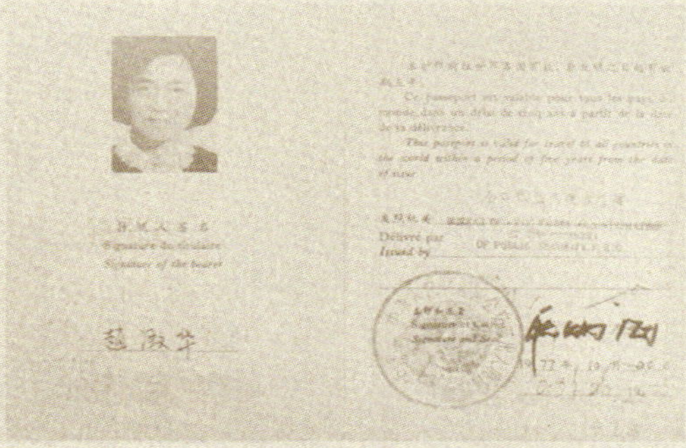
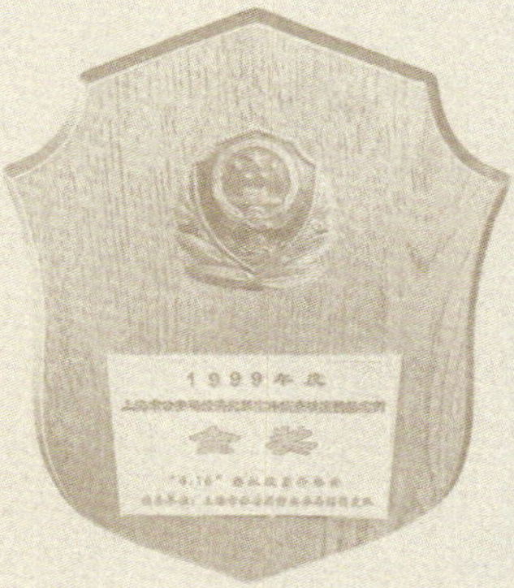
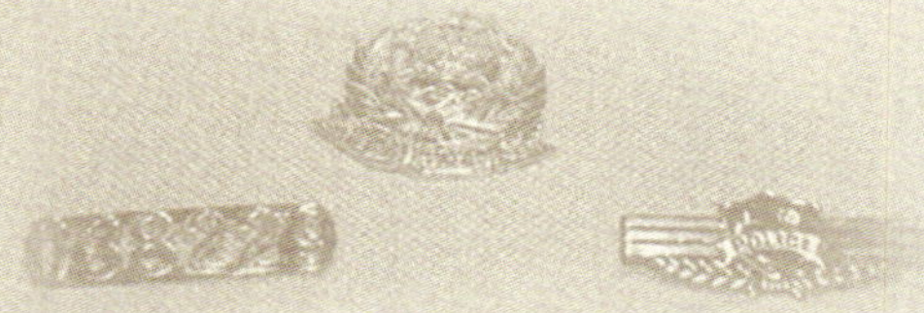
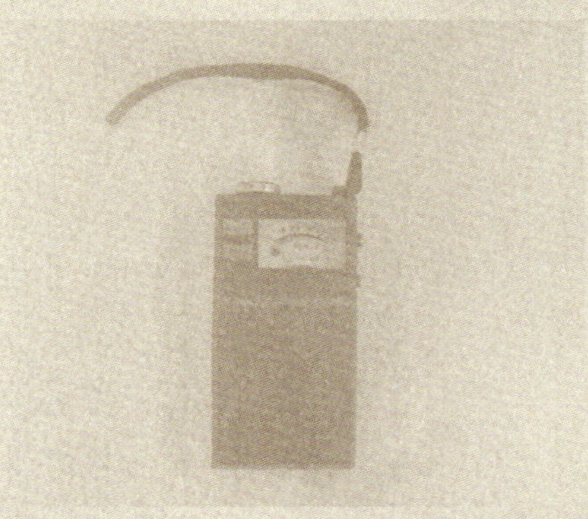
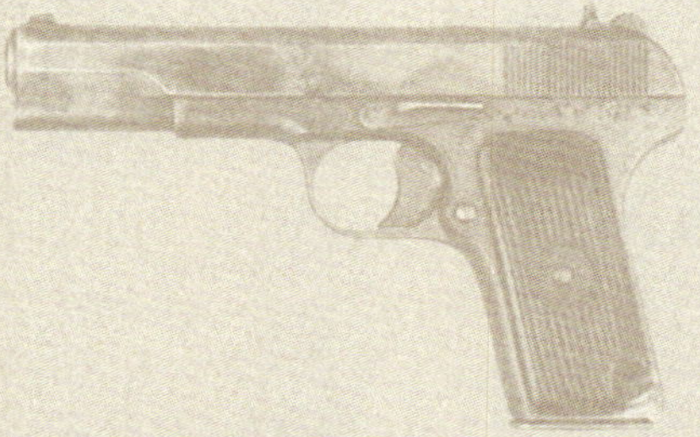
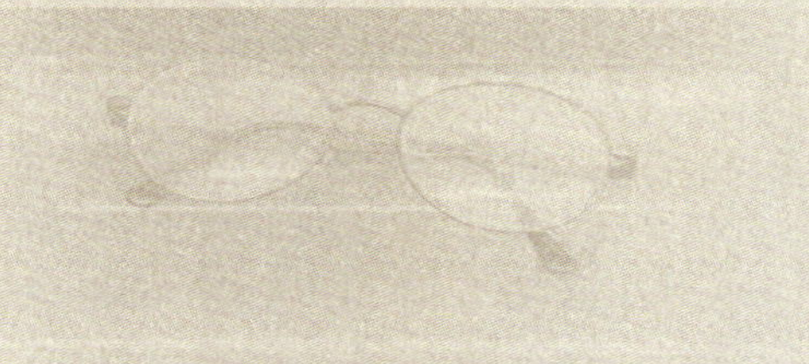

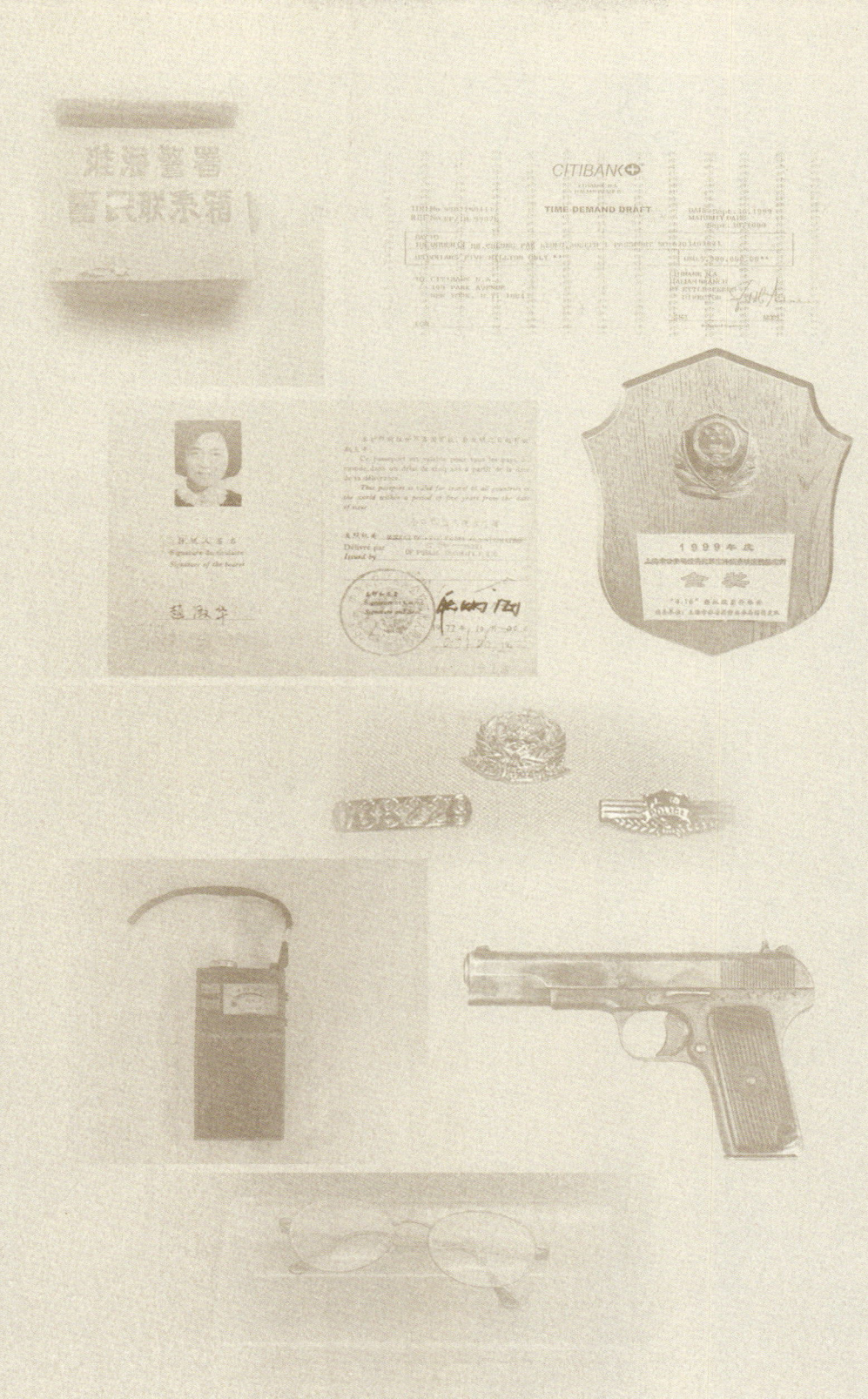

上海公安博物馆系列丛书

金色记忆

——上海公安博物馆藏品背后的故事

上海公安博物馆 编

群众出版社
·北京·

图书在版编目（CIP）数据

金色记忆：上海公安博物馆藏品背后的故事／上海公安博物馆编．—北京：群众出版社，2024.4
ISBN 978-7-5014-6265-0

Ⅰ．①金…　Ⅱ．①上…　Ⅲ．①公安工作—藏品—上海—图集
Ⅳ．①D631-092②G262.9-64

中国版本图书馆 CIP 数据核字（2022）第 204043 号

金色记忆
——上海公安博物馆藏品背后的故事
上海公安博物馆　编

出版发行：群众出版社
地　　址：北京市丰台区方庄芳星园三区 15 号楼
邮政编码：100078
经　　销：新华书店
印　　刷：天津盛辉印刷有限公司

版　　次：2024 年 4 月第 1 版
印　　次：2024 年 4 月第 1 次
印　　张：14.25
开　　本：787 毫米×1092 毫米　1/16
字　　数：226 千字
书　　号：ISBN 978-7-5014-6265-0
定　　价：85.00 元

网　　址：www.qzcbs.com
电子邮箱：qzcbs@sohu.com

营销中心电话：010-83903991
读者服务部电话（门市）：010-83903257
警官读者俱乐部电话（网购、邮购）：010-83901775
教材分社电话：010-83903084

本社图书出现印装质量问题，由本社负责退换
版权所有　侵权必究

序

  千淘万漉虽辛苦，吹尽狂沙始到金。

  这本《金色记忆》是继上海公安博物馆系列丛书《火红印迹》在警营内外取得良好反响的基础上，经过精心策划、深入采访和悉心撰写推出的姐妹篇。

  历史是最好的教科书。当今世界百年未有之大变局加速演进，中华民族伟大复兴进入关键时期，作为党的诞生地、初心始发地、伟大建党精神孕育地的公安机关，我们更需要回望来处，从上海公安发展史中汲取智慧和力量。

  在这本"教科书"中，一段段上海公安口述历史，见证了"信仰永远在路上"的奋斗历程。在奋斗历程中，我们以山一样的坚毅，守望平安、维护正义，不管形势和任务怎么变化，不管遇到什么样的惊涛骇浪，我们始终坚持把握历史主动，始终坚持锚定奋斗目标，披一身风雨，筑人间正道，绘山河锦绣，立精神丰碑，沿着正确的方向砥砺奋进，守护着千家万户的岁月静好。一部上海公安发展史，说到底，就是一部上海公安坚定不移践行党的初心使命的历史。

  在这本"教科书"中，一段段上海公安口述历史，凸显了"人民公安为人民"的根本遵循。在这样的根本遵循中，我们以海一样的胸襟，涵养为民情怀，增进民生福祉，不负人民重托，无愧历史选择，坚持把"问题清单"变成"履职清单"，坚持用"辛苦指数"提升"满意指数"，不断增强人民群众的获得感、幸福感、安全感。

一部上海公安发展史，说到底，就是一部上海公安与人民群众心连心、同呼吸、共命运的历史。

事业的伟大不仅在于目标的壮丽，更在于过程的壮阔；精神的丰美不仅在于境界的高远，更在于经历的丰富。在党的坚强领导下，我们一步步风雨兼程、勇毅前行，不断留下探索的足迹；我们一次次攻坚克难、闯关夺隘，创造了不负时代、不负韶华的历史业绩，交出了不负党、不负人民的历史答卷。我们深知，洞察历史进程，认识历史规律，是为了以历史映照现实、远观未来，是为了把过往与当下、现实与未来贯通起来，这就是历史学界所讲的"大历史观"，这也就是我们编辑出版《金色记忆》的意义所在。

风雨多经人不老，关山初度路犹长。走得再远，也不能忘记走过的路；走到再光辉的未来，也不能忘记为什么出发。公安心向党，护航新征程。让我们牢记"公安姓党"的根本政治属性，在风云激荡中始终保持一份政治清醒；让我们珍惜这份金色记忆，在"争创世界一流的平安城市、建设世界一流的警务模式、塑造世界一流的警察形象"的道路上继续阔步向前。

是为序。

编　者

2024 年 1 月

目　录

一脉相承，警民联系的坚韧纽带
　　……………………………………………………………… 孙建伟 / 001

端木宏峪：江南名探
　　……………………………………………………………… 章慧敏 / 011

"解剖"真相的"白衣侦探"们
　　……………………………………………………………… 缪国庆 / 023

延安华山岗，上海交警一张靓丽名片
　　……………………………………………………………… 孙建伟 / 031

从手写护照到电子护照
　　……………………………………………………………… 徐有威 / 039

侦破"于双戈持枪抢劫杀人案"的八日七夜
　　……………………………………………………………… 章慧敏 / 045

盛铃发：血染沙场化作虹
　　……………………………………………………………… 缪国庆 / 058

胡国利：空防专家是怎样炼成的
　　……………………………………………………………… 姜龙飞 / 071

六踏边陲　万里追凶
　　·················· 章慧敏 / 082

侦破戴厚英被害案始末
　　·················· 章慧敏 / 094

全国首个酒驾查处标准出台始末
　　·················· 孙建伟 / 103

狙击中国股市首个"黑客"
　　·················· 孙建伟 / 112

子虚乌有的"中国国际银行"破灭记
　　·················· 孙建伟 / 124

与"维权"相伴的从警岁月
　　·················· 姜龙飞 / 136

他们将警服穿在心中
　　·················· 胡　晗 / 145

王瑞芳：城市安全韧性的社区实践者
　　·················· 孙建伟 / 152

寒风中，"二十条好汉"登上小洋山岛
　　·················· 孙建伟 / 164

严德海：在烈火中永生
　　·················· 缪国庆 / 174

汶川记忆
　　············ 刘佳雯　缪国庆 / 187

警鹰起飞，向着更高更远的目标
　　·················· 孙建伟 / 194

钱红昊：甘当国际经济金融中心"守夜人"
　　·················· 缪国庆 / 203

本书作者简介 ················· / 212

一脉相承，警民联系的坚韧纽带

孙建伟

上海公安博物馆馆藏文物中有一个警民联系箱，于1957年夏首次安置于新成区（今属静安区）奉贤路派出所辖区的陕西路某弄堂口。1958年7月，在北京召开的第九次全国公安会议上，时任上海市公安局新成分局局长叶在均专门汇报了《关于上门报户口的几点体会》，得到公安部领导和与会代表的充分肯定。大会作出决定，在全国公安派出所推广上门报户口、户籍管区内悬挂警民联系箱。警民联系箱由此在全国推广。

2022年12月上中旬，笔者先后采访了曾在静安分局户政科以及延安中路派出所、威海路派出所工作过的陈定荟、李宝根、张寅，曾在长宁分局新华路派出所工作过的费兴耀，曾在虹口分局长春路派出所工作过的卞卫发、杨伟忠等同志。从起初的警民联系箱到警民联系卡、警民联系簿，再到警民联系语音信箱，从20世纪50年代到21世纪初，上海公安机关走过了一条切实加强警民联系、沟通警民心灵的卓有成效的实践之路。

创始：警民联系箱

1949年6月2日，上海市人民政府公安局成立了。公安机关的重要任务之一就是体现中国共产党"为人民服务"的宗旨，转变民众对警察机构的恐惧、厌恶心理，重塑新型融洽、和谐的警民关系。为此，公安机关迅速发起整顿纪律作风运动,想方设法贴近人民群众,竭尽全力为群众办实事。

1957年盛夏至1958年2月,为了拉近与人民群众的距离,提升人民群众对派出所窗口服务的满意度,新成分局先是拆除了旧警署"高不可攀"的户口申报接待台,随后又推出了派出所24小时昼夜受理户口的创新举措,赢得了辖区居民的一片叫好。但紧接着又出现了一个新问题:如果申报材料需要补证明待查,申办居民与管段民警恰好碰不上面,还是会耽误申报。

中华人民共和国成立初期百废待兴,各行各业都在快马加鞭,大家都忙于工作。时任新成分局局长叶在均在赴基层调研后认为,公安机关要设身处地为老百姓着想。他在思考,民警能不能带着材料上门为居民办户口?分局在继续推进上门办户口工作的同时,还要受理邻里纠纷、治安问题、居民来信反映情况等民警为人民服务的具体事务,怎么找到切实可行的方法使民警都能及时获悉、及时处置呢?

这天,叶在均约了当时的奉贤路派出所所长老陈到地段走访。两人边走边议,不知不觉走到了陕西路的一个弄堂口,那里挂着一个"肃反检举箱",叶在均停下脚步,眼睛突然豁亮了。他指着那个小箱子对老陈说:"你看,这不是现成的吗?"老陈摸摸脑袋,没明白。叶在均说:"现在肃反工作已经结束,我们把这个'肃反检举箱'改成'警民联系箱'不就行了吗?"这下老陈明白了:"还真是,这个主意好啊!叶局长,我们这趟没白跑啊!"

老陈回到所里,连夜和大家一起把这个检举箱改成了警民联系箱,然后披着月色,将它郑重地挂在了陕西路的那个弄堂口,这就是全国第一个警民联系箱。第二天一大早,叶在均兴冲冲地骑着自行车到了这里,发现早已有居民围着这个小箱子指指点点,有人连连说好:"阿拉(沪语,指我们,我们大家)以后有事体(沪语,指事情),就朝箱里投一张字条,民警就会上门来了。"叶在均笑了。没多久,警民联系箱就在全市公安系统推广开来,赢得了市民的交口赞誉。《人民日报》对此作了一则报道,引起时任公安部领导的关注。不久后这位领导来到上海,专程到奉贤路派出所了解警民联系箱的情况,认为警民联系箱是密切警民关系的有效途径和重要桥梁。

1958年6月23日至8月16日，在北京召开的第九次全国公安会议作出决定，在全国公安派出所推广上门报户口、户籍管区内挂警民联系箱两项措施。从上海开始的密切警民关系的两大首创在全国公安系统落地开花了。

现年89岁高龄的李宝根当年从一个商店学徒成为新中国第一代人民警察，曾先后转战治安、刑侦、化工、综合等多个岗位，最令他激情飞扬的还是最初在派出所工作的那一段岁月。回眸70多年前，李老仍然抑制不住激动，他语音铿锵地说："那个时候我充满了一个光荣的人民警察的自豪感和为人民服务的热情，浑身上下好像有用不完的劲儿，居民有点儿什么事来找我，或者我自己发现了什么，能帮他们及时办的，就立即去办，今天能办掉的决不拖到明天。事情办好了，居民高兴，我心里也特别高兴。"

20世纪50年代，户籍民警李宝根的管段贵仁里、泰来里和世德里三条弄堂都挂有警民联系箱，他通过每天查阅警民联系箱中的群众来信和留言，为居民办理户籍申报，调处邻里纠纷，获取违法犯罪线索……群众的需求每桩每件都得到了落实，李宝根也因此与辖区居民建立了深厚的感情。居民有心事都会向他倾诉，他也尽心尽力地帮助居民解决困难。有了警民联系箱做纽带，警民关系自然和谐融洽。

1974年，由李宝根任所长的延安中路派出所被公安部评为全国模范派出所（两个全国模范派出所之一）。至今李老还保存着赴北京领奖时发的红色塑封笔记本。李老回顾的，也是那个年代公安民警的集体记忆。

"我认为，这些分布在上海每一条弄堂里的警民联系箱是在当时条件下卓有成效的创新和探索。它使公安工作深入每家每户，是公安机关探索基层社会治理的绝佳途径和真实样本，有着无可替代的积极作用，而且被实践持续证明着它的有效性和普遍意义。"

原静安分局户政科科长陈定蓁对警民联系箱也有很深的感情。她说，警民联系箱从20世纪50年代初挂上大街小巷后，就一直延续到现在，至今各个派出所还在使用。20世纪50年代，户籍民警按照规定一天两次开箱取件。一些派出所所长为了抽查民警的开箱率，还会手写一张"今天你开箱了吗"的提醒纸条投入箱内，下班时看一看这张纸条是否回到自己手里。

1982年到1985年，张寅在静安分局威海路派出所当户籍民警，每天

一脉相承，警民联系的坚韧纽带

两次开箱也是他的必修课。所里规定，下班前的那一次开箱，如果遇到居民求助，必须立即处置，不能隔夜。张寅说，有段时间港澳同胞回沪人数增多，警民联系箱中也相应增加了相关求助信息，民有所呼，我有所应，这些求助都得到了回应和落实。

时隔几十年，笔者与这些老一代上海户籍民警谈论时，老公安们依然对警民联系箱保持着炽热的情感。他们说，在当时的居民群众眼里，警民联系箱就是人民政府的代表和象征，承载着新政权的信誉，检验着新政权的执政能力。居民的每一次投递都是一种托付、一份信任。户籍民警通过警民联系箱与千家万户联结起来，践行着全心全意为人民服务的宗旨。从这一点上可以毫不夸张地说，一个小小的警民联系箱，心系百姓，服务群众，厥功至伟。

继承：警民联系卡

1992年1月，经过短暂的培训，31岁的费兴耀在长宁分局新华路派出所担任户籍民警。费兴耀是细心人，更是热心人，他发现新式居民小区不同于旧式里弄，独门独户以后，居民生怕让邻居误会家里出了什么事情，不太欢迎民警上门。费兴耀一直在想怎样才能尽快与辖区居民沟通，切实发挥基层民警密切联系群众、服务群众的作用。受到当时社会上刚刚兴起的发名片的启发，费兴耀自己设计了一张类似名片的"警民联系卡"，正面印着自己的姓名、BP机号码、派出所联系电话，后来又加上了所长热线电话。反面写着：居民您好！为了使您在新华地区安居乐业，此卡便于您同民警联系，使民警能更好地为您服务，每周六上午民警在居委会接待居民。后来接待时间又增加了每周四下午。

在请示所长同意后，费兴耀自己掏钱去印刷厂印制了警民联系卡，然后上门发放给1300多户辖区居民。他还特别提醒居民把这张警民联系卡压在家里吃饭桌子的玻璃下面，这样就能随时看到，有什么问题随时可以找到他。这么一大圈儿下来，居民都记住了这个善意亲和的青年民警小费。

"为什么必须把居民的门敲开？"费兴耀说："户籍民警进不了居民家的门，怎么了解社区情况？又怎么知道居民需要我们为他们做些什么？"

警民联系卡推出后，费兴耀的BP机呼叫频率日趋增多。他像个陀螺，从这家转到那家，所以就有人说："这事儿太烦，要把自己套牢的。"费兴耀的看法是，套牢是肯定的，麻烦也一定是存在的，这都已在他的考量之中。

他对一起邻里纠纷的处置应该就是这句话的"注脚"。有两户人家在公用区域使用过程中积累了矛盾，先是在合用灶台上争地盘，费兴耀帮他们划定了"三八线"；接着为门上出现裂缝唇枪舌剑，费兴耀请来木工修补。某天，张家发现下水管渗漏，水漫金山，怀疑是李家做了手脚使坏，于是恶言相诘，李家还击，互骂升级，要费兴耀来调处。费兴耀心想，要让我调处，说明他们对民警还是信任的。他到场后先让双方冷静下来，也不忙着断明"是非"，而是卷起裤脚，用扳手拧紧水管螺帽，又一声不吭地从窨井里掏出整整一畚箕堵塞的污物，一不小心手被扎破了，但他继续干活，直到将地面拖干。这个场面使两个刚才还面红耳赤、青筋暴凸的"对手"深感羞愧，他们不再各自告状了，并拿出毛巾和红药水递给费兴耀，表示以后不会再无理取闹，麻烦民警同志了。费兴耀擦着满头大汗说，这都是小事，你们和睦相处，就是对我工作最大的支持。

费兴耀用自己的辛勤付出为居民解了套。当然，对众多户籍民警来说，还有更多的"套"等着他们去解，而解套的关键其实就是警民关系的融洽和互信。

那天访谈时，笔者问费兴耀："警民联系卡推出后，你一天忙到晚，三天两头自愿加班，有时还得搭上休息天，甚至自己掏钱为居民解决问题，确实是把自己套牢了，你有没有后悔过？"

他很确定地说："没有，做警民联系卡的时候我就想好了，这件事肯定烦，除了处置警务，还会给自己增加很多额外的事，如哪家水龙头漏水、哪家煤气出故障、哪家有人患急病等，但我既然作出了这个承诺，就必须兑现，开弓没有回头箭，我这个人就是这样，说出去的话从不收回。我这样做了，居民就都认识我了，在他们需要的时候随叫随到，我觉得这是一个户籍民警的责任。我一直认为，户籍民警就是辖区的大管家，凡是辖区居民的事，不管是谁，无论大小，都要尽心尽责地去做好，这样才能真正建立与居民的情谊。人心都是肉长的，居民凭啥信任你，不就是凭着你对他们的真诚和付出吗？民警在为居民服务的过程中体现了自我价值，居民在接受服务的过程中对民警增添了信任，这是双赢的局面。记得也是在 1992 年，市局搞了个民警知晓率调查，调查人员在新华居委会所属居民中随意询问，居民对我的知晓率是 100%。我听到这个反馈，还是很开心的。虽然不能说明我做得多么好，但至少说明居民对我的做法是认可的吧。"

这个知晓率很快在新华路派出所引起了反响。接着，警民联系卡在全所推广，并逐步向全市派出所辐射。

1995 年，延续了 40 多年的"户籍民警"被"社区民警"取代。这不仅是一个简单的名词变化，还是上海公安机关结合社会经济发展实际，对警民联系的崭新定位，从户籍工作到社区工作的全方位拓展衍生，更加强调民警深入社区察民情、解民忧，新时代警民和谐关系得到进一步深化。

作为警民联系箱的拓展，警民联系卡正是社会转型期密切警民关系的极佳途径，它的探索和实践者费兴耀也完成了社区民警的角色转换。接着，他继续探索簿册梳理、分类管理、提前介入等工作方法，而这些都是警民联系卡的衍生成果。

费兴耀在向居民发放警民联系卡的过程中发现有不少房子存在人户分离的情况，还有居住在这里的外籍人员、外区沪籍人员、外省市人员，以及在辖区内注册的企事业单位、商务楼，等等。他挨家挨户上门了解情况，然后分门别类登记造册，以不同颜色标注。比如，人户分离标红色，外籍人员标黄色，外区沪籍人员标绿色，外省市人员标蓝色等。这项创造性的工作为费兴耀细致掌握辖区人口实际情况和做好社区管理工作打下了坚实的基础。

在费兴耀的辖区中有几栋小别墅，吸引了不少来沪投资经商的外籍人员租住。史密斯先生租住了一栋别墅，可停车位总是被别人占用，甚是烦恼。某日，费兴耀在走访中了解到这个情况后就留了个心。经向各方了解，这个车位确实与房屋一并出租，应当维护租客的合法权益。费兴耀请人画好了黄线框，写明了车牌号。此后，车位被人无端占用的情况再也没发生过。史密斯先生十分感动，费兴耀则递上了警民联系卡，史密斯先生接过卡片很是惊喜，觉得自己没有来错地方。另一位外籍企业家也是通过警民联系卡找到费兴耀，并在费兴耀的协调下解决了夜间噪声扰民的难题。可以说具有中国特色、上海特色的警民联系卡，其影响力延伸到了国外。颇有意思的是，费兴耀的儿子从上海公安学院毕业后，就在父亲当年工作的新华社区当民警，居民们亲切地称他为"小小费"，这位接班人正以与时代相符的方式与居民建立起更快捷、更畅通的警民关系。

发展：语音信箱

对社区民警的定位为进一步密切警民联系加上了助推器。费兴耀推出警民联系卡3年多后，1995年11月30日，虹口分局长春路派出所在全市公安系统率先推出一项新举措——警民联系语音信箱。辖区居民只要一个电话，就可以找到民警办理相关事宜。很快，这个地区2万余户居民拿到了精心印制的硬纸卡片，看到了派出所的服务承诺：为了方便您申报户口、办证、法律咨询，同时对我们的工作进行监督，提出建议、批评或举报，请您拨打"6460"语音信箱。您提出的问题，我们在当日或3天内给您答复。这项承诺还广泛告知了辖区内数百家工厂企业、商店及各类大小办事机构的警风警纪监督员，以提高知晓率，由此，警民联系为适应社会发展又增添了一个"空中窗口"。

这个"空中窗口"的创意最初来自当时的长春路派出所所长卞卫发。卞卫发在长春路派出所当过民警，后来又干过户政、治安两大公安业务。14年后回到派出所当所长，随即他开始思考，社会发展很快，群众需求也在增多，基层派出所民警如何才能以最快的速度、最好的质量为群众办实事，使群众更加理解和支持公安工作，这是迫切需要解决的问题。

这位老所长回忆道："当时我刚回到曾经工作了4年的长春路派出所，听到了一些居民的抱怨，如民警下地段少，民警难找，办户口、身份证往返次数太多，等等。我觉得脸上发烫，所以花了很多时间下地段跑，主动听取居民的意见建议，尽量缩小民警和群众的距离。在一次接待中，我偶然听到一条消息，国脉'460'语音信箱兼有宣传、咨询、信息交流和举报监督等功能，我一下子就听进去了。心想，能不能把它用到公安工作中去呢？所以我就继续了解它的使用方法。只要在直线电话上装上语音信箱，即便多人同时拨打，也不会出现忙音。这太好了。那时候，辖区内几乎家家户户都安装了固定电话，居民可以随时把自己的需求留言在语音信箱里，派出所定时开启，解答或解决他们的问题和需求。我把这个想法在所班子会议上一说，大家一致叫好。"卞卫发在向分局领导汇报时建议先在长春路派出所试点，听完他的汇报后，分局表示全力支持。

笔者对卞卫发说，这说明这个想法既适应了时代要求，也是十分迫切的；不仅是对基层派出所为民服务能力的检验和提高，也是一个标志性的转折。他说确实是这样。时代变了，派出所的服务思路也要随之改变，不能原地踏步。

从筹划到推出，历时不到 2 个月，语音信箱正式走上警民联系第一线。可以说，这是上海公安机关在新形势下有效利用高科技手段加强警民联系、沟通警民连心桥的又一个重磅举措。

第一个拨进语音信箱的是溧阳路 964 弄某号居民刘阿姨。她要申请一只电表，但是户口簿找不到了，没户口簿，供电局不能办。刘阿姨想来想去，正好派出所刚刚公布了语音信箱，她就想打电话试试看。这一试还真的让她大为惊喜。仅仅 1 小时后，她就拿到了派出所为她出具的户籍证明。刘阿姨想，这简直是奇迹，心里更是对这个语音信箱感激万分。

一天，卞卫发收到居民徐先生在语音信箱里的询问，他的 10 年期身份证换证手续已经办好，但至今没拿到新身份证，问究竟是什么原因。卞卫发向经办民警了解情况后，第一时间回复他："你的身份证已经制作完成，由民警送到居委会，你可去自取。"徐先生当天收到回复，兴冲冲地赶到居委会领到了身份证。他兴奋地说："我打一个电话，身份证就拿到了。语音信箱真好。"这件事他从居委会讲到邻居，讲到朋友，逢人便讲。

这种正能量的传播使语音信箱声名远播，也给派出所带来了动力。语音信箱开通的第一个月，长春路派出所共接到居民留言电话 57 个，其中解决户口簿、身份证这两个与居民切身利益有关的事项 41 个，反映治安问题的事项 15 个，举报犯罪线索 1 个。每桩事都有着落，不拖尾巴。这使全所民警信心十足，语音信箱这个全新的便民利民措施优势明显显现。

虹口分局党委对语音信箱给予了极大的关注和重视，相关职能部门也在走访中听取了居民对语音信箱的看法，不少通过语音信箱解决了问题的居民说，语音信箱为老百姓着想，为老百姓所急，我们很高兴，也放心。派出所民警说，我们在经办过程中也感受到居民对民警的信任逐步提升，警民联系越来越密切了。

从语音信箱初步取得的效果看，它至少有三大优势：一是方便了群众办事，尤其是急事、难事；二是为警风警纪的监督提供了便捷的途径；三是为公安机关掌握社会治安动态增设了一条非常有效的渠道。

如何体现语音信箱的监督作用呢？卞卫发讲述了他曾经处置的一件事。1996年初，卞卫发从语音信箱中获取到一条信息，一位居民称自己数月前提出分户要求，至今没一点回音。数月，这已经与"3天内答复"的规定大相径庭了。卞卫发立即把那个管段的社区民警找到办公室来询问这件事的经办情况。民警回答，这位居民符合分户条件，但这些日子事情比较多，他想等到春节再办。卞卫发马上说，既然符合条件为啥要等？马上就办。当日，民警就为该居民办妥了分户手续，并专程送到居民家里。这件事对这位民警也是一次教育警醒。自此以后，他的办事效率大大提高。

卞卫发说，对辖区居民来说，语音信箱是派出所为民服务开辟的新渠道；对民警来说，则是监督和考核包括所领导在内的每一个民警的服务态度、执法水平、办事效率和能力的全方位的依据。随着语音信箱的推广，辖区群众安全感、满意度不断上升，群众来信比上年同期大幅减少，几乎听不到"找民警难"的抱怨声了。与之相对应的是，派出所门庭若市的现象大为改观，民警的业务能力和当天办结率得到显著提升。

这确实是一件一举多得的事。1996年2月中旬，春节前夕的一天下午，辖区居民通过语音信箱举报了一条信息：某居民非法贩卖烟花爆竹，并在家中储藏了大量该类危险物品，随时有可能引发火灾。长春路派出所接报后立即出警，当场在该居民家里查获并没收了其私藏的七大箱烟花爆竹，消除了火灾隐患，也解除了周边居民的担忧。同年，长春路派出所破获的一起盗窃大案的举报线索也是通过语音信箱收到的。语音信箱建立开通一年，长春路派出所接到的有效举报线索共9起。

卞卫发回忆道，为了使语音信箱里群众要求办的事件件都不落空，当时的副所长杨伟忠设计了语音信箱便民登记簿，制作了信箱接处登记表，所领导坚持每天在上午9时和下午2时两次开启信箱，风雨无阻，雷打不动，每件事3天内必有答复，处理结果由所领导在登记簿上签名。

对于信箱接处登记表，杨伟忠印象特别深。他说，这个表一式两份，一份存根，一份处理意见回执。民警上门答复时，由语音信箱来电人在回执中的"处理结果"一栏里填写意见，分别为"满意""基本满意""表示理解""不满意""要求所领导接待"五个选项，民警必须将意见回执交所领导查验，这是不掺假的、挤掉"水分"的"干货"。其实，即便是前两档意见，所领导也会以不定期的抽查或回访的方式验明"正身"。同样，即便不是"要求所领导接待"，属于后三档情况的任何一种，按规定，所领导也必须上门听取居民意见，并当面给予答复。这项规定真是铁面而苛严了。

在卞卫发看来，推出语音信箱的目的就是要更好地为辖区居民服务，不是做秀，不是喊口号，所以必须保持它的纯净度，绝不允许弄虚作假。

语音信箱的开通和一系列配套措施的实行，提高了派出所民警工作的质量和透明度，给长春路派出所带来了质的变化，舆论也对此予以了积极评价。《解放日报》《文汇报》《新民晚报》等上海市主要新闻媒体都作了专题报道，称这是警民联系传统的回归。一年后，虹口分局党委作出决定，在全区所有派出所推广语音信箱，全面开通警民联系"6460语音信箱"。

顺应时代之变，运用符合时代需求的科技手段为公安工作打开新的管理思路和工作方式，语音信箱是一个极佳的范例，充分展示了公安机关以人民为中心的工作宗旨和落在实处的准则，极大地促进了公安工作规范化建设，可以说是当年警民联系箱制度的一种延伸。

时代变化是大趋势，作为各种社会关系中极具平衡作用的警民联系方式仍在不断变化，然而无论怎么变，上海公安机关独创并发展的警民联系箱、警民联系卡、语音信箱，以及当下基于网络社交媒体组建的警民联系群，都将被持续证明它们在构筑中国式警民关系的过程中的坚韧性和有效性。

端木宏峪：江南名探

章慧敏

"刑警803"和一个人的名字是紧紧相连的，他就是被誉为江南名探的端木宏峪。端木身边的战友，无论老少都习惯称他为老端木，在战友们的心中，"老"不仅代表着他的资历、他的战绩、他的赫赫声名，更代表着刑侦战线的同行们对他的敬仰。老端木离开人世已近30年了，但人们并没有因为岁月的流逝而忘记他，仿佛陈年佳酿，越陈越有积淀、越有回味，老端木依旧是"刑警803"的一面旗帜、一座丰碑。

人间女儿，世间真情

1995年9月3日，端木宏峪的人生画上了句号。这期间沪上媒体先后报道了这位一生传奇的江南名探的事迹。

9月18日早上，一位穿着白色连衣裙的姑娘走进文汇报社将一封信交给了政法部记者王宝来。姑娘说："我想要表达的内容都写在信里了，请你读一下，谢谢你……"还没等王宝来回过神来，她就匆匆告辞了。

原来，这位姑娘昨天在《文汇报》上读到了王宝来追忆老端木的文章，文中那些感人事迹让她思绪万千。感动之余，她觉得自己应该为这位无私无畏为上海人民的安宁付出毕生心血的名探做点什么。当晚，她翻来覆去睡不着，突然间她想到了应该为老侦探塑一尊雕像，让人们永久地纪念他。于是，她饱含深情地给记者写了信，还在信封中夹了300元钱，表示这是第一笔塑像的费用，春节前她会凑齐1000元费用的。姑娘在信的最后说，虽然自己资金有限，对塑像的费用只是杯水车薪，可这是她由衷的心意。信的最后，她署上了"人间女儿"的名字……

王宝来读完信后，心生敬意，立刻追出办公室，却已不见了姑娘的身影。转眼3个月过去，果然陆续收到了"人间女儿"寄来的700元钱。王宝来一刻也不耽搁，把信和捐款一起送到了位于中山北一路803号的上海市公安局刑侦总队（以下简称803）。

听了记者的讲述，刑侦总队领导也对"人间女儿"的真诚义举感慨万分。他深觉为老处长、一代名探老端木塑一尊像供后人永远瞻仰，无疑是个好建议，他们决定要么不塑，要塑就请沪上著名的雕塑家来为端木塑一尊铜像，塑出老端木传神的气韵和气质。

然而，就在决定为老端木塑像的同时，还有一个"悬案"需要尽快破解：找到"人间女儿"。令所有人想不到的是，这位姑娘居然是位下岗女工，经济拮据的她为了表达对英雄的崇敬，省吃俭用了半年才积攒下1000元钱，隐姓埋名捐献出来。实实在在的人间好女儿啊。

803的刑警们多么想当面向这位"人间女儿"道声谢，但为尊重她不愿声张的愿望，更为了不打破她平静的生活，不得已作罢。可是，这位姑娘的义举、善举却长留在上海刑警的心里。

1996年夏初，上海油雕院院长、著名油画家邱端敏和上海油雕院教授、雕塑家吴慧明应约来到803。这对伉俪听说要为江南名探塑像，慨然应允。

说起吴慧明教授，那可是大名鼎鼎的雕塑家，她采用抽象手法塑出的少女托起地球的《升》，如今矗立在联合国大厦的草坪上，令世界瞩目。在构思与创作中，两位雕塑家一次次地来到803，与老端木生前的战友和亲属交谈，还查看了大量的资料以及端木的录像。渐渐地，老端木智勇双全、坚韧不拔、宠辱不惊的精神在两位雕塑家的心里越来越具体化了，更激活了他们的创作灵感。半年后，一尊浓缩着端木侦探生涯的铜像终于完成了。

1998年12月26日，上海市公安局为铜像举行隆重的落成揭幕仪式。只见端木身着便衣，额上的皱纹记录着他的风雨沧桑，那深邃目光仿佛穿越了时空。刑侦总队领导在揭幕仪式上深情地说：端木的身上集中体现了刑警的精神风范和人格力量，上海刑警要向楷模端木宏峪学习，不畏艰难，再立新功。

端木留下的精神榜样："勇者无畏、智者无敌"

从警40年来，老端木破获的案件难以计数，江南名探的赞誉他当之无愧。803的刑警们有一句相当形象的话：侦破案件时，只要看到老端木到场，大家的心里就觉得有谱，就感到安心。老端木就像是一根定海神针，在关键时刻起到了稳定军心的作用。

在今夏的酷暑中，曾经的同事相聚803深情地回忆与端木共事的点滴。他们说在端木身边工作的最大感受便是有压力，但更多的是受益，以至于在他们几十年的刑警生涯中，当年从端木身上感染的那股精气神始终不散，使他们获益终生。

1981年，从公安学校毕业的小汪开始了他的刑事警察工作。那时，老端木是治安处的副处长，他的名声对小汪这批新入803的年轻刑警来说早已如雷贯耳，端木破案的"神"于他们这些初出茅庐的小青年来说如同听故事般神奇。不过，正因为敬佩也就特别"怕"他，怕他不苟言笑的严肃面容，怕他对缺少经验的年轻人横竖看不惯，更怕给803丢脸。

但是，不久后发生的一件事让小汪感受到了端木除了铁血还有柔情。有一次办案到深夜，小汪没有回家，睡在了单位的办公桌上，可能夜里吹了点风，第二天止不住的腹泻让他脸色煞白、浑身无力、走路打飘。他对自己说案子还没破，必须坚持。

没想到老端木一进办公室就注意到脸色苍白的他，立刻走过来问："怎么了？"小汪摆摆手，表示自己没事。可端木不容分说，对司机说："快送小汪去医院，不要耽搁了病情。"然后扶起小汪命令他立刻去医院。

坐在每天接送老端木的那辆老式伏尔加汽车里，小汪理解了什么叫作铁骨柔情。

然而，对于年轻人在工作中的责任和担当，端木是绝对不含糊的。

小汪记得自己工作不久去松江佘山和当地民警调查一起凶杀案：一名女性被发现死在河里，法医鉴定是他杀，那么谁是凶手成为调查的关键。

从对周围村民的调查中，小汪敏感地觉得死者的情人有重大作案嫌疑，应该立刻将他控制住，作进一步调查。可当地派出所的民警却认为都是生活在一个地区的村邻，他的一举一动都在掌控之中，放他回家也是跑得了和尚跑不了庙，不必担心。

当年的小汪才23岁，从公安学校毕业还不到两年，若论资格属于一张白纸，嫩着呢。所以，碍于自己是侦查战线的新兵，他没有据理力争，眼睁睁地看着犯罪嫌疑人出了派出所的大门。

得知发生了凶杀案的端木很快也来到了佘山，当他了解了案情调查的过程，又从小汪口中得知犯罪嫌疑人已回家的消息，脸霎时涨得通红，他一下子站起身，指着小汪呵斥道："你懂不懂破案的基本常识？不懂就回家睡觉去。犯罪嫌疑人就在你们的眼前，竟然不核实情况就放走了。如果他是杀人犯，回家必然会串供，怎么能从你的眼皮底下放走？"

虽然小汪觉得委屈，他很想对端木说放犯罪嫌疑人回家并非自己的主意，可他说不出口，毕竟他没有坚持己见。小汪这时只想找个地洞钻进去，因为他觉得老端木骂得对。他敬仰的老端木在案情面前就是个"猎人"，他不会放过一丝一毫豺狼的气息，而自己缺少的就是这样的侦破境界。

转眼到了1983年，有一位名人在家中被害，引发了社会关注。

在案情讨论会上，针对凶手究竟是谁的问题，参与勘查的刑侦人员都提出了各自的看法，却又莫衷一是。与会的大部分人纷纷发表了各自的想法，突然老端木面对小汪问了句："小汪，你有什么想法？"

自佘山案件被端木批评后，小汪自始至终没为自己辩解过，但也就是从那时起，他牢牢地记住了被端木"骂"的内容：一个刑警的基本常识、职责所在。那次的教训让小汪铭记在心，同样的错误他不会再犯了。此刻，直觉告诉小汪，老端木一定是了解了实情，知道错怪他了，否则，端木的眼里容不得沙子，他可不屑于听取一个不思进取的人的见解。

受宠若惊的小汪努力平复了一下激动的心情后说道："我认为凶手可能是被害人举报过的那个人……"

此言一出，在场的人都有点吃惊，是什么依据在支撑小汪的这个论点呢？小汪看向端木，他分明看到老端木目光中的鼓励，小汪把这些日子他对这起凶杀案的思考一股脑儿地全盘托出——

"这些日子我们调查的是杀人案件，凶手是谁？我们也找那个人了解过情况，但是，他在谈话中避重就轻，交代了3个问题，却矢口不提与死者的往事。这说明了什么呢？说明他心虚，在搪塞，他的刻意隐瞒，意味着背后还有大事情……"

小汪看到老端木频频点头，参会的大多数刑警也认可他的观点，小汪的自信心越来越强了。当然，案件的最终结果很快就昭明，凶手正是他说的那个人，由此告慰了死者的亡灵。

端木做了很长时间的刑侦一队队长，这个一队后来被称作"老一队"。跟了老端木整整10年，曾经的小汪、现在的老汪直言，他和战友们都为能成为"老一队"的一员而自豪、兴奋。他们那时就像是海绵吸水，不断地汲取、汲取，唯恐漏掉点什么养料。直到退休前，老汪还保留着每接一个案件就记笔记的好习惯：案前写，案后写，只为分析得与失的细枝末节，这是经验，这是积累，这是成功的支撑，这更是老端木当年对年轻刑警们的要求，让他们终身受益。

老端木用榜样的力量激励着这帮年轻人，他们由衷地服他、敬他，老汪至今还清楚地记得队员们下班后的第一件事不是急着回家，而是急着抢办公桌。办公桌就是他们的床铺，抢到后便把被褥铺上，睡在单位里等案子。

破案苦吗、累吗？当然又苦又累，但老汪他们根本不怕，因为前面有一个为破案而生的指挥官，他是"老一队"的"定海神针"。如今已经退休的老汪说起那时扎实的工作作风仍激动万分，"领头羊"的作用是不可替代的，那是不疯魔不成活的敬业精神累积而成的功绩。

老端木从业40年来，全身心地投入使其终成一代名探，换来业内的崇敬和尊重。他的事迹也被记录下来广为传播。

曾任《人民警察》杂志美术编辑的胡明回忆起一件事，当年，《人民警察》杂志要发表一篇记述老端木的纪实文章，文章完成后需要配他本人的照片。图文并茂，真实可信。胡明就是那个给老端木拍照的人。

上海警察中几乎没有不"认识"老端木的，他的名字如雷贯耳。可作为摄影者，胡明除了拍过几次老端木和刑警们在案发现场、召开案情分析会的集体照，面对面为他个人拍照几乎没有过。胡明心想，这次任务可不是随意拍一张肖像照留个影而已，面对他心中敬佩的前辈，胡明希望尽自己最大的能力拍出端木的精气神来。

金色记忆

老端木在日常生活中烟不离手，不苟言笑，不爱多话，习惯于思索，他可不是个喜形于色的人。这就给摄影师增添了难度，诚然，摄影师可以指挥被拍摄的人做这个或那个动作，但那是摆拍，并非胡明心目中端木的形象。那么，胡明心目中的老端木应该是什么样的呢？

在人民警察杂志社，白天各个部门忙于工作，办公室是喧闹的，并不利于拍摄。于是，胡明约老端木晚上下班后来照相。当晚，老端木如约而至，胡明发现，一个在刑侦一线叱咤风云的人物，听到拍照的事竟也局促不安。

为了拍摄成功，胡明事先认真做了功课，也有了自己的布局，那就是删繁就简，突出端木这个人。20世纪80年代的办公室相当简陋，根本没有这样那样的照相器材，更不要说照相馆里才有的灯光了。在等待端木的时间里，胡明问同事借了一盏用来画画的台灯，又在靠墙处放了一把靠背椅。

当端木走进办公室时，胡明有点被惊到了。当年50多岁的端木高大的身材显得疲态，两只眼袋很大，一看就是睡眠不足引起的。不过，虽然拍照的环境很简陋，但这时的胡明其实是有想法的，他觉得恰是这种与平时工作场所无异的地方才会让人放松下来。

胡明对端木说："你请坐，你归你抽烟，我来调焦距，等调好了叫你。"其实，胡明调光圈和焦距的过程也是他和老端木调整心态的过程，让他从不自在到自在。

老端木依然是平常状态，双眼微闭，一口接一口地在抽烟。香烟袅袅，升腾半空。就在这时，胡明突然喊了声"老端木"！老端木的头瞬间转过来。胡明惊呆了，刚刚还老态龙钟的端木，灵敏与警觉就在刹那间爆发。胡明"咔嚓咔嚓"按下快门，他有预感，今天的照片定会传神的。

果然，老端木的照片印出后，呈现在大家面前的是一位眼里充满睿智的侦探。这张老端木的黑白照片后来被许多地方引用，这让胡明无比感叹，人们的眼光是一致的。老端木真人不露相，但他的脑海中始终绷着一根警觉的弦，一有风吹草动，他就是个猎狐的高手，就是个为刑侦事业而生的警察。这一期的《人民警察》杂志破天荒地以这张照片作为半个版面的题图……

《江南名探》彰显老端木传奇人生

记录老端木在不同年代用不同的侦破手段、不同的经验积累为民除害，已经退休多年的公安作家张斌很有发言权。

张斌清楚地记得初见老端木是在1989年7月30日，地点在普陀分局，那一年老端木62岁。

张斌久仰端木，却无缘交往，但他听说有许多报纸杂志慕名前去采访端木，都被他一一拒绝了。端木回绝的理由很简单：破案是一个集体工程，不是哪个人能独立完成的，要写就写803群体，就写战斗在一线的刑侦民警。

如果不是市局领导的鼓励，张斌是没有机缘写端木的探案生涯的。张斌写的《江南名探》再版了3次，可见社会的反响有多好。他与老端木的情谊是在采访中建立的，他对刑警的痴情也是在与老端木相处中产生的。27万字的《江南名探》写作过程让张斌认识了端木，了解了端木，更理解了端木。书稿印刷出版后，虽然无法再延伸内容了，但一代名探老端木的精神将代代传颂。

那天，端木见到张斌时说，他已经退居二线了，但不久前市局领导还是请他出山去负责侦破一个在铁道线上流窜作案的犯罪团伙大案，这个案子涉及全国范围，案发的现场又都在火车上，所以侦破的难度比较大。虽然有难度，端木仍自信地表示专案组同志们的决心更大，干劲儿更足，大家正在抓紧破案……

有关这起生擒"东北虎"的"5·10"大案可以说战果辉煌：在短短的10个月里，端木率领的专案组的足迹遍布了全国12个省的20多个城市，行程达10万多公里。辛劳换来了大收获，他们先后抓获了"东北虎"62名，摧毁犯罪团伙14个，端掉流窜犯藏匿的落脚窝点16处，并查获各类刑案48起，案值人民币60多万元……

"5·10"专案的表彰大会是在上海沪警会堂召开的。那一天，端木在接过市领导颁发给他的奖章和证书时心潮起伏，他清楚由于年龄关系，这或许是他侦破的最后一起大案了，指挥官要离开战场了，难免不舍。然而，多年征战，对他而言无论破获什么案件都是本分工作，无须表彰，更没有工夫开怀高兴，因为下一个案子又在等待着他再出发。虽然他已经离休，但他愿意做一名刑侦战线的"老黄忠"，只要号角声响，他便是至死丝方尽的春蚕、热血铸就的战士。

随着张斌对老端木的接触越多，采访越深入，感情越融洽，对他也越发敬重。老端木在职时很低调，沉默是大家对他的第一印象。

老端木在警界的威望很高，可以说他是集中大家智慧的代表。但他对家庭是有亏欠的，几十年来，他真正全身心地扑在工作之中，在大家与小家之间，他总是把比重押在了单位，押在了打击犯罪的责任之上。端木身患多种疾病：脑血管病，胃切除了五分之三，右腿肌肉萎缩，肺结核……这种种的疾病都应该是在家静养的，但他把事业视为生命中的"盐"，一刻也不停歇脚步，还嗜烟如命。

这个不良习惯无疑与长年破案压力有关。熟悉老端木的身边人都为他的身体担忧，劝他戒烟，他自己也想戒，可总也戒不掉，这是因为重案压身，需要动脑筋和熬夜，打持久战，神经一直处于高度紧张之中。

1987年11月16日下午，大连西路上的一家储蓄所传出一声枪响，发生了"于双戈持枪抢劫杀人案"。在重重压力下，老端木仍然沉着地立下军令状，争取10天内侦破此案。在苦苦熬过第7个通宵后，于双戈在宁波被抓的好消息传来，别的侦查员高兴得蹦出几丈高，他却瘫坐在沙发上，进入了梦乡。老端木太累了，以至于同事们为他脱鞋他都不知道，大家看到鞋子里是一双浮肿的脚。

江南名探实至名归

端木说，侦破案子不是靠运气，而是靠思维。说得更具体一点主要是运用逻辑推理。没错，发生在20世纪50年代的储蓄所盗窃案，年轻的侦查员端木就是运用推理破获的。

1954年除夕，上海市民杀鸡宰鸭购买年货，沉浸在迎接新年的喜庆之中。然而，谁都没想到，就在人人欢天喜地迎新春之际，淮海中路天平路口的人民银行第五储蓄所却发生了一起盗窃大案。

在中华人民共和国成立后的上海，储蓄所被盗案还是第一次发生，更何况被盗的是一笔巨款。

光天化日之下谁生有如此贼胆，并伸出了罪恶的贼手？事情还要从除夕这天的中午说起——

已到了中午饭点，银行照例要关门休整 1 个多小时，员工们会趁这段时间吃午饭，还会盘点上午的营业业务并迎候下午的客人。第五储蓄所一共有 4 名女员工，她们的家离储蓄所不远，于是 4 人锁上储蓄所的大门，说说笑笑地回家了，只等下午 1 点 30 分正常营业。

组长马大姐是第一个回到所里的，这时的指针正好指向下午 1 点 10 分。当马大姐用钥匙打开门走进柜台后，惊叫了一声"妈呀"！眼前的一幕令她待在原地走不动了。她看到 4 名员工的办公抽屉一只一只地被打开着，抽屉里的纸片散落一地，而更加触目惊心的是存放钞票的铁皮柜子被撬得变了形，里面空空荡荡，所有钞票被席卷一空。

她想到自己是正常拿钥匙开门进来的，大门并没有被撬过的痕迹，那么这个胆大妄为的盗贼是怎么进来的呢？马大姐知道闯祸了。储蓄所曾制定过严格的规章制度，中午休息时也必须有人在所里值守，而今天中午她们 4 人全都回家去了，这个疏忽是不可原谅的。

就在马大姐哆哆嗦嗦地检查失窃物品时，另外 3 人也陆续来上班了。大家当然知道问题的严重性，可现在再后悔也来不及了。慌了神的 4 人经过清点，发现被窃现金一共有 2900 余万元，定额存款有 2025 万元（相当于 1955 年 3 月 1 日发行的第二套人民币 2900 余元和 2025 元）。

端木宏峪赶到现场后仔细观察储蓄所内外的情况。他看到储蓄所正门是双道门，门锁完好无损。储蓄所内有两扇窗户，为安全起见，木窗框上都钉上了铁栅栏，也没有被撬动过。窃贼是从哪里进入的呢？端木四下查看，他看到只有一扇气窗半掩着没有安装铁栅栏，由此断定盗贼大概率是从气窗翻身进来的。

端木凑近窗户看到外面是一垛砖墙，高约 1.9 米，如果要爬进气窗，那么这垛围墙就是盗贼借力的支撑。再看室内，抽屉被翻，锁扣上留有对称的钳子的印迹，柜门被撬，留有螺丝刀撬痕。在围墙、气窗及室内留下的同样横道花纹鞋印来看，窃贼穿的是"生产牌"胶鞋，鞋印长 27 厘米，基本可以排除储蓄所 4 名女工作人员作案的可能。

在调查中，银行工作人员提供不出什么有价值的线索，但端木分析后认为，一个戴手套作案，而且开锁技术如此熟练的人，绝非新手。从他遗留下的鞋印推断，此人身高在1.6米左右，约20岁。端木提出了自己的侦查线路：一是摸清上海地区有没有类似入室盗窃的前科人员及其行踪。二是通知上海各家储蓄所留意来取款的人中是否有人携带被盗号码的储蓄单……

很快，侦查员在调查中发现新成分局（现属静安分局）辖区不久前发生过一起白天有人从气窗翻进一家商店仓库的盗窃案。被盗的是圆珠笔、铅笔及化妆品。虽然盗窃犯还没抓住，但有群众报告，有个年轻人向她兜售过整盒的化妆品。而且她报出的化妆品品牌，竟然和被盗化妆品一模一样。

这些天紧紧压在端木心头的那块大石头松动了一下，虽然那时端木在公安队伍中还是年轻的后辈，实战经验还不够丰富，但他树立了成功破案的思维模式——侦破案件一定要依靠党的领导，依靠人民群众，实事求是，重证据、重调查研究，用唯物辩证法来分析客观事实。

这位群众提供的这个信息很重要。在不打草惊蛇的情况下，端木给里弄干部悄悄地出谋划策，请她们以检查卫生的名义上门查看，看看犯罪嫌疑人的家里有没有可疑的被盗物品。果然，里弄干部进门后就有了重大发现，在犯罪嫌疑人家里有为数不少的各式化妆品。这就不得不让人怀疑了，一不开店，二非做生意，家里囤积那么多化妆品干吗？里弄干部立刻把这个发现告诉了端木等调查组成员。

调查的结果出来了，犯罪嫌疑人是印钞厂的一名工人。端木率领着侦查员去他家搜查，这一搜，更多的赃物出现了：来不及出手的圆珠笔和铅笔，还有在炉膛里没烧干净的存单纸屑……

审讯中，犯罪嫌疑人根本无法解释为什么家里囤有如此多仓库里的失窃物品。在证据面前他只好交代说，他和另一名姓丁的同伙已多次盗窃过商店的仓库了，春节前夕，两人商量着再捞一把，于是就在除夕这天携带作案工具寻找下手的目标。在路过淮海路和天平路口时，他们瞧见储蓄所的大门紧锁，便知道里面无人，于是一个望风，另一个翻窗入室盗窃，那天得手后二人分赃，他分到的是储蓄存单，但毕竟做贼心虚，不敢到银行取钱，可他又急需要钱来还赌债，于是就向人兜售赃物变现，没承想，就此露出了马脚……

在端木给自己制定的破案心得里，"嗅觉""证据""推理"一样都不可少，他做到了，既增强了自信心，又获得了实战经验。生为刑侦人，端木觉得自己的潜力还能够提升、提升、再提升，让不法分子无处逃匿是他们这代人的职责，他将一步一个脚印、踏踏实实向前迈进。

端木牢牢记住了1954年2月18日，这是储蓄所盗窃案得以侦破的一天，胜利的一天。

20世纪60年代，"半枚灰指纹"的故事再次让端木声名大振。那段时间，日夜奔忙在侦查一线的端木患病住院了。36岁的他，1.8米以上的大高个，体重锐减到60公斤。无论是医生，还是领导，都要他暂时忘掉工作，静心休养。然而，他歇得住吗？

这天下午，普陀分局刑警队队长老李急匆匆地来到病房探视端木。从李队长急促的脚步声中，端木就知道他是无事不登三宝殿。果然，中山北路林家港区域发生了一起凶杀案。死者老马，70岁，江苏海门人，报案的是他儿子小马。老马平日里以收旧货为业，小马则在吴淞的一家工厂里做临时工，因为工厂离家远，他每周六才回家一次。

4月8日傍晚5点30分左右，小马下班回家，敲了半天的门也无人应答，他便从父亲侄孙家的二楼翻窗到自己的房间。踏进父亲的房间，他便被吓住了，只见老马躺在地上已是腿脚冰凉。小马当即喊救命，突然间，他发现父亲的身旁横放着一把菜刀，他抬起父亲的身子，立刻满手都是黏糊糊的血。等他回过神来查看家中的财物时发现父亲的一双布鞋不见了。他为什么对布鞋印象深刻呢？因为他知道父亲在布鞋里塞有黄金饰品……

经法医检测，老马是颈部受扼窒息后被切断颈动脉致死的，凶器就是那把菜刀，刀柄上还留有一枚血指纹。据小马辨认，菜刀是自家的切菜刀。另外，警察还看到老马的嘴里被塞进了一块绣花布。

室内的翻动不大，家里只少了一双布鞋，而周围邻居也没发现有外来人员，大家都认为小马是杀父的最大嫌疑人。这是有依据的，最重要的一点是凶器的木柄上留有小马的血指纹……何况，小马在案发前后行动反常：先是因工作地点离家远，他每周六回家一次，而案发前几天一周往返家中数次，同事询问原因，小马的说法前后不一，一会儿说和人约好了还钱，一会儿又说要去送鸡蛋，而对警察说的是送钥匙回家……再有，小马在发案后的第二天睡在邻居家时突然自言自语道："能不能保住一条命？"然后半夜起身在弄堂里来回踱步，心神不宁。按常理，父亲被害，儿子一定希望公安机关早日破案，替父报仇，但小马却不提破案，反而催着要及早处理尸体。

但是，小马在被拘留审查期间天天喊冤枉，坚决不承认自己杀死了亲爹。案件一时陷入僵局……

端木在病床上听完李队长对案情的叙述后，他的第一感觉是小马喊冤、叫屈背后必有缘故，于是问了李队长一个看似和本案关系不大的问题："最近林家港治安情况怎么样？"

"大案很少，但夜间的小偷小摸时有发生。"

"地区发生小偷小摸，说明治安情况不稳定，这起案子发生在晚上，我看有可能是熟悉老头情况的人或者是邻居干的。不然一个收旧货的老头，不熟悉他的人去寻他干什么？我个人认为这是一起盗窃杀人案，凶手在作案时一定被老头听到或者看到了，所以才被杀人灭口。至于老头是不是被他儿子杀死的，仅凭刀柄上的血指纹还不能作出认定，还需要具体情况具体分析。我们要相信技术，但不能迷信技术。带我去现场走一趟，现在就去。"

在昏暗的房间里，端木蹲下身子细细查看，面对床脚跟一枚半截指纹，端木当场就兴奋起来。他说道："指纹越低矮越有价值，因为破旧的床脚跟常规动作是触碰不到的。"端木的话正说出了常人不容易察觉的道理。

正是端木对这半截指纹的重视，找到了命案的突破口。经过几天的调查，老马32岁的外甥进入了警方的视线。他住在马家斜对面，曾因偷窃被劳动教养，刚被释放不久。在调出他的指纹卡进行比对时，半枚灰指纹和死者外甥右手拇指指纹高度吻合。

真正的凶手落入了法网。李队长赶到医院把"半枚灰指纹"的侦查结果告诉端木，并连连竖起大拇指称端木是神探。端木呵呵一笑说："天下哪有神探，有的只是不断思索破案路径、不断积累经验、不断挑战自我的刑侦民警。我们不可能是神，如果把自己看得神乎其神，那就不进则退了。"

老端木的故事何止这些……回顾他的一生，由一名年轻的侦查员成长为公认的第一代名探，他的传奇早已镌刻在803的丰碑上，成为一代又一代青年刑警的榜样。榜样的力量是无穷的，如今的803正如老端木期望的那样，用智慧和力量，用责任和担当时刻践行着人民警察的誓言，803已经成了中国刑警一面鲜红的旗帜。

"解剖"真相的"白衣侦探"们

缪国庆

> 那辆曾经风驰电掣的美国克利斯牌拉尸车只剩下一张照片了,而国京路上法医检验所的那扇门还开着。这里,始终坚守着一支破案无数、人才辈出的"白衣侦探"队伍,在真相的"解剖"中,一代又一代的"白衣侦探"始终恪守"为生者权,为死者言"的诺言。

若是你关注刑事科学技术发展历程,就必然关注上海市公安局刑侦总队刑事科学技术研究管理中心,这里有着反应快捷的实战系统,这里有着结构严密的管理系统,这里有着务实而且超前的课题研究发展系统……

若是你关注上海市公安局刑侦总队刑事科学技术研究管理中心,就必然关注其中的法医室,这里积淀着悠久的历史底蕴,这里坚守着一支业务过硬、人才辈出的"白衣侦探"队伍,他们曾在侦破数百起疑难案件中起到了一锤定音的作用……

若是你关注法医如何侦破疑难案件和命案积案,拨云见日,就必然关注地处国京路这个"白衣侦探"们"解剖"案件真相的场所。

"验尸所"里办起了法医短训班

"上海公安法医队伍来之不易。"王德明说。他当过上海市公安局刑侦总队原刑事科学技术研究所副所长,如果按照规定年龄算起来,他在2012

年就该退休，但是，因为他是公安部特邀刑侦专家，又兼任了中国法医学会理事会理事、上海市法医学会秘书长等职，因此，延迟了 5 年，才从法医岗位上退下来。

"真要论资排辈起来，我算是新中国成立后培养的第二代法医。"他早就厘清了上海法医的发展脉络：早在 1947 年，当时的"上海市警察局刑警处第三科"有过一个法医室，仅有两三人而已；新中国成立后，上海市公安局治安处技术科重新组建了一个法医组；1984 年，法医组由治安转为刑侦管辖，隶属上海市公安局刑侦处技术科；1993 年，法医组更名为上海市公安局刑侦总队刑事科学技术研究所法医室（一室）；2006 年，更名为上海市公安局刑侦总队刑事科学技术研究管理中心法医室（一室）。

1977 年，王德明自复旦大学生物系人类学专业毕业、进入上海法医队伍时，法医组的主要成员是来自 20 世纪 50 年代司法部为全国公检法培训的三期学员，包括一期的施企强，二期的李延吉、赵鸿举，三期的张泰运等，他们就是新中国成立后我国培养的第一代法医。王德明和同班同学尤剑达的到来，为法医队伍注入了新鲜血液。尽管他们学的是人类学，但因为课程设置与法医职业相关程度高，于是就成了法医队伍中难得的高学历青年人才。

培养一个法医，难。不仅需要其掌握基础医学、临床医学、法学以及法医学的基本理论、基本知识，掌握法医学的基本技术和案例分析的思维方法，还要熟悉与法医学有关的法律以及法医工作的政策和规程，并且具有法医学检案和鉴定能力。

等到真正设置法医学专业、建立法医学系时，已经是 1983 年 3 月了。当时卫生部与教育部正式发出通知，在同济医科大学、四川医学院、中山医科大学、上海第一医学院、中国医科大学、西安医学院（现分别为华中科技大学同济医学院、四川大学华西医学中心、中山大学中山医学院、复旦大学上海医学院、中国医科大学、西安交通大学医学部）设立法医学专业，学制 6 年（后改为 5 年）。自此以后，这 6 所学校也就成了法医学界所称的"老六所"。

在上海公安法医队伍的形成过程中，有一件事情是不能不提及的——20 世纪 70 年代末，"对内改革，对外开放"政策施行，促进了人、财、物的流动，与此同时，各类案件也进入了高发阶段，对法医的需求急剧上升，而法医来源狭窄、人员严重短缺，一时间成了一个亟待解决的突出问题。

作为一项临时措施，"上海市公安局治安处法医短训班"于1981年开班。短训不"短"，把从10个分局、10个县局选拔的40名刑侦、治安民警集中在"验尸所"，实施的是为期1年的专业培训。

说是"验尸所"，其实国京路17号是一个别墅群，原先是一个建筑师自己设计建造的居住地。上海市公安局之所以把培训人员集中在这里，固然是为了实行封闭式管理，帮助前来接受培训的民警克服心理障碍，也是为了实战需要，因为在整个培训过程中，既要学习医学教育专家开设的理论课，又要在案发的同时跟着老法医出现场，并且在这里进行尸体解剖，寻找真相。

这项补救措施，缓解了当时法医人手不足的矛盾。尽管这些由短训班出来的法医回分局、县局工作后，实施的只是初检，没有鉴定权，但是，他们在现场勘查和尸体检验中发挥了"把关"作用。普陀分局王学鸿法医就曾多次通过细致的现场勘查和尸体检验，识别出将他杀伪装成自杀或者意外身亡的案件，将凶手绳之以法。

"解剖"真相，不仅在验尸台上

要说"解剖"真相，就要先说"出现场"。"出现场"，是每个法医必须具备的基本功。对于"出现场"的种种不易，有一篇文章在一开头就作了这样的设问："身处那一个个或寒气逼人，或热气蒸腾，或杂乱无章，或血色迷离的命案现场，你还能够保持镇静吗？你还能够冷静思考吗？你还能够慧眼识踪吗？你还能够拨开迷雾，从现场遗留的细小痕迹中还原出事情的真相吗？"回答，当然是肯定的。

一位从1997年就开始对803法医室进行采访的作家，在10年后这样表述自己的心情和采访经历："10年中，803的法医们夜以继日追踪着大案要案，我呢，在后面马不停蹄地跟踪着这些'白衣侦探'，我被他们的魅力所吸引，被他们的业绩所激励，被他们的故事所打动……10年中，我刻画了近10位803的法医，他们是王德明、阎建军、尤剑达、陈新、马开军、杨宇雷、林中圣、施群……"

1999年4月15日，一架由上海虹桥国际机场起飞的外国航空公司MD-11型货运飞机，坠毁于上海市闵行区一个建筑工地。接到指令后，法医们迅速赶往现场确认尸体身份。事故现场惨不忍睹，在泥泞的建筑工地上，尸块凌乱散落。"出现场"的法医们为此做了大面积地毯式推进搜索，仔细勘查，逐一收集，做好记录，不放过任何一个可能起到个体识别作用的细节，然后，回到"验尸所"，对每块尸块提取人体组织，如肌肉、毛发等，进行法医物证常规ABO血型检验及DNA检测，结果显示，所检尸块血型分别是O型、B型、B型。可是，这与航空公司所属国领事馆提供的3名失事机组人员血型系O型、B型、A型的资料不符，这就意味着现场死亡人员中有一人非该国机组人员。此人是谁？他是怎么上的货机？他与飞机失事有什么关系？另一名机组人员又在哪里？一系列问题接踵而来。

在这种情况下，王德明他们认真参考外方提供的机组人员个体资料，再次对尸块提取检材进行ABO血型检测，并依据检测结果，坚持了所作检验尸块系3名失事机组人员的尸块，其血型分别是O型、B型、B型的结论，并提出外方提供信息可能有误的中肯意见。后经外方进一步查证，确系资料有误，3名失事机组人员实际血型应为O型、B型、B型。该国驻上海领事馆专此照会公安部刑侦局和上海市公安局刑侦总队，盛赞上海公安刑侦技术人员认真负责的工作精神、严谨的工作作风、高超的技术水平。上海法医以他们的投入和执着为中国警察在国际事务中争了光。

要说"解剖"真相，还要说尸体解剖

尸体解剖，也是每个法医必须具备的基本功。法医面对的是没有知觉的死尸，要解剖出死因、推断出死亡过程，来不得半点含糊。曾经担任刑事科学技术研究管理中心主任的陈连康，是一个出了无数次现场、实施过无数次尸体检验、为无数大案要案的侦破作出过杰出贡献的专家，他和王德明、赵子琴合著的《人身伤害司法鉴定争议案例评析》一书中所收集的案件，涉及法医病理学、法医人类学、临床法医学等各分支学科领域，大多是人身伤害司法鉴定过程中存在的有争议的经典案例。

除了凶杀命案，法医对非正常死亡的认定同样要做到疑点尽释。

2007年9月10日深夜，在虹口足球场附近的绿化带里发现了一具男尸。死者的损伤集中在面部，身体其余部位没有损伤，更为蹊跷的是，死者口腔黏膜上有黑色颗粒状物质，面部热作用明显，这显然是一起爆炸案件，且爆炸部位位于口腔内部，爆炸时死者是活着的。

根据尸体透露的信息，法医马开军判断这是一起爆炸案，且自杀的可能性极大。为了进一步查清案情，侦查员在现场周围展开了仔细的搜索，寻找与爆炸有关的线索。不久，就发现死者倒地位置不远处，有一只广告灯箱，用透明胶带连接出一根电线，导向尸体的方向，旁边还有一个类似雷管部件的东西。接着，侦查员还在附近发现了一张地铺，上面放着一册电工书和被烧掉一半的证件，还有一张治病的偏方。经法医们分析，认为这是一起自杀事件。这一判断必须得到进一步的证实，于是，侦查员循着半张证件的线索，确定了死者的身份。据死者父母反映，该男子是他们的大儿子，平时性格孤僻，在一次干农活时摔坏了腰，术后发现性功能不正常，因此产生了厌世念头，在此之前有过两次自杀行为。此外，死者父母还透露了一个信息：儿子平时喜欢收集电工方面的书籍……

真相，与马开军他们的判断完全相符。

"最珍贵的就是有这么多好老师"

一代又一代的法医，在寻求真相的路上从未缺席；一代又一代的法医，又都有这样深切的感悟："最珍贵的就是有这么多好老师。"

名师出高徒。

王德明说："我的成长，与老师的带教是分不开的。"当初，走出复旦大学校门，他就直接将行李转到了地处福州路的法医组，有案件了就跟着跑，平常夜里就睡在办公室的地板上，在整整 4 年时间里，他几乎跟过所有的第一代法医，迅速提升了他的"三会"本事：一是会做，就是擅长现场勘验；二是会讲，能够有条有理地指出案件侦查方向；三是会写，能提供无懈可击的鉴定书。在他跟过的第一代法医中，张泰运在上海一直被续聘到 68 岁，回到广东老家后，又被当地聘为了专家顾问，听说他 80 多岁时还在"出现场"。

第二代法医中的王德明、阎建军、尤剑达三人，则被称为"法医三剑客"，他们是后辈法医们共同的老师。

金色记忆

在现任法医室主任肖碧的认识中,"法医三剑客"各有特色、各有绝活,如果归结为三个字,就是王德明的"细"、阎建军的"快"、尤剑达的"全"。"细"是深入骨髓的"细",王德明能够发现任何容易被忽略的细节;"快"是令人不得不佩服的"快",阎建军能够在最短时间里作出对于案件的正确判断;"全"是面面俱到的"全",尤剑达能够在命案勘验中包罗所有现场信息。

在上海医科大学法医学专业读到大五时,肖碧进入了实习阶段。在他的记忆里,那时的案子多。多到什么程度,用"这个案子的勘验还没有结束,那个案子又出来了"来描述,都是不足以表达的。必须说每 6 天值一个 24 小时班,还常常会有"大满贯",就是在这 24 小时里,没有在单位里喝过一口水、吃过一顿饭;甚至经常出现"连环套",就是法医室 6 个班中的 5 个班都"出现场"了,即使已经 24 小时没有休息的第 6 个班还得继续"出现场"。对于法医来说,只有一句话:责任、责任、还是责任。

说到"责任",独立办案不久发生的一件事情是肖碧怎么也不会忘记的——案件被害人是一具高度腐败的尸体,女性,25 岁左右,因窒息死亡,后被绑上石头抛入水中,死亡时间一周,系他杀。这些,他在现场勘验和尸体解剖后都已明确。被害人的身份因此确定,案子也破了,犯罪嫌疑人系被害人的男朋友。按理说,接下来可以顺利结案了,不过,且慢,被害人家属发话了:身高有问题,你们说 1.62 米,实际是 1.57 米,我们都不敢来认了!师傅阎建军问肖碧是怎么量的,肖碧说从头顶到脚底呀。阎建军又问,你说的脚底是什么位置?肖碧说是脚掌,这是中心位置。阎建军说,这就不对了。为什么?因为尸体的脚是绷直的,脚跟、脚掌不在一条直线上,必须复原成站立状态,那么,就应该从头顶量到脚跟,这是其一;其二,尸体已抛在水中一周了,头皮会出现肿胀,也会导致在身高测量中出现误差。肖碧恍然大悟!"刚刚独立办案,充满自信,但也容易冲昏头脑。"这是肖碧后来对自己的检讨。"不要急,小阿弟!"这是师傅阎建军的叮嘱。肖碧懂了,"没有 5 年的积淀,不可以说自己是法医,真正能够独当一面,应该在 10 年之后。"

法医的学科性质,决定了法医成才概率极低。

王德明对此有深刻认识。早在 1999 年,担任法医室主任的他去北京参加英模会,就向带队的市局领导汇报了自己的想法:马上就要进入 21 世纪了，要培养高端法医人才，可以通过鼓励参加研究生统考、保证脱产待遇的途径，来实现现有法医的人才深造。市局领导深以为然，当天就对当时的总队领导作了工作布置。

因此现任刑事科学技术研究管理中心副主任陈新，就成了上海法医队伍第一个去深造的人。曾经在上海医科大学读了6年本科的他，又走进了当时的上海医科大学校门。

"徒弟就是师傅的作品。"陈新说自己幸运，遇到了好老师。

在他去读研究生之前，作为他的带教老师，王德明不仅带他"出现场"，手把手地教他解剖，而且教他写报告。"当时是手写的，我用黑墨水写，王老师就用蓝墨水改，改好了，一份报告就是一片蓝了。王老师的细致是出了名的，譬如一件衣服，不仅要说清楚样式，还要说清楚新旧、质地，甚至几颗纽扣、是否残缺，此外，还得与照片互为补充……"特别让他铭记在心的是，成家之前，他在上海举目无亲，每年的年夜饭都是去王老师家吃的。有一年，因为不好意思，就没去，王老师就到处打电话找他，当时没有手机，找人麻烦，但还是被找到了，他再赶去，已经是晚上七八点钟了，王老师全家都等着他，还没开饭……"作为回报，我就只有一个想法，把工作做好，不给师傅丢脸。"陈新说，"现在，我在副主任岗位上，我也尽量给家在外地的同志们多一点关心，这也是师傅教我的，我不能忘本，这也算是最好的传承和感恩吧。"

对一个法医来说，学习永远在路上。

在陈新读硕士的3年时间里，遇到挑战性强的命案，王德明还是会打电话给他，让他"出现场"或去"验尸所"参与解剖，让他深造的同时再积累实践经验。他也因此记住了阎建军老师的那句话："你被人记得、为人所用，说明你有价值。"他也争气，3年的研究生课程，两年半就全部修完了，早早地回到了工作岗位上。

一代又一代新法医的成长，固然是一代又一代老法医的杰作，而值得一提的杰作，还有法医检验所的更新改造。

在现代中国，法医学已经成为一个复杂的开放系统，吸收着来自数学、物理学、化学、生物学、心理学以及计算机科学与工程的知识，集现代科学技术体系于大成，正朝着一条科学化、规范化、制度化、标准化的道路迈进，而以审判为中心的刑事诉讼制度改革，又对新时代法医提出了新的要求：原来只是为侦查提供方向，现在还要为法庭诉讼提供依据。

法医检验所就是产生"依据"的所在地之一。这里的更新改造为法医们提供"依据"创造了条件：原本的水泥解剖台早已换成了不锈钢材质，整个结构是由航天部新中华机械厂专门设计制造的，通排风风道设计则由同济大学承担，上送新风、下为抽风，极大地改善了法医的工作环境，而其中的标本室，按自然博物馆、历史博物馆的标准改建，成了全国同行业中首屈一指的示范点。

当然，也不能忘了曾经用过的那辆美国克利斯牌拉尸车，有照片为证。

说起往事，王德明感慨万千："这辈子，法医情结，解不开。"

而说起当下，让所有的上海"白衣侦探"倍感自豪：他们已经连续9年为现行命案全破作出了贡献，并协助侦破命案积案上百起，其中，10年至20年积案24起，20年以上积案33起，案发时间最长的超过30年。"为死者言，为生者权"，这是所有上海"白衣侦探"的心声。

善哉！

延安华山岗，上海交警一张靓丽名片

孙建伟

上海公安博物馆有一件"大块头"藏品——一个直径50厘米、厚25厘米的圆形指挥站台，当时的交通民警曾赋予它一个颇为喜感的名字："蛋糕"。这个现场交通指挥岗站台，是1979年5月起，由当时的上海市公安局交通处静安交警队延安华山岗率先使用的。说起这个延安华山岗，可不一般。这个岗组曾先后获得全国五一劳动奖章、全国"五讲四美"先进集体、全国青年文明号、申城模范岗等荣誉称号，荣立过公安部集体二等功，是上海交警的一张名片。

2022年3月初，笔者采访了第一代延安华山岗组成员——上海市公安局交警总队原宣传处处长官宝；第二代岗组成员——曾任静安分局交警队民警、后在其他分局提任领导的张伟国，全国特级优秀人民警察、现任静安分局三泉路派出所所长王斌；第三代岗组成员——全国特级优秀人民警察、现任静安分局交警支队副支队长陈栋，现任静安分局彭浦镇派出所综合指挥室副主任蒋黎春。他们深情讲述了三代交警勠力同心，打造延安华山岗的艰辛与辉煌。这个功勋集体在上海公安交警发展史上留下了难能可贵的印记，并将在新时代继续发扬光大。

"三敬""五必"开启执法规范化

延安华山岗位于延安路华山路路口，东西向的延安路是贯通全市的主干道，南北向的华山路虽是一条支路，但其沿线不乏党政机关、文化事业单位、艺术团体、学校、医院等。由此，位于这重要枢纽的岗位就成为展示上海交警形象的一个重要窗口。

1975年，高中毕业的官宝成为静安交警队一分队一班的一名交警。他回忆道：当时我们岗组对如何在这个与群众打交道最多的窗口展示交警形象有过很认真、很细致的讨论。大家认为有两件事需要立即恢复并付诸实施：一是在执勤时向对方敬礼，二是在执勤时使用交通指挥手势操。

20世纪50年代，上海解放初期，静安交警在全市、全国率先提出了"三敬"（纠正交通违章先敬礼、答复群众问询先敬礼、外出联系工作先敬礼）和"五必"（见交通违章必纠正、见有违法行为必制止、见老幼过马路必搀扶、见群众有困难必帮助、见有危险情况必救助）的交警执法工作要求。此时，恢复交警执勤敬礼不仅有助于塑造人民警察良好形象，而且对于推进交通管理的正规化也具有十分重要的意义。

官宝回忆道，当时队里有一位复员军人老刘，他的敬礼动作很标准。他对官宝说："小官，你跟着我，看我怎么跟群众敬礼。"官宝就跟着老刘学敬礼，发现群众对民警的敬礼有点不适应，尤其是交通违章人员，往往"一记头"蒙了，扶着自行车的手都有点不自在了。"警察哪能向我敬礼，不习惯啊。"向当事人敬礼后，老刘进而严肃指出他的违章情况，当事人则一个劲儿地点头，表示下次一定注意，决不再犯。

这次亲身经历坚定了官宝的想法。在此之前，也有同志认为"交警可以向问路群众敬礼，不可以向交通违章人敬礼"。官宝观察下来的结论是，执勤敬礼应该一视同仁，这无损于交警的执法威严。就这样，这个认知在队里渐渐达成了共识，也就渐渐养成了习惯。

要尽快达到交通执法规范化，交通指挥手势操也是一个急需恢复的规定动作。其实早在20世纪50年代初，公安部就曾经发布过完整的交通指挥手势操条例。然而时过境迁，交警自身和交通行为人都对此生疏了。

官宝回忆道，当时队里任副指导员的许金龙曾任"好八连"副指导员,他承担了这套指挥操示范教员的任务。经过几个月的尝试,从生疏到熟稔,交警们基本掌握了现场指挥手势标准的要领。年轻的官宝与其他几位战友一起在延安华山岗认真领悟,配合信号灯,一板一式,得心应手,吸引路人停下围观。如果放到现在,他们一定也是"网红"交警。

有一次,老刘来现场观察官宝的指挥和交通通行情况,一直到官宝下班,他提出一个想法。他在马路中间画了个圆圈,说如果这里能放一个垫高的东西,民警站在上面指挥,既能开阔视野,又能减少执法过程中可能发生的危险,效果就更好了。

报请上级同意后,老刘与官宝等人开始设计,其实说起来完全是土法上马。他们与附近一家环卫所联系,利用他们存有的钢圈废料做成一个直径50厘米、厚25厘米的圆形指挥台,民警就站在上面指挥交通。大家都认为效果很好,还给它起了一个"昵称"——蛋糕。1979年5月,这个"蛋糕"正式被放到了马路中间。官宝站上去一试,确实不错。两个月后,有关领导过来视察,觉得可以加大其直径和厚度,现场指挥效果会更好。后来它的直径扩大到60厘米,高度加高到30厘米,外观漆与当时公安制服是一致的颜色,十分醒目。大家说,如果原来的是"清水蛋糕",那么现在这个算是"奶油蛋糕"了,升级了。官宝站在上面,果真有"高瞻远瞩",一览"众山"的感觉。

这个"奶油蛋糕"颜值高,加上官宝标准的指挥手势,延安华山岗成了那时候的"网红打卡点"。有人甚至趴在人行道护栏上看得如痴如醉。一时间,上海的报纸、电视媒体纷纷报道,令人瞩目,这也是延安华山岗的一个"高光时刻"。长三角地区不少城市的交警穿着便服坐火车前来学习考察。这些报道很快受到公安部的重视,专门派员前来总结经验,向全国推广。但是官宝心里很清楚,交通指挥绝不是"拗造型""摆花架子",真正的作用在于保证交通安全,提高道路通行率。

因为在交通执法管理工作中作出的突出贡献,1980年官宝荣立公安部个人一等功;1983年获评上海市劳动模范。

岗亭里的打气筒和"为民服务箱"

因为位于市区东西向主要交通路段,加上周边有不少办事机构和公共

金色记忆

服务性行业,延安华山岗的问询接待特别多。有一次,一个来自外地的路人问询官宝华山医院怎么走,官宝回答他:连续两个右转,到那里如果还不清楚,再问一下那里的执勤民警。没想到过了一会儿,路人又转回来,说找不到方向了。官宝叫他的同事代一下岗位,自己带着路人走到华山医院。这一经历提醒了他,如果把周边比较重要的公共办事机构或者老百姓平时需求较多的地方清楚明白地写下来,交警解答时除了口头讲,再带上这张引导的路条,应该会更方便、更清楚。他把这个想法跟大家一交流,得到了普遍赞同。大家说干就干,将用不着的废纸裁成一张张纸条,手写引路指南。这件事是每天都要做的。官宝还发现,岗亭后面正好有一堵墙,他又有了一个想法。报请领导同意后,他把墙刷白,将一些主要路段,比如从这里到上海动物园、徐家汇、老北站等重要公交车起点、终点以及换乘方式等,清晰地写在上面,十分醒目。官宝从小喜欢美术,没想到这个特长在这里发挥了作用。有问必答,引路纸条、墙上的交通指南,使很多路人切实感受到了便利和人民警察贴心的温暖。

延安华山岗自我加压,为民服务举措不断。自行车是当时人们的主要交通出行工具,交警们多次发现骑车人的自行车突然没气了,然后肩扛手推,弄得十分尴尬。有时附近的车行里,人们排着长队打气。交警们看在眼里,大家一商量,自己凑钱买了个打气筒,放在岗亭里,给急需者免费使用。后来又专门做了个"为民服务箱"放在岗亭里,里面有自行车轮胎气门芯、万金油、小剪刀、红药水、纱布、笔、别针、小钳子,最多的就是民警手写的答复问询地址的小纸条。

交警为群众着想,群众都看在眼里、记在心里。有一次,官宝处置一起交通违章时,违章人矢口否认,几个看得清楚的路人纷纷对他说,人家交警在马路上天天这么辛苦,就是为了维持交通畅通,你明明违章了还耍赖,实在不应该。还有一个行人对官宝说,我以前闯红灯,受处罚还不服气,现在看见你们这样为老百姓考虑,真的不好意思再乱穿马路了。如果需要的话,我可以做志愿者。

这是群众对延安华山岗交警的真实心声,是对交通规范化管理的真切呼应,更反映了社会对上海交警这个群体的总体评价。交警作为公安系统与社会零距离接触的警种,既要严格执法、铁面无私,又需柔性关爱、服务群众,一个是本职所在,一个是自我延伸,有些看起来是"分外事",

但是做好了，群众反馈也是十分暖心的。这一点，20世纪70年代末80年代初的交通民警体会最深，对延安华山岗来讲，更是将其展示得淋漓尽致。

传统的延续

20世纪80年代中期，随着交通管理各项硬件设施的逐步完善，管理的规范化和法治化推进也有了进一步的提高，延安华山岗也从初期建设进入了一个新的发展阶段。张伟国是1979年从延安瑞金岗调到延安华山岗的，作为新成员，他和其他岗组成员一起继承和发扬第一代延安华山岗组严格执法、为民服务的精髓，在交通管理的能力和水平建设上又有了长足进步。在张伟国看来，多年来，延安华山岗创先进，既源于这条马路的走向和周边辐射地段的重要性，也来自这个交通路段随着上海城市建设发展变化的要求。也就是说，站在这个路口就必须这么去做。

在第二代岗组成员的不懈努力下，1983年，延安华山岗获得上海市公安局、上海市总工会、共青团上海市委等6家单位联合授予的"双十佳"荣誉称号，同年又获得中央文明办、全国总工会等单位主办的全国"五讲四美"先进集体荣誉称号，并荣立公安部集体二等功。

21世纪初，延安华山岗承续优良传统，岗组警长王斌就是其中的代表。虽然人们对交警的指挥已习以为常，但王斌的指挥操一如既往地传承了这个岗组警容严整和准确、规范、有力的一贯作风，同样是一道风景。尤其是定点交通疏导，他的指挥手势配合频繁的哨声向每一辆过往车辆传递出准确的通行指挥信息，提高了车辆通行的速度，避免了交通堵塞，确保了管辖区域内良好的道路交通秩序。

逢违必纠，这是交警执法的原则。在严格执法的同时，王斌并不仅仅是罚款了事，他把每一次纠违都看作一次普法，帮助每一名违法人员提高尊法守法意识。一次，有一位老人在华山路机动车道上骑自行车被王斌拦下，老人火气十足，声称自己从静安宾馆退休，在这条路上走了十几年，从没听说过不能骑自行车。王斌先向老人敬礼，然后劝说他一起到路口去看禁令标志。一路上，王斌和老人聊起了上海道路建设的变化，逐步打消了老人的对立情绪。他耐心地告诉老人，城市道路的改变会给交通出行带来变化，交通行为人的行为也要随之改变。到了交通标志前，王斌趁热打铁向老人宣传交通违法行为的危害性,讲述因交通违法行为造成交通事故,以致家破人亡的真实案例,老人最终心悦诚服地接受了处罚。

快速处置交通事故也是适应城市道路交通改造飞速发展的重要手段。王斌以他出色的业务能力快速准确地认定事故各方责任,并将事故车辆快速撤离现场,把事故造成的交通拥堵时间和程度降到了最低,快速处理交通事故率达95%以上。在王斌和岗组成员的共同努力下,延安路华山路口机动车、非机动车、行人的守法率达98%以上。

无论执法要求和环境发生怎样的变化,为群众排忧解难依然是延安华山岗坚持的特色。延安路华山路口有一座人行天桥,由于坡度陡,所以南北各设有两部电动扶梯,但除早晚高峰外,其余时间停止运行。桥下则是全封闭式的快车道,没有人行横道线,这可使居住在附近行走不便的老年人、残疾人发愁。在王斌的倡导下,岗组特设了一个"爱民通道"。在天桥下两端路边栏杆处各开了一扇小门,上面工整地书写了服务承诺。每当有老年人、残疾人过马路时,就由民警打开"爱民通道",搀扶他们过去。这一举措,赢得了附近居民的一致好评,同时也促使岗组民警对自身执勤形象提出了更高的要求,工作中的管事率、勤奋率也大大上升。王斌对岗组成员提出了"见老人搀一把,见残疾人扶一把,见抛锚车推一把,见危难助一把"的口号,附近群众亲切地称他为"百管部长"。

新时代新发展

2012年,80后蒋黎春来到延安华山岗,成为新生代岗组成员。那时延安路已经有双向16条车道,跟以前相比,对交通管理有了明显不同的要求和更高标准。师傅对他说,执法要敬礼,动作要标准。

蒋黎春第一次站到马路上时,原先一次次练习的动作却走了形,指挥也有点力不从心。一天下来,浑身不自在。师傅说,每个人几乎都有这样的磨合期,几天下来就好了。

眼观六路、耳听八方是交警的基本功。为了练好这个基本功,蒋黎春勤做功课,在岗位上用心,业余时间不惜费时费力,尽可能缩短磨合期。

蒋黎春说,站在马路这个岗位上,最深切的体会是季节变化带来的辛劳和困顿。比如,数九寒天时,1小时认认真真的手势操做下来,连雷锋帽、内衣裤都会湿透，这时是外冷内热。下了岗休息，又秒变外热内冷。这滋味真不好受。

岁月荏苒，从匆忙应对到成熟干练，蒋黎春在延安华山岗站了9年岗，担任一中队警长。这9年，正是上海城市建设发生翻天覆地变化的转型期。在这个岗位上，他历经上海嘉里中心、地铁14号线、71路中运量公交等城市重大商圈和交通建设项目兴建过程，每一次都给自己的交警生涯带来不同的体验，同时伴有压力的考验。

在上海这样的超大城市，这些项目的推进给城市交通管理带来的压力和难题是不言而喻的。那段时间，一觉醒来，道路交通管理又变得不一样了，这是很多机动车、非机动车驾驶员和行人共同的感受。昨天这里还能正常通行，今天一块硕大的告示牌竖在路口，告知大家要改道或绕道了。很多情况下会提前告知，但总有遗漏或人家虽不常经过，却是原先必经之路的。这必然会引起交通行为人的议论和不满。

蒋黎春说，对交警而言，一方面要尽心尽力管理和指挥好改道、绕道的通行，另一方面要耐心解释、疏导人们的不解和疑问，同时要尽可能提供更好的安全通行方案。这里要做的事情太多了。城市发展的速度远超预计，即便对资深交警来说，也是"老革命遇到新问题"，现学现用，提前做功课，都要利用业余时间。然而再怎么变，延安华山岗初创时期的传统不能变。那就是，敬礼和指挥动作要标准，为民服务要热情热心。这是两条铁律。

当然，时代不同了，为民服务的内涵也在变。为民服务的对象由原先的自行车变成了现在的各式汽车，因此在很多情况下，使道路通行达到最优化，本身就蕴含着为民服务的内容。两者是合二为一的。比如，2017年开建的71路中运量道路在建设过程中，有一项在业内被称为"翻胶"（浇筑道路的环节之一）的工程项目。为了不影响白天的正常通行，这项工程一般放在早高峰之前完成，这就需要延安华山岗民警协调好各种具体琐碎的事项，配合项目在指定时间顺利施工。

中运量道路建成通行后，由于公交车车身长，其专用车道比一般公交车宽，刚通行那段时间，对其他车道上行驶的左转车辆产生了一定的通行影响。有时也会有其他车辆或忽视地面警示标志，或不明就里驶入专用道，给中运量和误入车辆都带来了不便。如何最大限度降低这种影响，蒋

金色记忆

黎春和延安华山岗组其他成员们分析研究对策后，决定一个警组拉成一条线，在各个重要点位上加大车辆引导并安置警示牌，纠正误入车辆，维护正常通行秩序。经过一段时间尽责尽心的磨合和处置，逐渐形成了一种新的通行和谐。在这个过程中，"科技+人力"展示了独特的魅力。

城市发展节奏的加快催生了快递业和外卖业，在给快节奏生活带来便利的同时，不重视道路交通安全也成了这些行业的顽瘴痼疾。延安华山岗是开展相关交通违法行为集中整治的试点岗位，蒋黎春和岗组成员下定决心要标本兼治。他们梳理归纳辖区内快递员、外卖员交通违法行为后发现，违法停放占据了大多数，如何化解送货刚需与快递车辆无处停放的矛盾？下班后，他们认真细致地实地走访考察了岗位周边区域，经与商家协商，将地下车库作为快递车辆的临时停放点，并合理规划了进出线路。这个举措一经推出，辖区内此类交通违法行为基本消除。

蒋黎春说，作为市区主要路口，应对突发情况对延安华山岗组来说是常事。有一次正值晚高峰，他发现一辆轿车不按交通规则连续变道，立即上前拦停。车主语气十分急促，小孩昏厥，要立即去儿童医院，但车辆拥堵，他实在没办法。蒋黎春一看确实如此。他立即启动警车护送，同时告诉同事立即联系指挥中心开启绿波。仅用5分钟，车辆安全到达医院。孩子家长激动得要跪下来表示感谢。医生说送医很及时，再晚就很难救治了。类似事情，在延安华山岗也是隔三岔五就发生。在这里，"有困难找警察"表现得十分真切具体。

曾获得全国特级优秀人民警察称号、上海市"五一劳动奖章"的静安分局交警支队副支队长陈栋表示，我们每一代延安华山岗组的成员都笃信一个道理，那就是无论我们作出了怎样的成绩，都是与时代发展的特点紧紧联系在一起的。随着时代的进步，人流、车流都在增加，信号灯和指挥平台的自动化以及更多的科技赋能，使交通管理手段不断更新。但不管怎么变化，有一点永远不会改变，那就是交通民警要把确保并满足人民群众安全出行的基本要求作为永恒的职责。只有这样，才能使我们交警的光荣传统延续下去，经久不衰。

从手写护照到电子护照

徐有威

一本具有历史意义的护照，存放于上海公安博物馆，签发于1977年10月20日。

从一年个位数的签发数到如今几百万的申请量；从一笔一画的手工签发到机器人智能化制证车间；从橡皮图章塑封打印到智能电子芯片嵌入……这本带有国徽的小红本见证了中国打开国门走向世界的历史，也体现了出入境管理工作与国家的政治、经济、社会生活密切相关。改革开放之前，每年因私出国的人数寥寥无几。在改革开放的春风下，人民群众的出入境需求日益增长，护照的申办流程也逐步简化、便利，但这一历程并非一蹴而就。作为申领护照的试点城市，上海的出入境管理工作摸实情、谋良策，为全国提供了许多宝贵经验。

因改革而生：手写护照见证对外开放的摸索与尝试

1977年，完成了大学学业的胡兰娟进入上海市公安局工作。不比如今的出入境管理局，当年只有五六个人负责出入境管理工作，且隶属治安处户政科下设的通行证组。这一年，对国人因私出境申请限制较大，除了申请者必须有正当理由及在外的直系亲属邀请外，整个申请流程繁杂，需要经过派出所、分局、市局层层审批，正式批准则需近一年的时间，一年只有几本护照被发放到申请人手里。

金色记忆

党的十一届三中全会后,改革开放的春风吹遍神州大地。尽管如此,许多想出国的人仍心存顾虑,不敢贸然提出申请,没有人知道改革开放究竟开放到何种程度,无论是申请者还是出入境管理工作人员,大家都在逐步摸索,"摸着石头过河"的过程也出现过一定的反复,各类突发情况对于出入境管理工作而言简直是家常便饭。

一本具有历史意义的护照,存放于上海公安博物馆,签发于1977年10月20日。这是上海市民赵女士为了出国结婚因私申领的护照。这本因私护照顺利获批后,上海紧密结合实际情况,大刀阔斧地改革以往的出境审批政策。1983年7月12日,经上海市人民政府批准,上海市公安局外国人管理、出入境管理处(以下简称外管处)正式成立。政策放开后,办理护照的手续依旧烦琐。以探亲为例,申请者必须持有国外亲属半年内的三封来信,且信中必须要有邀请内容,申请时连信封和邮戳也要作为审核资料一起提交。对这一烦琐的程序规定,申请者想出了千奇百怪的方法,有些人让亲戚用铅笔在信封上写信息,收到信后,再把信封上的内容擦掉重写,甚至出现了专门为申请者提供假冒邀请信件的"黄牛",以此敛财。为进一步简化审批手续、更好地服务人民群众,自1985年1月1日起,所有申请受理都集中到外管处统一审批,加速办证时间,简化申请材料。

从起初的一年五六本护照发展到一年800多本护照,上海出入境的人数与办证工作人员的工作量始终居于全国首位。护照的办理量直线上升也带来了工作量的剧增。每位申请护照者的中英文材料都有10多页,而审核这些材料连一个标点都不能放过;签发手写护照的工作人员甚至需要夜夜加班。在胡兰娟的印象中,曾经有一位来采访的记者等待了4小时,也未能插上一句话,足以窥见上海出入境管理工作的忙碌程度。也正因如此,相较于其他省份,上海出入境窗口遇到的问题更多,工作人员不断进行工作的优化调整,其服务态度、工作方法始终走在全国前列。因此,公安部在制定出入境政策时,经常征求上海的意见,参考上海的经验。公安部领导来视察工作时,曾听取了上海出入境管理的工作经验,并多次在上海召开的全国出入境工作现场会议上介绍并推广上海出入境管理工作的先进经验。

伴开放成长：机打护照见证加快走向国际化的步伐

1986年2月1日，《中华人民共和国公民出境入境管理法》正式实施。伴随着改革开放的深化，留学潮、旅游潮出现，护照办理量呈井喷式增长。1987年起，一股以出国就读（主要是语言学校）为名、实为出国打工的潮流在上海悄然而起。60岁以上的人都记得，当时有一篇《巴拉巴拉东渡记》的文章，记录了这一现象。每天，数以百计的上海市民，一早便在出入境接待室排队，等候办理护照，去日本、澳大利亚、加拿大等国家，以"就读"为由，实施"打工"，挣得高于国内几倍甚至几百倍的月薪。为此，很多市民借债办理国外学校的入学手续。其中，去日本的最早且数量最多。

进入20世纪90年代后，随着改革开放的进一步深入，人民生活水平不断提高，对出境旅游观光的需求也越来越强烈。1990年7月，经过多方努力，上海中国旅行社组织了本市第一个出境旅游团队，开始了为期15天的东南亚观光游，开启了新中国成立以来本市居民团队出境旅游的先河。在今日看来，出境旅游已是家常便饭，但在当时，这样的组团旅行着实是一件轰动全国的事。旅行团所到之处皆受到当地旅游部门的隆重接待，当地华人对旅行团队的到来也表示很惊讶，直呼中国真的是开放了。据1984年起接触出入境工作的杨晓军回忆，当时，她也有幸受组织派遣，跟团随访考察。这次经历，她不仅实际体验了公民出入境边检的过程，还拓宽了工作思路，坚定了努力做好出入境管理工作的决心。

很快，第二个东南亚观光游团队出发了。不久，上海又开办了泰国游、新马泰（新加坡、马来西亚、泰国）团队游。至此，团队出境旅游在上海如火如荼地进行着。旅游目的地国家或地区也不断增加，日本、澳大利亚及欧洲的很多国家都成了上海市民旅游的首选目的地。在此基础上，1997年，国家开放了个人游，同时越来越多的国家向我国开放旅游，在签证上给予了很多便利，如48小时、72小时的过境免签。20世纪90年代后期，在国外不少知名景点都能看到中国人的身影了。

由于旅游团人数的增长，以及一年期护照的广泛发行，护照申请数量连年攀升，手写护照不仅效率低，也不符合国际标准，显然已经不能适应形势的发展了。1992年，计算机打印护照（以下简称机打护照）逐渐取代了手写护照，机器打印完成后，还会进行塑封。机打护照的使用使得整个出入境证件更为规范、高效，同时也符合国际通用标准，加快了中国与国际社会接轨的步伐。2000 年，上海在全国范围内率先签发 97 版护照，与之前护照不同的是，97 版护照以激光打印照片替代人工粘贴护照照片。2007 年，护照的有效期由原来的 5 年调整为 10 年，内页也由原来的 32 页增加到 48 页。

2001 年 12 月 11 日，中国正式加入世界贸易组织。"入世"后，出入境管理工作需要和国际接轨。国人出入境的步伐迈得更大了，出入境管理部门的责任更重了，工作量也更大了。

出国旅行的兴起，是中国对外开放的直接见证，也为按需申领护照敲响了前奏。2001 年末，全国公安出入境管理工作会议召开，会议宣布了按需申领护照在上海试点、取消港澳游名额限制、扩大口岸签证点等多项改革措施。措施的落地，使得出入境人数创出新高。在此过程中，上海在出入境管理方面做了大量工作。上海出入境还创建了备案制度，通过简化手续提高了工作效率，这一来自上海的经验很快被推广至全国。2003 年，上海市公安局出入境管理局正式成立。至此，上海出入境管理的组织机构、民警队伍得到了进一步加强。

护照从有条件申请、严格审批，到放宽简化，直至不断扩大惠及面，走过了漫长的半个世纪，从最初的设想、可行性调研，到制定管理模式，处处展现出上海出入境人的心血与汗水。

靠创新飞跃：电子护照见证深度参与国际社会与全球治理的决心

2012 年 5 月 15 日，全国公安机关统一启用签发电子普通护照。相比传统护照，电子护照嵌入了符合国际民航组织有关标准的高安全性智能卡芯片。在此之前，一部分国家已经开始使用电子护照了，国际民航组织也有这方面的要求，因此，我国在这方面的起步也算顺应了国际潮流。

从安全性的角度上看，电子护照采用具有较高安全强度的非对称密码技术对芯片数据进行保护，安全防伪专用纸、异型隔色、激光穿孔、高分辨全息等多项防伪技术，能够有效防范伪造变造。在护照的设计环节，选用了大量具有我国特色的图案元素，同时进一步提升了防伪技术。采用电子护照不仅可以提高安全性，也能提高通关的便利性。此外，电子护照的科技含量也在不断提升，其采用的是高效的车间化制证设备，以此保证了一年 500 万以上证次的制证能力。

电子护照推出初期，群众办证热情很高，短时间办证量骤增，加上电子护照的受理流程、环节发生了较大变化，两者效应叠加，造成了办证等候时间长的问题。为解决这一问题，出入境管理局经试验后进一步优化受理流程，由此提高了受理效率，排队时间长的问题迎刃而解。出入境管理局中国公民出国（境）证件管理处副处长侯晓文认为，出入境管理必须紧跟社会发展的需求，原来不适合的要淘汰，原来没有的要去创新，包括流程、设备、办证模式都要去创新，以此适应社会的变化和满足人民的需求。解决电子护照办理过程中的问题和堵点，让老百姓减少等候时间，正体现了出入境人追求的"上海速度"。到目前为止，我国出入境的所有证件基本都已完成电子化。

护照的用途也在进一步扩大，除了以往的留学、工作等情况外，部分考试也需要通过护照来报名，人民群众对于护照的需求也更加多元化。按照既往规定，申请护照必须前往户籍所在地，这对于在上海这样的大城市生活、工作的外来人口而言，无疑增添了他们的负担。

2013 年，公安部率先在上海等几个大型城市小范围试行异地办理护照，在沪就业及高校就读者可以在沪异地申请护照办理。此后，随着居住证制度的规范，持有上海市居住证的人都可以在沪异地申请护照办理。采取在沪申请、户籍地审核、在沪制证的工作模式，让数据多跑路、让群众少奔波，上海出入境人立足"上海高度"，在异地办证的多次试点过程中形成了"上海方案"，为 2019 年国家移民管理局在全国实施普通护照、往来港澳通行证、往来台湾通行证等出入境证件"全国通办"政策提供了宝贵经验。

在实行"全国通办"政策之前，国家移民管理局便已推出了"只跑一次"制度，即申请者办理护照只需前往一次办证地。这一制度中包含了数条小政策，其中最值得称道的便是对加急办理申请范围的拓宽。以往，奔丧、探病、治病、留学以及签证即将到期属于加急办理证件的范畴，其余情况则不得加急，但在这条新政策中，行前证件遗失也被纳入了加急范围。侯晓文介绍，这一政策的优化正是来源于"上海经验"。

在一次工作中，一对即将出国度蜜月的新婚夫妇来补办证件，他们早已将签证和护照办妥，但在寄件过程中遗失，只得在行程前赶来补办。然而，其出国事由为旅游，按照规定无法进行加急补办，这对新婚夫妇很有可能错过蜜月旅行，会在人生中留下一个小小的遗憾。虽然出国目的是旅行，但行前证件遗失与未事先准备是两种情况。经过换位思考、深度理解并运用政策，出入境管理局为这对小夫妻加急办理了护照。正是因为上海出入境人始终坚持"以人民为中心"的发展理念，管理服务中处处体现着"上海温度"，"行前证件遗失"最终在"只跑一次"制度中被纳入加急办证范围。

"出入有境、服务无境"应该是每一个出入境人的座右铭，侯晓文说，时代在发展，我们必须用绣花般精细化的管理让走进办证大厅的每一位申请人感受到上海的速度和温度。

从手写护照到机打护照再到电子护照，不仅见证了我国高速发展的科学技术，更体现出上海出入境人不断提高的服务水平。

在采访的结尾，谈起出入境管理局的工作要求时，侯晓文强调，他们的工作不仅仅是办证，出入境办证的全过程、全环节展现的是管理与服务的智慧，要让优质的出入境办证服务成为老百姓喜欢上海的理由，不断提升人民群众幸福感、获得感和安全感的同时，真正体现出上海这座国际化大都市的治理水平和治理能力。

从治安处户政科下属的一个组逐步发展为外管处，最后成为出入境管理局；从福州路东小门的接待室，到河南路280号的四五个房间，再到汉口路和昆山路，直到如今的民生路……经历了数次变革与搬迁，出入境警力的规模、接待受理的范围都在逐步扩大。伴随着护照形式与政策的一路变迁，我们不仅能感受到上海出入境工作"以人民为中心"的发展理念，也直接见证了中国40多年来不断深化的对外开放之路。我们也充分相信，在以中国式现代化全面推进中华民族伟大复兴的新征程上，上海出入境人必将有更大作为。

侦破"于双戈持枪抢劫杀人案"的八日七夜

章慧敏

1987年11月16日12时02分，上海发生了一起震惊全国的大案：位于大连西路上的一家储蓄所被抢，储蓄所员工被枪杀。11月23日16时45分，潜逃到宁波的凶犯于双戈当街落网，涉案枪支弹药被悉数缴获。这是新中国成立以来上海第一起持枪抢劫银行储蓄所、杀害营业员的大案，如今，与之相关的枪支物证仍陈列在上海公安博物馆三楼的展柜中，静置的一件件实物向每一位观众述说着侦查员当年争分夺秒、寻踪觅迹、查案擒凶的八日七夜。

储蓄所响起了枪声

在上海市公安局刑侦总队的一间办公室里，当年自始至终参加案件侦破工作的侦查员老汪陷入了深思。虽然时间已过去了36年，但只要说起1987年11月16日那个阴冷冬日发生的储蓄所血案，老汪仍然心潮澎湃。当年的侦破过程让他一个年轻的刑警真正懂得了什么叫使命、什么是担当。只有真正理解了这两个词汇，才能磨砺出一把让违法犯罪分子胆战心惊的出鞘利剑。

此刻，老汪的思路再次回到1987年11月16日，一个惊天罪恶就在那天发生了——

金色记忆

中国工商银行上海分行西体育会路储蓄所位于上海东北角的大连西路上，是一家不起眼的小所。那天中午，时钟刚刚敲过12点，储蓄所里传出了"砰"的一声爆响，这个响声立马惊动了周边的居民，"什么声音这么响？""是谁家的热水瓶爆了吧？"突如其来的声响令人摸不着头脑，甚至有人从房间里走出来轧热闹，以为是哪户人家在办喜事放鞭炮。不料一名女邻居刚走出房门就撞上了一个手里拿着枪的男青年，只见他用枪指着她说："不干你的事，回去！"女邻居吓傻了，愣在那里半天缓不过神来，这时，她又看见跑出来两个身穿蓝色上衣的男子……

老汪清楚地记得，警情传来时，他和同事们正在吃午饭，听到指令，他们立刻扔下手中的碗筷跑出饭堂。瞬间，一辆辆警车闪着灯、呼啸着驶出院子，直奔案发现场。

储蓄所内，一名女营业员倒在血泊之中，子弹从她的右鼻孔射进去，又从后脑左侧穿出，这个致命伤使营业员当场殒命。刑警们在现场找到了1枚弹头、1个弹壳以及1粒枪弹。此时，大家嘴里虽然没说什么，但是心里却已经有了一个预感：这起枪杀案很有可能与数日前发生的"茂新"轮乘警室枪弹被盗案有关。

3天前（11月13日）的傍晚，停泊在黄浦江上的"茂新"轮乘警室被人撬开，2支"五四"式手枪、1支"六四"式手枪以及268发子弹和一副手铐被盗。

2小时后，预感成真！弹道检验报告出来了。果然，枪杀营业员的枪支就是"茂新"轮被盗的"五四"式手枪中的1支。凶犯留在储蓄所现场的痕迹也与"茂新"轮上提取到的痕迹比对同一。可以确认"11·13"案和"11·16"案是同一人所为，那么，这个凶犯是谁呢？

对储蓄所的现场勘查还在进行中，没承想，下午3点左右，四五公里之外的虹口区河南北路上又有一家五金商店被抢，目击者报告说抢劫者有3人！一个地区连发两起劫案，真相越发扑朔迷离。

当年，老汪跟着有经验的老侦查员参与侦破这起案件。他记得储蓄所里姓方的员工是这么说的："中午营业结束后，我拉上储蓄所的铁门，跑去边上的学校操场打篮球。突然间，听到一声巨响，我觉得声音是从所里传出的，于是拔腿就往回跑，想去看个究竟。也就在这时，我看到一个穿着皮夹克的男青年从后门窜出来，朝弄堂里奔跑。这个人我是见过的，当天上午我还跟他在银行门口对过话。"

根据小方回忆，当天上午10点多，他看到储蓄所门外有个年轻人在徘徊，热心的小方就主动出门询问他需要办理什么业务。男青年摇了摇头说："在等人，约好了，等人来了就进来取钱。"听他这么说，小方就回到了储蓄所。中午11点半储蓄所要关门午休，小方又出去对男青年说了声要关门了。男青年这才离开了储蓄所门口。小方关上门后便去学校打球了。小方还说，他跑回储蓄所的时候，除了看到那个男青年，还看到两名年轻人翻墙进了学校。等他进入储蓄所时，看到同事已经倒在了血泊中。

3个人，女邻居和小方都在案发后看到过有3个人出现在储蓄所附近。时隔3小时，四五公里外的河南北路上又有3个人抢了一家五金商店，"茂新"轮上被盗的手枪也是3支，天下竟有这等巧合？这些"3"究竟有没有关联？

虽然疑问有一长串，但是破案思路不能被表象迷惑，只有正确判断才有利于案件的快速侦破。市公安局调来精兵强将组成专案组，侦查员们各司其职，分头行动，迅速排摸、调查大连西路储蓄所和河南北路五金商店被抢的具体情况。

很快，五金店案发现场传来消息：侦查员在细致查访后发现，尽管目击者反映五金店的3个作案对象衣着特征与储蓄所抢劫杀人案逃跑的对象有相似之处，但体貌特征和作案手段有着明显的差异，可以判断这两起案件不是同一伙人所为。

功夫不负有心人，随着调查的深入，谜团被一个个解开。专案组在与储蓄所一墙之隔的学校里找到了案发时听到枪声并被凶犯举枪逼得翻墙而跑的两名青年男教师。原来他们不仅不是同伙还是受害者，侦查员也从他们的叙述中还原了当时的细节。

至此，经过细致的现场勘查和大范围的走访调查，真相逐步显现。当天深夜，专案组在调查取证的基础上判定储蓄所持枪杀人凶犯和"茂新"轮盗枪犯同为一人。与此同时，其年龄、衣着、体貌等详细特征也一一浮现。

11月17日下午，也就是储蓄所抢劫杀人案发生的第二天，正在储蓄所隔壁学校开展调查的侦查员蔡海星、钱梁听到学校保卫科的同志反映说储蓄所附近停着一辆自行车，从昨天起就再也没有挪过位。

当年的自行车属于紧俏物资，有自行车的人家都像宝贝似的爱惜，不太可能丢在外面不管不顾。两位侦查员觉得这个情况有点反常，他们立即赶过去查看，发现这辆黑色的自行车座垫上还沾着未干的雨水，车子还上着锁。他俩敏锐地意识到这辆自行车很可能与储蓄所抢劫杀人案有关联。

回味当年的侦查过程，老汪无限感叹：侦查过程就像在登山，每一步向上攀登都是积累，倘若漫不经心或是疏忽大意都有可能滑到山脚，前功尽弃。所以，在侦破这起震惊全国的储蓄所抢劫杀人案时，专案组从现场勘查和走访调查开始，全面收集并科学论证与案件有关的信息，这才铸造了一条牢牢锁住凶犯行踪并最终将其抓捕归案的锁链。

凶手是谁？盗枪者是谁？抽丝剥茧，线索指向了他

通过查询自行车钢印、型号等信息，不到30分钟，专案组就找到了这辆车的主人老单。老单有3个儿子，把车借给同学的是他的小儿子。据他小儿子讲，他同学名叫于双戈，是公交车售票员，曾经当过海运乘警。

这个消息让大伙儿为之一振：曾经的海运乘警，"茂新"轮盗枪案，持枪杀害储蓄所员工的枪支与被盗手枪一致……犯罪嫌疑人已然浮出水面。

这条信息又很快被反馈给了前方指挥部。经过调查，原"荣新"轮乘警于双戈在8月已调到公交二分公司上班。同时，于双戈究竟长什么样，有什么特征，也从他登记的档案中查到了照片。接下来的任务就是在茫茫人海中找到藏匿的于双戈了。

一张细密的"大网"铺开了，行动小组聚集在于双戈家附近的虹口区新港派出所，只等一声令下便立刻出击搜查。

然而，犯罪嫌疑人持有3支手枪以及数百发子弹，其住所地周边又以棚户简屋居多，人口密集，地形复杂，抓捕行动稍有不慎就可能惊动犯罪嫌疑人，若其狗急跳墙，开枪拒捕，极有可能误伤群众，造成恶果。为了保护群众的生命安全，指挥部要求围捕行动务必谨慎，要做到万无一失。

一路侦查员直奔于双戈家，却扑了空。据于双戈的父母说，于双戈于清晨6点左右回过一次家，收拾了一些日常用品，还写了几封信就出门了。对于这个素来我行我素的儿子，父母也管不了他，所以不知他的行踪。于

父还说，自从 11 月 16 日案发后，上海的大街小巷都在谈论这件杀人抢劫案，父母见儿子一夜未归，心里便不安起来。他们知道儿子因为赌博输了不少钱，也欠下不少债，这些天债主们经常上门讨债。他们有种可怕的预感，儿子会不会被逼急了做出伤天害理的事情来？现在警察上门，不用问就知道儿子罪不可赦，他们向警方保证，只要见到儿子就一定要他去自首。

搜查中，行动小组在于双戈的房间里搜出了"五四"式手枪 1 支、子弹 248 发和手铐 1 副。也就是说，逃跑的于双戈随身携带了"五四"式和"六四"式手枪各 1 支以及子弹 18 发。接下来，抓捕携枪潜逃的于双戈成了当务之急。

老汪回忆起那段难忘的侦破经历时说，当时为了尽早侦破案子，侦查员们没有睡过一个囫囵觉，每个人的身边都备了只随时准备拎起就走的包。那段日子，他记得自己最长的一个瞌睡是睡了三刻钟。好在大部分侦查员正年轻，仗着年轻的体魄硬挺着，否则身体透支根本扛不住。

那么，于双戈去了哪里呢？

也就在这时，有群众反映，于双戈有个姓蒋的女朋友，已经到了谈婚论嫁的地步。其女朋友的大姐家在国权路附近，近日发生了奇怪的现象：邻居们明知她家多日不住人，却听见屋里有声音。会不会凶犯就躲藏在蒋家大姐家里呢？

刻不容缓，指挥部立刻下令前去搜查。上午 9 点左右，老汪和行动组成员赶到国权路蒋家大姐家，贴着门板侧耳细听，果然，屋里有动静，是一种不规则的响动声。几人相视一看，并同时点了点头，这就确定了大家都听到了传出的声音。

因为知道于双戈手里有枪，所以侦查员在这次行动中也带了枪。按预先制订的计划，由老汪打开房门，其他人跟着冲进去，抓他个措手不及。但是，一扇门板隔开了里和外，房间里究竟是什么情况谁都说不准，如果于双戈果真在，他手里又有枪，射出的子弹一定是击中第一个冲进房里的人。

在这紧要关头，作为一名刑警是没有时间患得患失的，刑警的血液和骨子里始终流淌着直面危险的勇气。老汪轻轻地转动钥匙，房门打开了，顿时，几名行动队员冲进去高喊"警察"！却发现这是一间空房间，里面什么都没有。再循声望去，原来是蒋家大姐离开家时忘记关紧窗户，被风吹开的窗框一开一合，声音就是从这里发出的。

一场虚惊啊！直到这时，老汪才感觉自己的手心和额头上全是汗水……

"茂新"轮上的盗枪案

让我们把时间回溯到 11 月 13 日。

那天中午，在外滩防汛堤前，一个穿米黄色外套的男青年正专注地盯着黄浦江江面上的"荣新"轮。午饭时间江堤上行人很少，谁也没有在意他以及他那只始终不离身的帆布包。这个"看风景"的人叫于双戈。此刻，他要实施一个在心里盘算了好些天的计划，目标就是停泊在江面上的"荣新"轮。

江风凛冽，于双戈打了个寒战。在客轮上当过乘警的他心里明白，自己再朝前迈一步，等待他的将是怎样的结局！

去，还是不去？只要一个转身，现在回头还来得及。这时，又一个声音冒了出来：回去干什么？上万元的赌债怎么还？跟女朋友许诺过的，不比别人差的婚礼怎么办？

一想到缺钱，于双戈就觉得胸闷，这两年自己走的背运都跟缺钱有关。在"荣新"轮当乘警的时候，为了搞点钱就去贩卖走私香烟，结果被单位发现后调离岗位，转行到公交公司做售票员，本想靠赌两把让手头活络点，可手气就是那么差！前前后后，他已经向人借了上万元。

在人面前充大佬要钱，跟女朋友结婚也要钱，连抽一包拿得出手的香烟也要钱……于双戈满脑门被一个"钱"字堵住了。他拍了拍背着的帆布包，里面是他早就准备好的旋凿、羊角榔头和老虎钳等工具，随即对着江面上的"荣新"轮阴郁地说："你无情，别怪我无义！"

于双戈熟门熟路地朝停靠交通艇的北京路码头走去。他选了个大家吃午饭的时间登上"荣新"轮，趁着甲板上暂时无人，他一路潜到乘警值班室门口，刚从帆布包里拿出旋凿准备撬门，却不承想听见脚步声，有人正朝这边走来。做贼心虚，这脚步声把于双戈吓得腿都软了，他拐进客轮的角落里隐藏了起来。

一个于双戈非常熟悉的身影走了过来，他就是乘警老于。于双戈大吃一惊：不是说老于调走了吗，怎么还在船上？老于的出现令于双戈更加心虚。当初，自己还在"荣新"轮上做乘警的时候，老于对他这个年轻人可是格外关心照顾，一心想培养他成才。即便他吊儿郎当、不思进取，老于也没轻视他，一心希望他改过自新。一笔写不出两个"于"字，自己在老于当班的时候作案，那岂不是恩将仇报？更何况，一旦追查起来，老于第一个就会想到是他……

像是老鼠遇见了猫，于双戈没敢耽搁，他原路返回，再一次来到外滩江堤，沮丧的他不甘心就这么离开，不一会儿，他盯上了江面上的"茂新"轮。下午2点，他再次乘上交通艇。

登上"茂新"轮后，他迅速蹿到乘警值班室，用包里的工具撬开了门，然后又撬开了室内的保险箱，将2支"五四"式手枪、1支"六四"式手枪、6只弹夹以及268发子弹和1副手铐装进包里。正想离开，门外传来了脚步声。他吓得又在值班室里躲藏了1个多小时，直到下午4点多，当他确认外面安全了才又乘坐交通艇回到了北京路码头。

11月13日傍晚7时15分，停泊在黄浦江51252号浮筒的"茂新"轮乘警不经意中发现一向紧闭的值班室门被打开了。当他走进房间时，更是吓出了一身冷汗，放置枪支弹药的保险箱被人撬开了，所有的武器都不见了……

而这时，于双戈正背着沉甸甸的枪支弹药，提心吊胆地走在马路上。"这么多的枪支弹药藏到哪里最安全呢？"他突然想到了中学同学小徐。当晚10点多，他去了小徐家里，一进门，他便压低声音说："我干了一件惊人动地的大事……"说完就从帆布包里取出了手枪和子弹给小徐看，还讲了自己上船盗窃枪支弹药的经过。

看着于双戈偷来的真枪实弹，小徐被吓得倒吸了一口冷气，他颤抖着声音问："你、你做了这么大的事，之前，怎、怎么也不找我商量商量呢？要知道这是犯法的。"

"可是枪我已经偷出来了，你再怎么说也没办法了。"

"办法还是有的，要么你马上去自首，要么把枪还到轮船上去，要么赶快把它们扔掉。"

于双戈不吱声。他怎么肯把冒着危险盗来的枪支弹药扔掉呢？何况，他还有一件大事要干。他心里清楚，这种时候可不能顶撞小徐，要是得罪了他，小徐一个告发，等待他于双戈的不就是立刻蹲班房吗？于是，于双戈假意答应小徐把枪扔掉,但在此之前,他先要借几百元钱去南通做点生意,等回来后再把枪扔掉。

看到小徐的脸色缓和了些,于双戈又提出了要求,要小徐帮他把帆布包里的羊角榔头、水果刀和旋凿统统丢掉。小徐说了句:"你放心好了,我来帮你丢!"就在小徐以为于双戈去南通做生意时,于双戈却带上了枪弹开始了罪恶的行动。那是11月16日的上午,几乎一夜没睡的于双戈再也按捺不住心中的罪恶,他决定向银行"要钱"。

亡命之徒被擒记

11月19日,专案组根据连日来多路出击都没有找到于双戈踪迹的情况判断,他很有可能已经逃出了上海。

于双戈在客轮上做过乘警,去过的地方比一般人要多。案发后,上海已经没有他的落脚之处。他想要逃避警方的抓捕,唯有往外跑,跑得越远越好。

专案组明察暗访,发现于双戈在全国各地有170多个社会关系,经梳理,最终确定了广州、奉化、宁波、山东、安徽5条他最有可能落脚的线路,并第一时间派出侦查员和当地警方合力追捕。

在众多的线索中,专案组把重点放在了跟于双戈女朋友小蒋有关联的宁波亲戚家。小蒋曾带于双戈去过奉化的伯伯家以及宁波市区的姑妈家。况且,于双戈在宁波也有朋友,他们的地址和姓名也被查得清清楚楚。

当时的市局刑侦处刑一队侦查员高荣金、保志明接到布控任务后,当晚就登上了开往宁波的列车,次日上午即赶到奉化,在与当地警方交接后,他俩当晚又赶到了宁波市,在当时的苍水派出所严京铨所长陪同下来到小蒋的姑妈家里。侦查员告诉小蒋的姑妈,于双戈犯下了滔天罪行,是全国警方都在缉捕的杀人凶犯,如果于双戈来到她家,一定要设法稳住他,并向公安机关报告。

从11月19日晚登上火车到20日深夜,老高、小保争分夺秒,会同各地警方在凶犯可能落脚的点上布置警力。此时此刻,网已撒开,就等鱼儿进网。

一晃,两天过去了。宁波这条线上的各个点都没有消息,难道于双戈压根儿不在宁波这条线上？也不对，其他 4 条线上也没有于双戈的消息，他究竟藏到哪里去了呢？

这是一场耐心和毅力的较量。11 月 23 日下午 1 点 50 分，前方终于传来了激动人心的消息：小蒋姑妈的儿子急匆匆地跑进苍水派出所报告：于双戈去过他家了，而且对他们说是来宁波出差的，下午还要外出办点事儿，等办完事儿后再过来和家人们一起吃个晚饭。小蒋姑妈还问了于双戈大概几点过来，他随口说下午 4 点左右。

下午 2 点 30 分左右，沪甬两地侦查员在小蒋姑妈家的周边布下了天罗地网，誓将这个持枪杀人凶手缉捕归案。

虽然罗网已经织就，但是严京铨还是不放心。他想，如果于双戈虚晃一枪，故意说自己今晚要来和蒋家人一起吃饭，实际却不上门呢？于是，他安排民警到附近的街道巡查，进一步扩大搜索范围。

果不其然，下午 4 点 20 分左右，民警陈永康在解放北路与一迎面走来的男青年擦肩而过。老陈看到他上身穿的是一件蓝色警服，下面是一条绿色军裤，这和照片中于双戈身穿黑色皮夹克的衣着特征不太一样，而且这个男子的容貌虽然跟照片上的于双戈有点像，但照片不太清晰，究竟是不是他，老陈一时之间还不能十分确定。

有了疑问当然不能轻易放弃，老陈不动声色地跟在男青年身后，进一步观察。突然间，他发现青年人右腰部分微微隆起，是枪！此刻的老陈一个激灵，脑海中立刻闪了一下，他确信此人就是警方正在苦苦搜寻的于双戈。

就在这时，老陈看到了正在街上搜索于双戈的严所长，二人相互使了个眼色，立刻心领神会，他们分头跟踪，选择最佳时机出击。

下午 4 点 30 分，于双戈将双手插在上衣口袋里笃悠悠漫无目的地行走在大街上。一会儿站在新华书店门口看新书发布广告，一会儿进入妇女用品商店打量起商品，后来又拐进了中山西路上的鼓楼邮电支局……

严所长和老陈守在邮局门口，他们观察着周围的地形，选择捕捉凶犯的位置。忽然，老陈听到一句："老陈，有机会了！"严所长轻声地对老陈发出指令。的确是个好时机：于双戈正在打长途电话，一只手拎着话筒，另一只手离开了上衣口袋。

严所长猛地扔掉手里的拎包，一个箭步飞快地扑到于双戈身后，双臂往他腋下一插，死死地抱住于双戈的身子。几乎同时，老陈一把将于双戈的右臂压住。"咔嚓"，冰冷的手铐锁住了于双戈那双罪恶之手。此时的时钟指向11月23日下午4点45分。

亡命之徒于双戈蒙了，他颓丧地耷拉下脑袋，他不明白为什么自己机关算尽却还是逃不脱。他的末日到了……

于双戈的逃亡不归路

于双戈的确以为自己设计的逃亡路线是万无一失的。

11月16日上午，心事重重的于双戈一面骑着从同学那里借来的自行车，一面寻找抢钱的目标。不久，他在大连西路上发现了一个不起眼的储蓄所。他骑车在周边兜了一圈，觉得这个储蓄所很符合他能进能退的想法。

于双戈先将自行车停放在储蓄所附近，然后深吸一口气便走进了大门。他看见里面有一男一女两个职工，男的看上去身材不小，蛮有点力气的。毕竟心虚，于双戈不敢贸然行动，他便折回到储蓄所门外，既为了平复一下怦怦乱跳的心，也为了观察周围的动静。

他从玻璃门朝里看，两名职工正在柜台里点钞票，这一把把花花绿绿的票子刺激着于双戈的神经。临近中午，储蓄所里的男员工走出门对他说：吃午饭的时间到了，我们要关门了，你要办理业务下午再来。

于双戈朝这名男员工很古怪地笑了笑，跟他说自己在等人。为了不让他起疑，于双戈佯装离开，却根本就没走远，他骑上车绕着储蓄所又转了一圈。这一转让于双戈有了惊喜的发现，他看到有一条弄堂直通储蓄所的后门，隔壁就是学校的书店，两家通道共用一扇小门，门外就是学校的操场。也就是说，储蓄所前面的铁门虽然关死了，但后门是可以进出的。

于双戈穿过弄堂，他从一户居民家的气窗向储蓄所里张望，只见里面那个男员工吃午饭去了，只留下一个女员工不知跟谁在打电话。于双戈右手握住枪，用左手敲了敲后门。"谁呀？"传出女员工的问询。接着，女员工打开了后门。忽然间她愣住了，门外站着的是个眼睛里充满杀气的陌生人。她本能地想关门，但这一切都晚了，在两股力量的抗衡中，她根本无法挡住一个亡命之徒的蛮力。于双戈用力顶开门，用枪指着她的脑袋威逼道:"不许出声,要喊就打死你!快去打开保险箱。"

面对枪口,营业员仍知道自己的职责是什么,她发出了声嘶力竭的喊声:"抓强盗啊!来人啊……"

"砰"的一声枪响了。开枪杀人后,于双戈也慌了神,他一手持枪,一面飞快地脱身。

如果要还原11月16日中午杀人后于双戈的去向,可以整理出这样一条路线——

于双戈一路狂奔穿过了学校的草坪,他连自行车也顾不上骑了,随机跳上了一辆公交车。这时,他想起了应该见一见女朋友小蒋。黄昏时分,于双戈来到小蒋的工作单位,他把自己抢银行杀人的事都告诉了她,还问她愿不愿意一同逃离上海。听了这番话,小蒋简直惊掉了下巴,她根本想不到厂里传得沸沸扬扬的银行抢劫案竟然是自己的恋人所为。但她还是意气用事地说:"我说过我们要永远在一起的,那么,我陪你一起跑,也好有个照顾。"

小蒋的表态让于双戈放下心来,他们甚至设计了一个方案,那就是各自先回家拿换洗的衣物,然后由小蒋假装到外面买香烟,去大街上叫一辆出租车在于家附近等着……

这个计划最终没有实施,原因是二人到了于家后,小蒋的确去叫车了,而成了惊弓之鸟的于双戈已经等不及了,他顾不得和小蒋的约定,自己先跑了。

仓皇逃离的于双戈疑神疑鬼,总担心后面有"尾巴",先是拦了辆出租车到老西门,随后又换了一辆出租车到了曹家渡,下车后还是不放心,又拦了一辆车到达华亭宾馆。几个弯转下来,他总算心定了,随后往西南方向走,一直步行了4个多小时都没停下,直到天蒙蒙亮才到达闵行区的莘庄。

可他仍不敢停下脚步,又搭乘长途汽车到了老闵行,然后再转车到南汇县的北桥,再跳上了去金山县的长途车。到了那里,于双戈刚想松口气,忽然想到公安机关肯定会发出通缉令和协查通知,通缉令里有关他的体貌特征和穿着一定会罗列得详详细细、清清楚楚,他怎么还敢穿着黑皮夹克呢?想到这里,他马上来到一个服装地摊,买了一件蓝色制服和一条军裤。

侦破『于双戈持枪抢劫杀人案』的八日七夜

换了衣服他还是不敢停留，赶紧又上了一辆去金山枫泾的长途车，看到有去嘉兴的长途车，便又坐了上去。

这么一折腾，已经是傍晚了，这时，他才想起自己一整天没吃过东西了。于双戈在嘉兴的街头买了粽子充饥，忽然间又是一颤：怎么可以这样暴露呢？万一被巡警发现，自己转了一整天的长途车岂不前功尽弃了？该找个旅馆住宿啦。

他从口袋里掏出工作证，"于双戈"三个字无比触目惊心，拿着这张工作证，如同捏着一只烫手的山芋。于是，他在"于"字下面小心地加上一画，成了"王"，接着，他又在"戈"字的旁边加上了立刀旁，变成了"划"。就这样，工作证上的于双戈变成了"王双划"，他拿着涂改后的工作证住进了一家小旅馆。

第二天，于双戈又从嘉兴乘长途车到了海宁。这一次，他投宿在海宁的朋友家。他是有目的的，因为那张涂改过的工作证迟早会被人识破，他根本不放心，与其这样，还不如彻底改变自己的名字和工作单位。

他对朋友说，他要去宁波出差，走的时候匆忙，把单位里开好的介绍信忘记在家里了，他请朋友帮他弄一张空白的介绍信，免得去宁波白跑一趟。

那位朋友也真是个"马大哈"，相信了于双戈的话，还真给他搞来了一张空白的介绍信。于双戈在姓名一栏里填上了"杜卫国"，带着它从海宁坐火车到了杭州，当晚又转车来到宁波。

姓名改了，服装也换了，直到这时于双戈才有了这段日子里久违的轻松感。他似乎认为从此以后只要隐姓埋名就再也没谁能抓到他了。

不是尾声的尾声

11月23日下午，储蓄所持枪杀人的凶手于双戈终于在宁波被生擒。奋战了八日七夜的侦查员长长地舒了口气，为民除害，告慰亡灵，还上海一个平安祥和的天地，他们做到了。

11月26日晚上8点，上海市公安局收到了公安部发来的贺电："欣悉上海、浙江公安机关和交通公安部门密切配合，于十一月二十三日将盗窃枪支、持枪杀人抢劫连续作案的犯罪分子于双戈生擒，缴获被盗的枪支子弹，为社会安定消除一大隐患，特向你们祝贺，并向参战的全体公安干警、武警指战员致以亲切的慰问。"

多年前的这一页早已翻过去了。如果要问破获案件的感受，老汪会不假思索地回答说：这是警察的职责。

的确，和平年代的万家灯火，背后是人民警察以汗与血为代价在负重前行，成功的背后永远有着常人难以想象的一份艰辛。

致敬和平年代这些最可爱的人。

盛铃发：血染沙场化作虹

缪国庆

"我在后来的录像里看到，事发当时，酒家地板上全是父亲的血，流了一地，这是父亲的从警誓言，也是父亲留给我的遗言……"即使时隔多年，那个壮烈的场景依然清晰地留在盛铃发女儿盛黎华的记忆里。

"他被尖刀刺中心包后，血流不止，还能够从二楼事发现场一路追缉凶犯直到一楼门口，不能不说是一个奇迹，那需要多么强烈的信念支撑啊……"长征医院主治医生的那一声感叹，至今还回响在盛铃发战友们心中。

血染沙场化作虹。

属于盛铃发烈士的最后那一段历史，就是展现在世人面前一道无比绚丽的彩虹——

彩虹，一端系于忠诚

1

在同事中，没有人比姚建达更了解盛铃发了，因为他与盛铃发在同年同月走进了上海市公安局治安处刑侦三队经济组。

1981年7月，姚建达从公安学校毕业后，先去基层派出所实习了半年，然后就成了刑侦三队经济组的一员。

作为初来乍到的新兵，姚建达当时的心情难免有几分紧张、几分忐忑，不过，他的紧张和忐忑很快就被一个同事的自我介绍化解了，这个已经快40岁、长相精干的同事握着他的手说："我叫盛铃发，也是一个新兵。"尽管姚建达的心里不无诧异，但碍于初次见面，不便刨根问底：比自己足足大了近20岁，怎么会是新兵呢？后来才知道，这个名叫盛铃发的同事刚从部队转业，只是比他早到了一步，他说自己是新兵，也是没错的。

盛铃发是公安新兵，却是军营老兵，而且是一个有着20年军龄的营级干部。

姚建达曾经听盛铃发说起过自己的身世：1944年7月，他出生于浦东地区的一个船民家里，穷人的孩子早当家，自记事起，他就跟随父亲在黄浦江上摆渡、运送蔬菜瓜果了。那时，家里的生活就像一条破旧的小船，在风吹浪打中飘摇，随时都会沉没……解放了，风平了，浪静了，他幸福感满满地上了学，读了小学，读了中学，然后又考入了上海海运学校。假如没有那次招兵，他或许就会子承父业，成为一名船员，当然不再是在那种近似于舢板的小船上，而是驾驶着钢铁巨轮在中国、在全世界航行了。不过，当他得知部队来学校征兵的消息，立刻就跑去征兵站报了名。"男儿国是家，卫国即卫家。"他要报效国家，于是，他参了军，当了兵，从一名普通士兵一直到一名营级干部。

当兵，他是好兵，夏练三伏、冬练三九，在评选"好战士"时，战友们异口同声地评价"他不像是大城市来的"；当干部，他是好干部，身先士卒、同甘共苦，在领导干部民主测评会上，战士们一致公认"他总是战斗在第一线"。

不过，做妻子的自有做妻子的抱怨：分娩时，他说走不开，没来身边陪伴；女儿生了大病，几次发电报催他回来，他还是走不开，他说，回去了也减轻不了女儿的病情……让妻子印象特别深刻的一个场景是，他转业了，提回来一只柳条箱，据说，这只柳条箱还是他20年前去部队时带去的。对此，她疑惑不解："你也真是！啥人还在用这种柳条箱啊？"顺着这个话题，盛铃发的回答却自然贴切："20年前，我唱着'我是一个兵，爱国爱人民'登上军列。20年后，我还是唱着'我是一个兵，爱国爱人民'

盛铃发：血染沙场化作虹

回到了地方……"

青春不再，歌曲不老。这是他最爱唱的一首歌，他会一直唱下去的。

2

尽管盛铃发是军营老兵，但进了公安，到底还是一个新兵。

从部队转业到上海市公安局后，盛铃发强烈地意识到公安工作的艰巨性和复杂性。为了迅速提高自己的专业水平，他既向有几十年工作经验的老公安全面请教，也向刚从警校毕业的新同志虚心学习。在短短的半年时间里，他就成长为一名业务骨干。20世纪80年代初，国家正处在由计划经济向市场经济过渡的时期，经济犯罪的类型也有着深深的时代印迹，不法分子为了牟利，不仅疯狂倒卖国家批文非法进口货物，而且大肆走私手表、家用电器、文物字画等。为了打击犯罪，在随后的两年里，他先后主办了10起重大经济犯罪案件，抓获了不少犯罪嫌疑人，追缴了大量赃款赃物，并被评为上海市打击经济领域严重犯罪活动战线先进个人。

他是公安战线上的先进，却不是家庭成员中的先进。妻子有埋怨，当然更有心疼："过去，我与他两地分居，他在部队，我在上海；好不容易等到他转业了，我想可以安稳生活了，可还是像过去一样，他在单位里日夜工作，经常出差在外，不顾自己，也不顾家里。结婚10多年，真要算起来，相聚的日子还不到360天……"工作的事情，在妻子面前他从来都是闭口不谈，而让妻子更加有所不知的是，在侦破重大经济犯罪案件过程中，盛铃发又多了一桩心事。

学然后知不足。

艰辛而又繁重的刑侦工作，使盛铃发越来越感到知识的缺乏。为了更好地应对日益错综复杂的经济犯罪案件，他不顾自己已届不惑之年，开始以极大的毅力，发奋学习相关课程。那时，正巧上海公安高等专科学校挂牌成立，面向在职民警招收第一批大专学员，前提是必须通过筛选考试。在女儿盛黎华的追忆中，那时的情景依旧感人至深："父亲马上就报名参考了。在备考的近半年时间里，父亲每天在我睡觉以后才开始温习，家里的房子小，才12平方米，怕影响到我，他小心翼翼地用报纸遮住台灯的光源，在微弱的灯光下认真看书。最后，他一举通过考试，成为首届学员。在拿到录取通知的那一天，他特别高兴，眉眼间都溢出了满满的笑意，母亲得知后，还特地烧了一桌好吃的菜肴，让全家都为'新生入学'庆祝。他们那一届学员，后来被称为上海公安的'黄埔一期'，很多人由此成了上海公安的精兵强将，父亲当然也是其中之一。"

3

两年的刻苦学习，让盛铃发如虎添翼。

在姚建达的记忆里，他与盛铃发共同侦破的一起"特大走私盗窃文物字画案"特别值得一提——

案件的线索是在审讯一起偷盗案件时获得的：当时，那个被抓获的犯罪嫌疑人虽然对自己实施的偷盗犯罪行为供认不讳，但是，他却认为自己犯罪所得数额只是区区小数，与人家比起来，根本就算不了什么。"人家？谁是人家？"听了此话，负责审讯的姚建达心里一动，这个犯罪嫌疑人显然是有所指的，那好，就让他举报，让他有一个立功表现。于是，一条"特大走私盗窃文物字画案"的线索浮出了水面。此时的盛铃发已经升任刑侦三队副指导员，因为队领导少，他也承担着部分重大案件的侦破工作，此案就交由他负责了。循着这条线索走进工艺品进出口库房，找出那些名人字画，展开画轴一看，令盛铃发一行大吃一惊，卷在画轴里的字画竟然已被挖去！如果从画轴的数量上来看，并无缺少；如果从画轴的表象来看，也依然完整，谁能想到犯罪嫌疑人会来这一手呢。排摸，并不复杂。如果不是内贼，根本就进不了库房；如果不是内行，根本就想不到这一招。复杂的是深挖，因为被盗的除了被挖去的名人字画，还有红木盒子中被调包的端砚、徽墨等，需要一一辗转追赃，需要一一固定证据，需要一一进行估价。攻坚克难，闯关夺隘，在"水落石出"的坚持中，一起案值巨大的走私盗窃文物字画案终于被侦破了，两名犯罪嫌疑人也被绳之以法！

在张坤林的记忆里，他与盛铃发共同侦破的"特大走私倒卖白坯布案"也永远不会忘却——

那是 1987 年 7 月，正值盛夏酷暑，为了查清一起走私倒卖 210 万码、价值 406 万元的白坯布案，盛铃发和张坤林同赴广州、深圳、珠海调查取证，由于犯罪嫌疑人环环紧扣、联系紧密，为调查取证设置了重重障碍，让盛铃发和他先后吃了六七次"闭门羹"。"关门总有开门时，再不开，就是撬也一定要撬开它的！"盛铃发坚毅，盛铃发坚信，他毫不气馁，继续顺藤摸瓜。在历时一个半月的山重水复之后，他们不仅查实了这起案情的全部真相，而且带破了另一起坯布走私案，总案值达 300 余万元。

关于盛铃发亲历亲为的刑侦实践，刑侦三队的侦查员谁都能信手拈来，就是长期在内勤岗位上的毕生伟也能说出个一二来，其中，"9·5 特大贩毒案"主犯的被抓就是他所津津乐道的——

1988 年 10 月，盛铃发会同预审处的同志赴云南追捕这起特大贩毒案的主犯，尽管一路上经受了两天两夜的列车颠簸，以及 16 小时的汽车折腾，但在到达会合点的当晚，他顾不上休整，立即与先期到达的侦查员一起商量追捕方案，并在第二天一早，就径直奔赴边境而去。随后，在三天三夜的守候伏击中，终于将主犯抓获归案。等到毕生伟再次见到回沪后的盛铃发时，原本精干的盛铃发显得更加瘦削了，这让他顿时就想起了两句诗，"衣带渐宽终不悔，为伊消得人憔悴"。

"假如盛铃发在世，已经 79 岁了，他走的时候才 45 岁……"往事历历，在 30 多年后，说起与盛铃发的阴阳两隔，姚建达这位屡立战功的老侦查员还是禁不住红了眼圈。在获得全国"人民满意的公务员"和"上海市劳动模范"荣誉称号后接受的一次采访中，他又一次提到了盛铃发，提到了去南国酒家执行任务的那次遭遇，他说，为国捐躯是英雄，最应该得到这份荣誉的不是自己，而是盛铃发。

彩虹，一端系于使命

1

在同事中，确实没有人比姚建达更清楚盛铃发血洒南国酒家的全过程了，因为他就是跟着盛铃发出警且并肩作战的侦查员之一。

事情的缘由，姚建达始终都记得很清楚。

"那是1989年7月28日的下午，我奉命前去市劳改局核查一桩事情，3点左右进的803。此时，刑侦处领导接到市公安局信访科急电，说是虹口一家电器厂的王厂长前来报案，称厂家曾经被骗170多万元，今天他们终于扭获了两个骗子，他们当即就将其中一个扣押在厂，将另一个直接扭送到了市公安局信访科。信访科问了基本情况后，希望刑侦处火速出警。领导当即指示刑侦二队（此时刑侦三队已经改为刑侦二队）派员前往，刑侦二队就派柴宏伟、鲁鸣和我三人去地处福州路的市公安局信访科，将人带回队里。随后，又让柴宏伟去电器厂，通过被扣在那里的犯罪同伙，了解合同签订等相关材料。"

王厂长所报一案属实。被扭送到信访科的男子系一家烟糖批发部职工，与王厂长曾有过一面之交，随后也就有了不时的交往。年前，该男子得知王厂长正在为厂里急需的原材料——电解铜发愁，而在市面上，电解铜十分紧缺，他拍胸脯说他有一个朋友，交际广、路道粗，解决这个问题应该不在话下。王厂长要货的心情十分迫切，就让他介绍认识，这男子就带来了这个同伙。这个人果然厉害，当着王厂长的面拨通了澳门"钟老板"的电话，请"钟老板"帮个忙。那边的"钟老板"显然有点为难，如果从澳门进货，不说手续极其麻烦，就是价格也会上扬许多，至于内地有没有货源、能不能搞到，一时难说，他没有绝对把握。不过，在这边的再三恳求下，"钟老板"终于答应想想办法。这让王厂长有了盼头。那个"钟老板"也真是有办法的，没几天就搞定了一家公司，随后，牵了线，让电器厂与供货方——广东一家有色金属公司签了合同，预付了购买95吨电解铜的货款。

付款之后，久久不见电解铜到货，上海这里一催再催，广东那里却一拖再拖，王厂长急了，可他哪里能够想到，这根本就是一场设计得煞有介事的骗局，不仅供货方的公司子虚乌有，而所谓的电解铜也纯属是竹篮打水。渐渐地，王厂长的心里盘桓起了一个疑团：自己被骗了！

2

骗子们却还想以合同纠纷为由继续行骗。

金色记忆

正在电器厂接触那个同伙的柴宏伟传来消息说,这起诈骗案的主犯"钟老板"将于当晚6点在南国酒家设宴请客,请的就是王厂长,说是为了解决合同纠纷事宜。本来,定下的时间是当天中午,地点在天津路上的一家餐馆,但性情多疑的"钟老板"临时生变,取消了。直到天色渐暗,才约王厂长在当晚碰头,甚至把酒家也换了,换到了北京路西藏路口的南国酒家。

"正好一网打尽!"刑侦二队领导当即决定。

由谁带队前往?时任刑侦二队副队长的盛铃发立刻挺身而出,却被指导员张道华拦住了。张道华的阻拦事出有因:盛铃发昨天值了一个24小时的班,今天又工作了一个白天,理应回家休息了,再说,这几天他妻子卧病在床,也需要有个人照料,怎么也不该让他出警去的。不过,盛铃发坚决表示:"不争了。我去!"说着,就已经迅速地作出了行动部署:让柴宏伟假扮成王厂长的表兄,先混入南国酒家的包房;他自己则带着姚建达、鲁鸣随后赶到收网。

姚建达曾经不止一次地跟随盛铃发抓捕对象。

"1984年的春天,我就与盛铃发一同侦办了一起特大的非法从事外贸活动的经济案件,而那天夜里的抓捕让我至今都记忆犹新:在抓捕中,犯罪嫌疑人夺路而逃,钻进了共青森林公园。那时的共青森林公园杂草丛生、人烟稀少,何况又是黑夜,我们在一片杂草长得比人还高的荒野前停住了脚步。我们带去了两条警犬,不想警犬却在丛林前步步后退,无论如何都不愿向前迈出一步。'兴许里头有蛇!'盛铃发说着,就随手折了一根树枝,头也不回地探着前行了。盛铃发是在以他的实际行动告诉我:警犬可以撤退,但警察必须迎难而上!我紧赶上他的步伐,一手打着手电,一手攥紧树枝,拨开杂草,踏着泥泞,边打蛇边找人……榜样的力量是无穷的,在随后持续3小时的搜寻、抓捕过程中,那种曾经在我心头一闪而过的本能的恐惧再也没有出现过。凌晨1点,我们终于成功地将犯罪嫌疑人抓捕归案了。"

这次去南国酒家执行任务,从内心深处来说,姚建达也是希望由盛铃发带队前往的。

3

南国酒家离803并不远。

盛铃发带着姚建达、鲁鸣驱车赶到南国酒家，也不过6点半左右。原来以为"钟老板"那边赴宴的人不会多，想不到一下来了6个人，加上王厂长和柴宏伟，满满当当地坐了一桌，而侦查员这边，算上柴宏伟，也不过4个人，人手到底少了点。这样想着，盛铃发马上请求队里增援，再来一辆汽车和两名侦查员。

7点左右，增援力量赶到。

盛铃发简单地交代了一下情况，随即带领4名侦查员冲上楼去，推开二楼包房门，正在用餐的一桌人目瞪口呆。

"警察！请出示证件！"盛铃发厉声道。

在座的所有人纷纷掏出自己的证件，"钟老板"也不得不将他所谓的澳门居民证件递给了姚建达。"钟老板"的证件是伪造的，他根本就不是澳门居民。自己的"底牌"自己最清楚：他本姓王，原是上海一家面粉厂的职工。1981年，因犯诈骗和投机倒把罪，被判刑9年，随后移送青海劳改；1986年4月，从青海劳改农场脱逃，然后，先在郑州重操旧业，骗取了一笔煤炭款，因对方紧盯不放，一路盯到了苏州，他实在无法摆脱，干脆就把对方杀了，沉入了太湖；接着，他逃到香港，再到菲律宾，又把一个玩腻了、榨干了的菲佣杀了……"钟老板"知道，他沾血的"底牌"终究是要被翻开的；他也明白，他沾血的"底牌"一旦被翻开，身负重罪的他就不可能重见天日了，因此成了惊弓之鸟。就在前一天，他住的宾馆来了警察，把他吓得不轻，开始以为是来捉拿他的，好在是查房，令他虚惊一场，不过，他还是多生了一份心，赶紧退了房，换了一家宾馆入住……想不到今天又来了警察，还不止一个，这回恐怕真是凶多吉少了。

他不能束手就擒，不能，绝对不能！

就在姚建达觉得"钟老板"的证件有假、定睛查验时，凑巧餐厅服务员进来要求结账。机会来了！"钟老板"拿过身边的皮包，拉开，装作取钱的样子，却从包里抽出一把大号猎刀，猛地向离他最近的姚建达捅去。

盛铃发见状，一边高喊一声"小姚，当心"，一边用尽全身力气，一把推开姚建达，奋勇上前夺取凶犯"钟老板"手中的猎刀。

急于脱身的"钟老板"红了眼。他一个闪身，对准盛铃发的胸口一阵猛刺，然后抽出猎刀，挥舞着冲出包房，向楼下逃窜。

鲜血，从盛铃发的胸口喷涌而出，可他并没有倒下，他捂着胸口、忍着剧痛，在"钟老板"身后紧追不舍，一路追到底楼大门边……

4

"追！快追……"这是盛铃发最后发出的那一声呐喊，震响在战友们的心中，回响在一座城市的记忆之中。

尽管腹部也被猎刀刺中，连肠子和黏膜也流了出来，手臂也被划得鲜血淋漓，但此刻的姚建达却只有一个念头："一定要抓住凶犯！"在跑下楼梯时，他嫌脚上的那双旧凉鞋碍事，跑不快，于是，干脆踢掉鞋子，赤着脚冲出南国酒家大门，然后穿过贵州路，直到将慌不择路的"钟老板"逼进一条死弄堂。"放下凶器！"姚建达大喝一声。

穷凶极恶的"钟老板"转过身来，仍然高举猎刀，目露凶光，随时准备反扑。

此时，一名侦查员机智地驾着汽车开进了弄堂，逼得再也无法藏身的"钟老板"只能急忙拉开车门，窜上了副驾驶座，然后，返身再与驾车的侦查员搏斗。而已经逼近车头的姚建达灵机一动，把手伸进车窗，迅速取下车上配备的小型灭火器，开启后即刻朝着听到响声回过头来的"钟老板"面部喷射，大团大团的白色粉末顿时迷糊了"钟老板"的眼睛，他知道，自己死到临头了……

"我没事……"身负重伤的姚建达最后还是被战友送上了出租车。

就在他到达长征医院急诊室门口时，一个令他不能接受的场景蓦然出现在了他的眼前：一辆手推车正缓缓地推出来，在手推车上躺着的正是盛铃发！车辚辚，夜深沉。姚建达拉住了手推车，急切地恳求起来："救救老盛！他是我们队长啊！"

在以后的日子里，这个场景不断闪现在姚建达的眼前，而对于任何一个公安民警都意味深长的问题的答案也因此而闪亮了起来：

"从部队转业后，你为什么要选择到公安呢？"与盛铃发相处日久之后，姚建达曾经问起过这个问题。确实，当时有太多的单位可供盛铃发选择，政府机关、央企，还有国有大企业，他都一口谢绝了，直到军转办的同志口中吐出了"公安"二字，倏然间，他才找到了一种最契合自己心思的感觉。

如今回想起来，正是因为那种剑气如虹、义薄云天的大气概、大风格，可以使他在打击犯罪、维护治安中冲锋陷阵、一往无前，可以让他以自己的精神之光、以自己的血肉之躯去捍卫法律的尊严，去履行正义的使命。

谁持彩练当空舞

1

为有牺牲多壮志，敢教日月换新天。

"假如他还活着，他还可以做很多很多事情，他还应该做更多更多事情。"盛铃发的牺牲，让姚建达和他的战友们痛惜不已。

"作为盛铃发的战友，我们还有很多很多事情要做，我们还应该做更多更多事情。"在盛铃发精神的感召下，姚建达和他的战友们不断自勉、自励。

回忆起当时开展的经侦工作，姚建达说："不同于如今足不出户便可纵览天下信息，那时的经侦工作大部分还是沿用传统的刑事侦查手段，工作条件很是艰苦。调查取证就靠脚踏车、靠两条腿，常常还坐着公交前去执行抓捕任务。在今天想来感到不可思议的事情，却是那时的家常便饭，而最紧迫的问题，还在于我们对经济专业知识的极度匮乏。那时，既没有'百度'，也没有'知网'，我们有的只是一张图书馆的借书卡。碰到新问题，我就背上挎包，踩着脚踏车，穿过好几公里的路，赶在图书馆关门前去借阅法律书和专业资料。晚上，怕影响妻儿睡觉，我就坐在灶披间，伴着昏暗的灯光慢慢啃。记得1988年，队里接报受理了一起信用证诈骗案，那时，我连信用证是什么都不知道，而中国银行是唯一支持信用证开立业务的金融机构，为了搞清楚、弄明白，那段时间我几乎天天都往银行跑。"

在经侦工作不断发展的同时，姚建达也在与时俱进："1999年7月，伴随着改革开放的步伐，经济社会的飞速发展，经济案件体量的不断增加，上海市公安局经济犯罪侦查总队正式成立，经侦队伍警力配置不断完善，办案思路、工具也在更新换代。感谢组织信任，我后来成为商贸犯罪侦查支队的支队长，带领着一支40人的队伍，担负起打击侵犯知识产权犯罪、危害市场秩序犯罪的重要职能。特别是中国加入世界贸易组织（WTO）后，我国的各项经济活动在更大的范围内和更深的程度上参与经济全球化进程，我感受到肩上的担子更重、挑战更大。我和队里的同志共勉，不论案值大小，尽心尽责办好每一起案件。"

此时，姚建达再一次提到了盛铃发，提到了去南国酒家执行的那个任务："大家常常问我，南国酒家的那件事对我有没有什么影响？有！'注意安全，平安回来'就是我对队里同志们最常说的一句话。穷尽一切可能，认真对待每一次抓捕，不再让任何一名战友倒下，就是那件事对我最大的触动。我想，师傅也一定是这么希望着的！"

2

清明时节雨纷纷，精神长存祭英魂。

"对于那些永远失去最亲、最挚爱的人来说，思念和伤痛是无处不在的、是长长久久的，就如我刻骨铭心地思念我的父亲——盛铃发。"父亲壮烈牺牲时，女儿盛黎华才13岁，现如今已过不惑之年，身着警服的她，英姿飒爽中显露着不同寻常的成熟和从容，她现任上海市公安局国际机场分局空防处副处长。

"我永远忘不了最后那次与父亲说再见的场景。那天，我踩着轻快的步伐出门，父亲在窗边对我微笑着，我高兴地向他挥手再见。没想到，那次以后，我与他再也不能相见了。"

父亲的微笑，成为盛黎华脑海里永恒的定格。

说起父亲对长辈的孝顺，盛黎华记得："父亲因为工作时常出差，每次出差回家，都会为家里老人带好些礼物。比如，奶奶经常头疼，父亲去云南出差，细心的他会为奶奶带回天麻。要知道，在20世纪80年代物资流通还不怎么发达的情形下，这些补品可以算是稀罕之物了。"

说起父亲的自律守正，盛黎华记得："那时，我们一家三口挤在12平方米的老房子里，母亲一直希望父亲能够向单位申请住房调配，改善居住条件，可父亲每次都说已经打报告给领导了，还没轮上。父亲牺牲后，母亲却在他的办公室抽屉里发现了那张始终没有交上去的申请住房调配报告单。"

"家庭是人生第一个课堂，父母是孩子的第一任老师。"盛黎华说，"父亲的言传身教始终在潜移默化地影响着我，而父亲的牺牲改变了我的人生轨迹，坚定了我的信念：当警察，继承父亲未竟的事业！"盛黎华大学毕业后，选择了从警之路，她希望成为父亲那样的人。

在工作中，她从未因为自己是一名女警而退缩，而是始终冲在前面。临危不惧的一幕，呈现在了她的警察生涯中：那年夏天，一架国外航空公司的货机在浦东机场起火，作为机场分局空防处领导，她和同事立即赶赴现场调查和处置。烈火就在眼前，若火势蔓延至油箱，还可能引发爆炸……在危难关头，她一下子就理解了当年英勇献身的父亲，"作为一名人民警察，冲在危险的第一线保护人民群众就是我们的职责！"因此，盛黎华被市公安局授予二等功。

她希望成为父亲那样的人，她确实成了像她父亲那样的人。

和父亲一样，她在工作后选择了继续深造，利用业余时间刻苦攻读，取得了硕士学位；她和母亲一起生活，把家里最好的套间让给母亲居住；在教育儿子时，她教他要学会把最好的东西让给长辈先吃，要学会关心家人、同学……"传承家风，守望家风。父亲的精神财富，我一定会好好继承和发扬。"盛黎华表示，"我是盛铃发的女儿，我要努力努力再努力，让父亲含笑九泉！"

"父亲的微笑，在我心头永驻。"

3

赤橙黄绿青蓝紫，谁持彩练当空舞？

参加过盛铃发烈士追悼会的人们，不可能不会记得那个场景：那是1989年9月16日，盛铃发烈士追悼会在上海龙华殡仪馆举行，上海市委、市政府相关领导及上海各界人士数百人参加了追悼仪式，而在得知盛铃发视死如归、惩恶扬善的英勇事迹之后自发前来吊唁的群众更是挤满了追悼大厅，在"英魂安息"的挽幛上寄托着无限的哀思和崇敬。

在人们的无限崇敬之中，一场透雨涤尽了夏日的暑气，一道彩虹升起在明净的天际……

呵，血染沙场化作虹。

胡国利：空防专家是怎样炼成的

姜龙飞

2009 年第 6 期《人民警察》杂志封面上，是一张中年民警凝眉远眺的肖像照，微微眯缝的双眸里，似有无尽的思索。其身后，是上海浦东国际机场候机楼一如大鸟展翅的翼状身影。他，就是上海市公安局国际机场分局素有"空防专家"之誉的胡国利。这期《人民警察》杂志以《空防专家胡警官》为题，报道了他和同事们一起全力以赴确保空港物流绝对安全的精彩故事。

亲眼见证日趋发达的航空运输 30 年

货运航空，一个对于大多数人来说还很陌生的领域，却与我们的日常生活贴得很近，而且越来越近。说不定，你家昨晚餐桌上的三文鱼，就来自哥本哈根的凯斯楚普机场；你使用的笔记本电脑，就是从台北桃园机场发的货；还有我们经常食用的干果——杏仁、开心果、夏威夷果等，每年都有数百万吨量级的货物从全球各地的机场运往上海。

就像鸟儿在高高的林尖树梢，衔来一根又一根树枝、叼回一茎又一茎碎草，东飞西翔，南来北往，垒窝，筑巢，衍生。从某种意义上说，现代货运航空对蓝天发起的挑战，堪与这大自然中的飞行宝贝互为镜像。

胡国利，曾任上海市公安局国际机场分局（以下简称机场分局）空防处副处长，1986 年从警校毕业后分配到民航上海管理局公安处。37 年来，他亲身经历了航空货运从门庭冷落、乏人问津，一步步发展到今天物源茂盛、畅达全球。

交谈中，国利说他患有严重的腰椎间盘突出症，既不能长时间坐，也不能长时间站，领导和同事们照顾他，有意为他卸去行政职务的负担。不过经过治疗，他现在的状况好多了。以前连十几分钟都坐不住，现在自如多了。

37载空防春秋，乐也好，忧也罢，忧乐全凭这一副脊柱支撑。

国利属于"专家型民警"，在空防安全这一块，可以说没有他不清楚的。说到空防，特别是货运空防，国利说，如果要下一个界定，那就是严密航空货物运输各个环节的安全措施，有效预防和制止通过航空货物运输渠道人为地非法干扰民用航空的违法犯罪行为，确保航空运输安全有序。

国利是1993年调任空防工作的，岗位是货运组空防检查员。那时的他对货运空防也不大明白，没有现成的教材，具体做什么、怎么做，心里没底。

怎么办？沉住气，慢慢来。作为检查员，他只有从头摸索，像一台CT扫描仪，从脑袋开始，颈、肩、胸、腹，一步步往下扫，一直扫到脚后跟。这样做，领导叫"蹲点"，明下情，知表里。到了国利这儿，换个词，叫"跟班"。从货物装卸、搬运、打板到上飞机，要诀就是一个"跟"，一道道程序跟，一个个节点跟，有整有零，手拿把掐，熟悉航空货运全过程。国利觉得，没有整体、只有局部的认知是残缺的。整体大于部分之和。只有着眼整体，入手局部，才能学庖丁解牛，把脉稳，下手准，手起刀落，一击命中。

国利是个很有亲和力的人，在跟班过程中，从装卸工、叉车工、打板工，到货运公司老总，不论高低贵贱，一律尊之为师，虚心求教，不耻下问。不久，"老师"和"学生"就成了朋友，大家都喜欢跟这位穿警服的检查员聊天，觉得他人情练达。

20世纪90年代初，中国的货运航空还处于起步阶段，因此，只要观察仔细，有心深究，很容易就能发现问题。关键在于你想不想、做不做、当不当回事。国利是何等聪明的人，不消三五个月，已经把业务流程摸得滚瓜烂熟，很快形成了清晰的判断。漏洞最多、问题最突出的，是货物的安全问题——设施简陋，防范意识薄弱，安全责任不明确，货物进出、堆放、装卸，等等，几乎无一符合空防安全规范。

不跟不知道，一跟吓一跳。

国利不能再当谦谦君子"跟屁虫"了！空防安全刻不容缓，稍有懈怠，出了问题不得了；万一再把问题出到天上去，后果不堪设想。眼下，国利认为，货运安全的症结在于管理杂乱，接单运输的公司竟然有多家。大小不一，人员复杂，各有各的地盘，各有各的规矩。一个文明秩序的出现，不是说一群人聚在一起，把这件事干起来就得了，而是要创建他们"怎样聚"的制度规范。货物运输是一个动态的过程，多点流转，本来安全保障就相对困难，如果再放任他们各显其能，那岂不等于放羊？现代化空港本属大工业的产物，在这里却成了小散户的天下，简直让人笑掉大牙。

规范化的第一个目标，就是实行运输安检专业化。不能任由各个作业区自选"御林军"、自定"ABC"。必须依托第三方——专业的机场货运地面代理公司，按统一标准，对货物进行严格安检。

经过仔细考察，国利瞄准了中国货运航空有限公司（以下简称中货航）。这是一个代理了多家航空公司货物运输的大型央企，流程规范，专业化程度比较高。

不过中货航对国利的建议反应冷淡，甚至排斥。货运部经理说，统一国内货物安检难度大，没场地不说，还要至少安装5台安检机，投资太大。况且，经航空公司安检后的货物装机后再出问题，按规定，责任由航空公司自己承担。中货航可不想揽这个麻烦。

国利较上劲了！一直往公司高层找，最后找到中货航总公司分管保卫部门的纪委书记。纪委书记和国利你来我往"舌战"一番，竟然被国利"击败"了。国利至今回想起来都觉得不可思议，口才平平的自己怎么会把这样一位厉害角色说到无话可说？后来人家书记解释道：不是你口才好，是你心太诚，我不得不被你感动。中货航最终同意各航空公司承运的国内货物由他们统一安检。

心诚只是第一步。统一安检后新的问题来了——货物太多，来不及装到飞机上，有几次都误机了。统一安检会造成飞机延误吗？国利又去"跟班"，花了一天时间，找到了症结所在。货物装不上飞机的原因是安检通道堵塞。只要给每个航班的货物固定通道，按起飞的时间顺序，通过电子屏提示货主安检，就不会因无序拥堵造成延误。

健全和完善制度，是空防管理的建设之本

1999年，机场分局空防处成立。2003年，为加强新建机场的空防力量，胡国利调任浦东。以下，便是他作为一名空防安全检查员的寻常一天：

早上7点，胡国利离开家搭乘机场通勤班车从浦西赶往浦东。8点30分到达浦东机场后，他开始进入库区进行安全检查。国利共管辖7个货站库区，最大库区面积16万平方米，库区内堆满了待运和到达的货物。他的任务是检查库区内的安全流程、安全设施是否符合民航局标准，安防探头是否做到全覆盖，还要检查保安人员、货区安检人员是否到岗，进出库区的车辆手续是否完备。由于他管辖的货运区面积大、事情多，耽误吃午餐是常事。碰到这种情况，他就买个面包垫垫肚皮了事。这样的工作节奏持续了好多年。

"有一段时间见了面包都恶心。"国利说，"但没办法，有那么多事情等着办，等想起来吃午餐，早过了开饭时间。"

下午通勤班车离开浦东机场的时间是17点，国利经常赶不上班车，忙完以后只能乘公交大巴回浦西，如果下班后公交大巴也收车了，他就只能在办公室里对付一夜。

如此循环，日复一日，年复一年。在时间的长河里，看不见的，是他的付出；看得见的，是波涛起伏的流水，甚而暗流汹涌。当时浦东机场货物失窃的事件时有发生，有的时候不是丢一两件，就连打好板的货也会丢。"打板"是航空术语，指的是把货物码在一定尺寸的装货板内，加固后送上飞机货舱。

偷盗，造成的后果不止是货主破财。小偷既然能把不该带的东西带出去，岂不是也能把不该带的东西带进来，甚至装上飞机？！

国利从建章立制入手，技防人防双管齐下，以防范空运物资被盗为重点，总结出一套"管、防、控、查"的四字工作法。

机场货站5号和6号库扩建竣工，交付前，国利里里外外细查了一遍，随即向管理方发出"围墙过矮，有安全隐患"的预警信息。管理方对他的建议不以为然，觉得新仓库是按照规定统一定制的，完全符合要求，怎么

会存在问题？谁知新仓库使用的第一天，就被盗走了12台"苹果MP3"。可见这个所谓的"规定"，也有"马大哈"之嫌，很不靠谱。正当仓库方面窘迫之际，国利主动上门，提出一揽子改进措施。管理方不再执拗，心服口服地重新审视"小警察"的建议，开始对库区实施封闭式管理——加高临街一侧的围墙，设置防攀爬装置；在人员流动相对较大的代理打板区，安装进出双向安全门，所有进出人员实行全面安检；双层围界、尼龙丝网覆盖、探头监控等措施逐一到位，偷盗现象大幅减少。

小偷们闻风丧胆了吗？不可能！贼猫偷腥是本能。更何况，人比猫复杂，本能之外还有后天习得的算计。盗窃案虽然下降，可就是断不了根，丢的还都是笔记本电脑之类的值钱物品。

国利决定再次蹲守侦查，这是一种很原始也很有效的侦查手段。一天晚上，他躲在仓库附近蹲到凌晨3点，直蹲得人困马乏、两腿发麻，终于发现，几个打板工聚在一起鬼鬼祟祟，打板时间明显比别人长。嗯？这几位在干吗呢？距离较远，看不清楚。有必要重点关注。几天后的一个晚上，国利又绕着这组人的叉车转悠。突然发现，叉车驾驶室里的海绵坐垫中间凸起了一块，四周用胶带纸缠得严严实实。叉车司机是个40多岁的男人，他看见国利盯着坐垫看，脸色顿时煞白。国利睃一眼司机表情，心里有数了。

他让司机把坐垫上缠的胶带纸揭下来。司机情知瞒不住了，双腿一软，扑通，瘫在了地上。原来司机把海绵坐垫剖成两半，偷了个笔记本电脑藏在里边，试图瞒天过海。

哼，人员进出躲不过安检，他们就打起了车辆夹带的主意！

于是货站仓库新立了一条规定，出库时不仅查人，还要查车。无论什么车辆，出库时都必须接受检查。

各项措施实施后，国利负责的区域4个月里查获盗窃案29起，有效遏制了盗窃空运物资的发案势头。

新规见效，国利却隐忧未除。从制度上看，各个漏洞都补上了，可打板工的漏洞怎么堵？打板工是各个货运代理商从劳务市场上雇的，流动性大，难免鱼龙混杂。国利不可能对每一个人的过往进行调查，只能亡羊补牢，建立"准入名单制度"，阻断被处理人员重复进库的通道。在后来民航局组织的货运安全专项检查中，国利的创举得到了检查组的好评，并在全民航机场推广。

强记细勘，他的脑子就像一版电子地图

胡国利爱岗敬业，酷喜"烧脑"，业务能力突飞猛进。多年来，他先后承担和参与过"浦东国际机场二期设施规划建设空防安全专题调研""现代警务运作机制总体构架下，空防工作两级管理模式和业务方案"等科研项目；撰写了《关于二期航站楼隔离区设置分散式旅客候机区的建议》等一系列调研报告，形成了一批颇具理论亮点的成果，有人尊称他是一个专家。国利纠正说，不是一个，我们这里的同事个个都是专家。

可不是嘛，若非人人过硬，又怎么能将一座庞大的国际机场梳理得安安稳稳？平安那就是天字第一号大事，没有比它更大的事。

一次晚饭后，国利正陪妻子和孩子看电视，单位值班民警急急来电，说是从昆明过来了一批货物，用安全检查仪检查时，发现有一个纸箱里装的东西好像有问题，但拿不准问题出在哪儿，问国利能不能过来看看。

国利到了机场一看，可疑物品在纸箱里装着，品名"食品"。用安全检查仪检查，发现中间有个茶叶筒里装的东西很奇怪。国利用 X 光安全检查仪扫描，屏幕显示纸箱一侧装了几条烟，中间部位的一个茶叶筒里，装的是两种颗粒状的东西，封口处的颗粒较小，下面的颗粒较大，明显不是同类东西。

国利心想，不会有人喜欢在一个茶叶筒里装两种茶叶吧？这不符合常规。他打开纸箱，取出香烟，顿觉手感不对。这条烟比普通香烟重很多，非常可疑！最可疑的还是那筒茶叶，国利决定先从它下手。果然，打开茶叶筒发现，上面是茶叶，下面竟然是毒品！再打开香烟，里面也是毒品，共 995 克。

包子有肉不在褶上，国利的"厉害"深藏不露，表面上根本看不出来。从事空防工作几十年，他凭自己的强记能力和恒久不变的细心勘查，将机场各个细部甚至角落，都如电子地图般烙在了脑子里。天长日久，成就了他对安全隐患的"直觉"式敏感，出神入化，百试不爽。别人一说什么问题，他的大脑便即刻开机，数秒至十数秒之间，已将"电子地图"扫

描定位，毛病出在哪个环节大体不差。

2004年10月的一天，下午4点，某货运公司报告，3天前他们从物流公司货运站仓库提取的货物少了一件，内装10公斤用于电脑配件焊接的有毒化工品。按航空运输规定，把危险品混在普通货物中托运是不允许的。但危险品运价高，货主为了节省运费，往往铤而走险，把危险品混入普通货物托运。经初步调查，这批货从始发地空运至香港，经中转后到达浦东国际机场，收货人是苏州的一家电脑厂商，报案的货运公司是这家电脑厂商的货运代理。3天前，货运公司来提货时就发现少了一件货物，因为标注的是普通货物，所以货运站方面出了个手续，让他们先把其他货物拉走，少的一件有可能混在别的货物中，可以慢慢找。货物送到苏州后，电脑厂家清点时发现少的这一件恰是最重要的有毒化工品。

国利听到这个消息，脑袋嗡的一声大了。当时，货物报失离运抵时间已经相隔5天，当事人无法回忆起运抵当日的细节。当时机场日均货运吞吐量达4000多吨，5天内货运吞吐量累计高达2万多吨。这么多天来，早有不少货物运往全市各地。在如此浩繁、分散的货邮中寻找10公斤货物，就好比大海捞针。

当晚，市局刑侦总队派员赶到浦东机场召开紧急会议，决定启动所有力量，对机场3家货站几十座大小仓库进行地毯式排查，同时在外围封堵搜索。国利很快绘制出有毒化工品从外埠机场运到上海的流程图，以协助刑侦部门确定调查范围。

同时，国利找来货单和仓单，边看边琢磨：丢失的是有毒化工品，也是贵重物品，货主在发货时一定不敢马虎，盯得会很紧，因此始发地漏发的可能性不大。那么货物到香港时从飞机上卸下来，在超级一号仓库中转，再装机到上海，会不会是在香港中转时出了差错，货物没上飞机？又或者虽然上了飞机，到达上海后货站仓库理货员在交接中出现了误差？

国利换一个角度核查，就这19件货物的包装外形再次查询。他发现，其中18件是方形纸箱，只有丢失的有毒化工品是圆形纸桶包装。一方一圆，从包装外形上很容易让人误认为是"两家门"。装货时，如果核对货单不仔细，会将18件方形纸箱和一个圆形纸桶一拍两散，随形拆分。国利越琢磨越觉得这件货物很可能还在香港机场超级一号仓库里，孤零零独处

胡国利：空防专家是怎样炼成的

某个旮旯里，被漏装了。

一语点醒众人！大家赶紧与香港机场联系。但是按照当地正常程序，要查实其中一件货物的中转情况至少得两天。大家急得如热锅上的蚂蚁。这个时候国利的"好人缘"发挥了作用。虽然承运该批货物的航空公司上海代理处的货运主管已经下班，但国利因为工作关系，跟他有过一面之交，于是把电话打到他家里，请他务必再跟香港机场超级一号仓库方面联系一下，看库房里有没有一件无人认领的用圆形纸桶包装的货物。国利还提醒他，这件货物上贴的运输标签可能破损了。

半个多小时后，货运主管打来电话，说在香港超级一号仓库确实发现一件无人认领的圆形纸桶包装货物，上面的主运单标签的确已破损，以致无法确认到达地点。所幸的是，分运单标签还在，可以确认跟那批货是"一家门"。为了确保万无一失，国利又让香港方面把这件货的照片用电脑发过来，最终确认这正是那件丢失的有毒化工品。

当国利冲进会议室报信时，第二天的排查行动刚刚布置完毕。听到货物被找到的消息，压在所有人心中的一块巨石瞬间落地，会议室里响起一片掌声。国利因此荣立三等功一次。2006年初，机场分局开展民警、职工投票评选标兵活动，国利亦高票当选。实至名归。

不求回报，但问耕耘，口碑越传越响

经过几十年积累，胡国利已将经验条分缕析、分门别类地上升为了理论。跟那些从课堂到书斋的从业者不同，他称得上是理论与实践兼备的"复合型资深专家"，以其出色的专业能力，成为货主心目中上海货运空防的代表性人物，在业内很有名望。许多货主都会指着国利说，我们听空防的，他怎么说，我们就怎么弄！

受中货航公司的邀请，国利深入该公司业务部门、安全部门及现场操作部门开展宣讲，传授经验。针对收货、过磅、配载等业务环节的运作特点，帮助公司完善单证复核、货物抽查、二次复磅等制度建设，受到了航空公司的好评。

近年来，国利还多次会同中国民用航空局华东地区管理局公安局和中国航空运输协会等单位，为华东地区600余家"一类""二类"货运销售代理人设坛开讲，传授机场安全理念和知识、演示落实防范措施。此外，他采集货运从业人员信息 8100 条，扩充信息数据库，夯实管理基础；通过比对，实时更新空港地区"准入名单"；同时，有针对性地对部分货运代理公司的收货、储运环节进行重点监察，组织开展危险品运输专项检查和整治，指导货运代理企业不断加强安全防范……

于 2008 年底落成并投入使用的 UPS 上海国际转运中心，是中国第一个超大规模的快件转运中心，设计流程复杂，空防安全上没有现成的样板可参考。国利从 UPS 上海国际转运中心建造之初就主动与主要设计者取得联系，双方就空防管理的理念、安全防范设施设置和安全流程标准多次进行沟通和商议。国利还通过第三方快递公司了解境外转运中心情况，据此对安全流程设置提出评估意见，帮助完善安全流程。设计稿前后修改了不下 5 次，为避免建成后可能带来的麻烦提前堵漏。

那一年，国利完成了对西货区总面积 25 万平方米设施的安全评估，其中，UPS 上海国际转运中心率先成为国内机场中首个配置车辆底盘检查仪的货站。为此，UPS 中国区航空操作部总监专程从北京飞抵上海，拜会机场分局，并送上感谢信，对公安部门的竭诚服务表示由衷感谢。

公安系统有带教传统。这些年领导便开始有意请国利出山，要求他培养新人带徒弟，2018 年调入空防处的周迪便是其中之一。

跟国利当年"跟班"自学不同，周迪一上手就有师傅指点迷津，学习路径完全不同。国利首先把一文件柜的纸质材料交给周迪，要求他全看一遍。内容不止包括公安方面，还涉及货运、航司、安检等多部门。一个多星期后，国利又把储存在一台公用电脑中的电子文档交给周迪，要求他继续研读，不懂就问。国利告诉周迪，空防安全牵涉民航的方方面面，电脑中储存的，都是他和同事们多年来通过各种渠道收集的有关民航的政策和法规，还包括中国民航总局的批文、对某案例的解释，等等，林林总总，数量浩繁，原来都星散在各部门，全靠国利他们持之以恒、点滴收集得来，是构筑空防安全体系不可缺少的组成部分，随着时间的推移，有些甚至已经变得很珍稀。

"大水漫灌"。国利的育徒方式有点像导师带研究生，上手便列出一堆书目，你自己读去，有问题来问，决不耳提面命，更不会像教小学生似的手把手。当然，结合实际进行"喷灌"或"滴灌"也很必要。一次，国利带周迪到某航空公司物流中心检查。一堆货物摆放在仓库内，国利看了一眼，问，发现问题没？周迪仔细再看，摇头。国利指着远处一件体量稍大的货物说，这件有问题。

这是物流中心的一个普通货仓，但那件货物却属超大件，按照《民用航空货运安保规则》，必须存放在特定点，接受手工爆测并静置 24 小时，不能和普通货物一起堆放。

看着也没太大差别呀！小周将信将疑。国利看出了他心里的小九九，掏出卷尺，示意他量量看。小周一量，嘿，果然是超大件。

空运货物千形百态，要练出"一眼准"的本领，又岂在朝朝暮暮！这让小周既感钦敬，又暗自庆幸跟对了人……

最艰难的一道空防选题

从警 37 年，胡国利先后多次立功受奖，其中包括二等功 1 次、三等功 2 次，连续 5 年被机场分局评为标兵民警，并被授予全国民航空防安全先进个人和上海市先进工作者称号。国利从不以此为满足，他说起过这样一起案例：

2011 年 7 月 28 日，韩国韩亚航空公司一架波音 747 货机，执行首尔至浦东货运任务，2 点 53 分，该机报告机上失火，要求返航，随后不久在距韩国济州岛以西约 100 公里处坠海失事。根据韩国有关方面的消息，此次飞机失火可能与飞机装载的部分易燃物有关。该机共载货 58 吨，其中锂电池等易燃物 0.4 吨。

同样的案例在国内也非罕见：2014 年 3 月 10 日，一航班由上海虹桥机场飞往北京首都机场，到达济南空域时，前货舱烟雾传感器报警，机组按照规定实施货舱灭火程序。之后烟雾警报消失。为安全起见，机长申请在济南的机场备降。经查，引发事故的货物是一个快件内违规夹带的 3 瓶危险品，瓶子在空中碎裂后流出的液体腐蚀了泡沫，引发了烟雾警报。一连串违规操作，最终巧合成了一场蓝天惊魂。

最艰难的空防设计，永远都是对人，而不是对物。如何强化相关行业人员的安全意识和素养，补苴罅漏，恐怕还需要长期面对，未有穷期。

空防的理想境界，就是在起飞之前，将所有安保措施在地面上一锤子砸死，分毫不移。为此，国利密切关注国内外发生的航空货运安全事故，从中查找问题，不断优化空防设计。

采访结束后10多天，国利用微信给笔者发来了国际机场协会最新发布的2022年全球重要机场货邮吞吐量榜单，中国上海浦东国际机场以311.7216万吨的货运量名列前茅。

看到这个数字，笔者和国利一样激动。为上海点赞，为浦东国际机场点赞，也为国利这个空防专家和他的队友们点赞！

六踏边陲　万里追凶

章慧敏

一支老旧的手枪摆放在上海公安博物馆刑侦馆的玻璃柜里，黑黢黢的枪身早已没有了光泽，但能够在这里占据一席之地，就已经暗示了它的非比寻常。1994年11月23日，枪声在上海某四星级宾馆1408房间响起，一名韩国商人倒在血泊之中，由此拉开了上海市公安局刑侦总队"11·23"专案组历经566天、六下云南德宏的4万里追凶帷幕。誓擒凶顽伏律法，不留冤魂在人间。每一个在展台前聆听当年破案历程的人都能深刻感受到上海公安"命案必破"的坚定信念。无论追凶之路多艰险，无论追凶之路多漫长，都必须将凶犯缉拿归案！

此刻，上海市公安局刑侦总队二支队政委薛勇正端坐在会议桌前，深深地陷入回忆之中。于他而言，29年前破获的这起持枪抢劫杀人大案刻骨铭心：他难忘从案发到破案时间跨度超过18个月；他难忘为追查枪支下落六下云南德宏；他难忘专案组成员对案情剥茧抽丝而历经的种种艰辛；他更难忘案件破获的那一天，当时总队领导那一番话，"作为一个侦查员，能够参与侦破这样的案子不容易，这将是伴随一生的记忆"。

往事历历，发生在1994年11月23日夜晚的那起案件再一次清晰地浮现在他眼前——

发生在涉外宾馆的持枪抢劫杀人案

　　薛勇当年27岁，是上海市公安局刑侦总队三支队的侦查员，他清楚地记得11月23日那一天出奇的冷，所以当晚上6点的钟声刚刚敲过，当时的副总队长王军一声"到食堂聚餐"的邀请，让留在队里的侦查员们都觉得好，但聚在一起热闹总要有个说法吧，拗不过追问，王军说今天是自己的生日。是啊！对于侦查员来说，跟家人一起过生日是奢望，跟战友、同事们在一起才是常态。

　　晚上6点45分左右，几碟菜肴端上了餐桌，大家的筷子还没动，也就在这时，803大院里响起了警报声。警情即命令，一桌人倏地站起身，快步向指挥室奔去，留下几碟还冒着热气的菜肴。总队接到报告：一名韩国商人被枪杀在一家四星级涉外宾馆的房间内。

　　这是一起令人震惊的案子。1994年的上海正在大刀阔斧地推进改革开放，这片热土吸引着世界的目光。全球来沪投资的商人既看中"东方明珠"蕴藏的无限商机，也看中这座城市的祥和安宁。可以说，安全是上海这座城市最为鲜亮的一张"名片"，这张"名片"绝不容蒙尘。

　　在凶案现场，惊魂未定的服务员告诉民警：当晚6点30分左右，她按照宾馆打扫房间的惯例，来到1408房间门口按响门铃。可是，门铃声响了许久也不见房间内有人回应。她以为客人外出未归，便用钥匙打开了房门。刚一开门，她就被一股冷风吹得缩起了脖子，当时觉得奇怪，宾馆的中央空调24小时开着，室内应该温暖如春才是，怎么会有冷风呢？她满腹狐疑地看向窗户，发现窗户玻璃中间竟然有个大大的破洞，更可怕的是，一个血淋淋的男子趴在了靠近窗户的地毯上……

　　侦查员在现场勘查时发现了一些线索：1408客房的门把手和门锁上没有留下强行入室的痕迹，沙发被移动过，上面还放着被害人的塑料手提袋和"米"字图案布包；床单上有一个模糊的血印，经痕迹专家辨析，这是手枪的印痕；地毯上有弹头、弹壳以及子弹；卫生间里并无异常。死者的头面部有数十处凌乱的钝器伤，且呈长方形和条形，右手有多处玻璃划伤和割伤，深达皮下肌层。死者身中两枪，其中一枪致命。另外，死者生前曾经被人用黄色的封箱胶带封住嘴巴，捆住手脚，有挣扎的痕迹。

六　踏边陲　万里追凶

通过现场痕迹分析，警方初步排除了熟人作案的可能，因为凶手进门后，被害人既没有为他泡茶，也没有将沙发上的私人物品挪开让座。侦查员初步判断，凶手骗被害人开门后即用手枪枪柄疯狂地击打被害人头面部致其昏迷，随后将手枪放在床上，腾出手来用事先准备好的胶带捆绑住被害人，为了防止被害人醒来后呼救，还用胶带封住了被害人嘴巴。然而，出乎凶手意料的是，被害人很快就醒了过来，并且挣扎着打碎了窗户玻璃，希望用响声引起他人的注意。被害人还曾用右手握住碎玻璃试图反抗。面对突发状况，凶手在慌乱中开枪击中了被害人，由于害怕枪声引来他人，凶手来不及去卫生间处理身上的血迹，就匆匆地逃离了现场……

那么，这个持枪杀人的亡命之徒是谁？

这时，侦查员也找到了当日接机并陪同死者外出游览的旅行社工作人员裘小姐。据裘小姐介绍，死者姓李，韩国人，34 岁，是一家食品综合研究所的代理。当天上午 10 点多由韩国入境上海。接机后，他们在 12 点左右乘出租车来到这家宾馆办理了入住手续。待客人在 1408 房间放妥行李后，裘小姐便与他一起外出吃了午饭，然后又陪他去外滩游览。下午 4 点，裘小姐在上海大厦门口为他招呼了一辆银灰色的出租汽车回宾馆，他们也就此分开了。

裘小姐还介绍说，她可以确定被害人随身携带着 1 只古铜色的小型密码箱、1 部尼康变焦照相机。吃午饭时，她还看到被害人钱包里有不少美元和韩币。在这大半天里，裘小姐与被害人是用英语交谈的，因为被害人的英语水平一般，交流起来有点吃力。可是，侦查员并没有在现场发现古铜色的小型密码箱和尼康变焦照相机。不仅如此，被害人的护照、银行卡也不翼而飞。显然，凶手逃离时带走了这些东西。

时间在紧张而缜密的勘查中飞速前行。夜已深，侦查员们却毫无困意，为了查清枪支来源，痕迹工程师明德茂来到现场。到底是 803 公认的"老法师"，他仔细地查看了凶手留下的弹壳、弹头和子弹，沉思良久后对大家说："我的看法是，凶手使用的是 1 支老式的'五四'式手枪，而且是云南省登记在册的枪支。"

明德茂的结论让侦查员们为之振奋，只要查清楚了枪的来历，循线追踪，搞清楚枪最后落在谁的手里，凶手也就浮出水面了，案件岂不迎刃而解？

然而，事情果真如想象中的那么简单吗？

一下云南：枪支来源查到了，线索却断了

一个外国商人刚到上海就遭枪击，这不得不让人产生联想，会不会是职业杀手追踪而来的谋杀案？

专案组成立之际，一位总队领导在案情分析会上谈了自己的看法，他从现场勘查获得的线索入手，有理有据地分析案情，给在座的侦查员们带来了不小的启示。

这位领导说道："我认为此案不像是职业杀手所为！职业杀手难道会使用在射击时反复卡壳的劣质枪支？职业杀手是绝不会拿自己的生命开玩笑的。此外，虽然凶手作案使用的是在云南注册登记的手枪，但我觉得调查范围不应局限于云南地区，考虑到凶手可能与被害人有过交谈，此人有可能是生活在东北地区的会说韩语的人。依我之见，此案比较符合流窜杀人抢劫的特征，很有可能被害人在到达上海后就被凶手尾随跟踪了，而之所以凶手能够顺利地进入屋内，说明他能用韩语与被害人交谈……"

领导丝丝入扣的分析无疑在解答着侦查员的种种疑问，大家都觉得这番推理不是凭空臆想的，而是逻辑缜密的。这位领导接着说："被害人抵达上海后唯一乘坐的交通工具就是出租车，所以我认为不法分子很有可能也是坐出租车尾随其至宾馆的。他杀人后满身血迹却没有在卫生间清洗，不可能在大街上行走的，因此也只能选择坐出租车逃离现场。自然，为了清洗身上的血迹他还有可能再找一家宾馆暂住，等他认为安全了才会离开上海。"

领导的话无疑使与会者厘清了思路，明确了下个阶段的任务目标。专案组当下决定由痕迹专家明德茂率领一路人马立即赶赴云南，调查枪支的来龙去脉。

几乎是一夜未合眼，次日上午9点，明德茂和刑科所的顾耀明来到机场乘坐最早的航班赶赴云南。在云南省公安厅的配合下，他们很快就在"被盗枪支档案"里查到涉案枪支的来源：持有人姓李，是德宏傣族景颇族自治州潞西县轩岗乡的党委副书记。档案显示，该枪于1992年10月28日被盗，同时被盗的还有8发子弹，也就是说两年前这把枪就被盗了！

金色记忆

按理说，谁盗的枪，谁就最有可能是凶手，案子自然也就有眉目了，但是这起盗枪案至今未破，有关案卷保存在潞西县公安局。要想追查枪支下落，就要先侦破两年前的盗枪案。明德茂和顾耀明不敢耽搁，他们立刻将了解到的情况报告给总队领导。领导表示，既然你们已经到了昆明，干脆再去枪支被盗的潞西县（今天的芒市）走一趟，深入了解，多摸线索。于是二人马不停蹄地坐上了开往700公里之外潞西县的长途汽车，一路奔向西去。

世人都知道蜀道难，其实云南的道路状况也好不到哪里去，从省会昆明去往县里，路是越走越窄，越走越险，透过长途汽车的车窗时常可以看到半山腰里散落的汽车残骸，行驶到山弯处，两车交会也是先闻喇叭声，然后才小心翼翼地擦身而过，用心有余悸四个字来形容这样的旅途实在不为过。

颠簸两天之后，二人终于有惊无险地来到了潞西县轩岗乡，灰头土脸的他们顾不上洗漱休息就直奔县公安局查阅案卷资料，然而，当地公安民警很遗憾地告诉他们，与这起盗枪案有关的材料都在一场火灾中被烧得消失殆尽了。尽管他们请来了两年前的办案人员召开座谈会，可诸多细节在大家的脑海中已经模糊了，难以唤起当时的清晰记忆。

虽然非常失望，但是二人并不气馁，他们找到了当年丢失枪支的轩岗乡党委的李副书记。说起两年前枪支被盗的经过，李副书记大致记得：1992年10月28日下午4点40分左右，他回到位于乡政府大院的家中，发现挂在墙上的"五四"式手枪不见了。他四处寻找，可是枪支仍不见踪影，意识到枪支被盗后，他立马报了案……

经过调查，明德茂和顾耀明发现轩岗乡位于人烟稀少的偏僻山区，四面环山，交通不便，陌生人一进到这里，就会被当地群众发现，"五四"式手枪在乡政府大院被盗，当时又没有发现陌生人进出，这就只剩一个解释，非"熟门熟路"的当地人作案不可……

由于缺乏线索，明德茂、顾耀明与当地公安民警交换了想法后带着一份盗枪嫌疑人名单先回到了上海，沪滇两地警方各自继续寻找这支编号中带有好几个"8"的被盗枪支。

就在明德茂和顾耀明去云南调查枪支下落之时，上海的侦查员也在大范围地排查嫌疑人员。走访调查繁杂而又艰难，用薛勇的话来说："这个案子的调查，放在信息化时代的今天一点没难度，但在当年都是难度，难、难、难！"

的确，28 年前的上海，"大哥大"手机、"BB"机、电脑都是稀缺之物，互联网也是个新生名词，侦查员走访调查，排摸嫌疑人员靠的是手脚勤快，但是任凭千般困难，专案组只有一个信念，就算是大海里捞针，也要把这个杀人越货的凶犯揪出来。

凶手杀人后衣服上溅有大量血渍，在众目睽睽之下步行或乘公交车逃离的可能性较小，于是专案组在全市出租车司机中寻找线索，但结果却令人失望，3 万多辆出租车，没有一名司机在案发时段载过身上沾有血迹的乘客。

一路人马在调查出租车司机的同时，另一路侦查员则跑遍了上海大大小小的宾馆旅社。他们带回了 11 月 22 日前后 5 天里在沪住宿的客人名单、籍贯和联系方式，分别按姓氏笔画抄录在一张张小小的卡片上。

这是一项多么巨大的工程，803 大院连续两个多星期日夜灯火通明，侦查员从早到晚连轴转，登记了 14659 人的资料，个个眼睛红肿得像兔子似的，手指挟笔抄写抄出了水泡，转而又成老茧，但抄录登记并不是最终目的，对于这 14659 个人，还要想办法逐个调查他们来上海的目的。

这一巨大工程的成效在几年后得到了体现，凶手的资料果然就在其中。然而，在案情尚未水落石出之前，一个严峻的问题摆在了专案组面前，下一步该怎么办、怎么走？

二下、三下、四下、五下云南追查

该想的、该做的，都在努力进行中，可大家的辛劳迟迟换不来结果，面对社会舆论的关注，大家的心里沉甸甸的。

专案组再一次集结，总结工作中的得失以及出谋划策是会议的主题。大家一致认为既然已经确定了凶手作案的手枪是在云南被盗的，而作案的凶手又可能是会讲韩语的东北人，那么回到云南查找枪的源头仍是案件突破的关键。

12 月 21 日，王军率队二下云南，再次来到潞西县，与当地公安一起梳理盗枪嫌疑人员名单。浮出、排除、排除、浮出，一条条线索绕来绕去，始终无法指向某个具体的人员，二赴云南无功而返。

专案组成员急啊，他们吃不下、睡不着，面对压力，焦虑和迷惘时常侵袭心头，主攻方向在哪里？

回忆起当年情绪低迷的黑暗时刻，如今已是二支队政委的薛勇无限感慨地说："破案就如同在湖里撑船，只有一篙一篙地往前撑，才能到达彼岸。"

无论心情怎么沮丧，破案的信念不能动摇。当时，总队的领导和"老法师"们不断地为薛勇他们打气、鼓劲。

转眼，时间到了1995年。一天，云南警方传来消息，他们查到了一名嫌疑人，此人有报复作案的动机，最重要的是盗枪案发后，他就不见了踪影，有人反映他去了缅甸……

1995年8月29日，当时的三支队副支队长毛立章与探长顾智敏、侦查员薛勇踏上了三赴云南的征途。云南警方的这个消息太令人振奋了，他们对此行充满了期待，倘若果真是这个嫌疑人盗的枪，那么断掉的线索就可以续上，真相或许不久便可大白。

一到潞西县，沪滇两地警方便紧急商定抓捕方案——"请君入瓮"。巧的是，这边刚布好罗网，那人便悄悄地回来了，被守候伏击的民警抓了个正着。可是，经侦查员讯问和多方查证，此人虽然具备作案动机和条件，却不具备作案时间，他的嫌疑被排除了，线索又一次中断了。

在案件侦破过程中，碰壁和做无用功是常事。然而，越是前路崎岖就越要坚持，直至最后胜利。1995年9月26日，毛立章和薛勇第四次赴云南。临行前，专案组再一次集结，这次他们力求拓宽思路、另辟蹊径，在当地警方的支持下发动各个口岸的协查。同时以轩岗乡为中心，着重调查枪支被盗前后到过当地的外省市人员。

一次又一次地去云南，在轩岗乡这片土地上，当地百姓对这几位来自上海"做玉石生意"的"老板"也是见怪不怪了。为了隐藏身份，他们入乡随俗，跟当地傣族男子一样穿起了筒裙、圆领汗衫和人字拖。他们熟悉了当地的地理环境和风土人情，熟知哪条小路、哪条小溪通往中缅边境。然而，巧妇难为无米之炊，由于缺乏线索，他们不得不又一次返回上海。

1995年10月底，云南警方又发现了一名嫌疑人，薛勇他们二话不说，五赴云南。没想到这次又是"乌龙"。

原来，有人向当地警方举报，在一个医生家里看到过一把"五四"式手枪。举报人说，那天他去医生家玩麻将，医生输了钱后就去枕头下面取钱，他清清楚楚地看到枕头下和钱并排放着的是一把手枪……从时间上推测，举报人发现那把枪的时间与盗枪的时间吻合，医生是当地人，也具备进入李副书记家盗枪的条件。可是，薛勇他们赶到云南调查后发现，那位医生枕头底下的"五四"式手枪，是他从一个缅甸人那儿借来玩的，那个缅甸人在盗枪案发生前就已经拥有这把手枪了。

六下云南：量的积累，质的突破

转眼间，1995年即将过去，案件已持续调查了一年多的时间。案件一天不破，侦查员的心里便一天不能平静，他们在反思：五下云南为什么没能找到案件的突破口？有哪些地方没做到位，或者疏忽了？

走，再去云南！不调查出个名堂来，就不回上海了。

六下云南的队伍集结了精兵强将，专案组组长凌致福和毛立章、俞援朝、薛勇、顾崧齐上阵。

临行前，总队领导紧紧握住凌致福的手说："我清楚六下云南你和我的压力都不小！我觉得云南的贩毒犯大多有枪，不少人都是贩毒、贩枪的'双料货'，你们此行要把排查思路放得更宽一些，注意在贩毒的人群中找线索。"这条建议让凌致福频频点头。他在心里暗暗佩服总队领导的前瞻性。

1996年5月7日，专案组一行人再次信心满满地奔赴云南。薛勇又穿起了筒裙、汗衫和人字拖。每天一早从住地花1元打"摩的"去当地公安局"上班"，和民警们一起研究案情。等他们下班了，薛勇也乘"摩的"回住地，晚上和凌致福一起讨论白天搜罗来的情报。

一天下班时分，当凌致福和薛勇在路边吃晚饭时，县公安局分管缉毒的副局长看到他俩后兴奋地说："上海人，幸亏你们没走，案子有进展了！"

凌致福和薛勇对视了一眼，六下云南，前五次无功而返，这第六次的"幸福"来得也太突然了吧。他们竟然不敢相信自己的耳朵了。这位副局长接着说："你们不是在找一把编号带很多8的'五四'式手枪吗？"

真是功夫不负苦心人啊！凌致福和薛勇哪里还有心思吃晚饭，他们放下碗筷就跟着副局长回到了办公室，听他详细地讲述来龙去脉——

原来，潞西县公安局抓获了一名姓张的贩毒、贩枪"双料货"，他对自己的贩毒罪行供认不讳，同时还交代了 1994 年 11 月曾将一支"五四"式手枪以 2000 元的价格转卖给了一名叫许某国的沈阳人。当时，许某国自称是一家外资公司的翻译，会讲日语和韩语。

那么，这个姓张的又怎么会有这把手枪呢？追问后才知是一个姓郎的当地人卖给他的。

郎某是轩岗乡人，1992 年 10 月 27 日深夜，他送女友回家，回来的路上经过乡党委李副书记家时见窗户开着。他不经意地朝里面看了一眼，竟然看见墙壁上挂着一把枪。郎某知道买卖枪支是犯法的，但抵不住对财物的贪婪，便萌发了盗枪的念头。他不敢跳窗进去偷盗，便跑到山坡边找来一根 3 米多长的竹竿，小心翼翼地用竹竿将枪挑了出来。

凌致福和薛勇再也按捺不住内心的激动，虽然已是 5 月 31 日的深夜，但二人根本不觉得疲倦，连夜给总队领导打去了报喜的电话。凌致福又给先期回到上海的毛立章发消息，让他马上去档案卡片中寻找一个叫许某国的沈阳人，查看他 11 月 23 日案发时的那两天是否在上海落过脚。

机会总是在等待有准备之人，当年抄录 14659 个人员名单的辛劳没有白费啊！毛立章按姓氏笔画查找，很快就找到了许某国这个名字。再往下看，案发那天他住宿在上海火车站附近的一家宾馆。

侦查员在宾馆住宿记录上看到，1994 年 11 月 23 日 18 点 53 分许某国登记入住，21 点 59 分离开了宾馆，他只停留了 3 小时，便乘坐火车离开了上海。

许某国具有持枪杀人抢劫的重大嫌疑！

人枪俱获，水落石出

1996 年 6 月 3 日清早，总队领导再一次召集专案组会议，并下达了兵分三路追捕许某国的命令。

第一路：王军带领凌致福、毛立章等人飞赴沈阳许某国家。

第二路：陈伟等民警飞赴山东烟台，在许某国的公司前守候。

第三路：薛勇再赴云南，协助当地警方在边境布防，以防许某国外逃至缅甸……

每个人的心里都很清楚此次追捕行动的重点在沈阳。对于这次行动，王军等一行人列出了好几套方案，追凶追了 18 个月，这根扎在侦查员心头的刺有多么痛，只有他们自己才说得清。如今，萦绕在脑海中 18 个月的凶手画像终于从模糊到清晰，那根刺终于到了拔出来的时候，他们百感交集。

在沈阳警方的协助下，王军他们将许某国的家严密地监视起来，可奇怪的是，等了 4 天也不见许某国的踪影。这是拼毅力和耐心的时刻，只要没有走漏风声，只要每个细节严丝合缝，那么，18 个月都等了，还差这几天吗？

6 月 10 日上午，沈阳警方带来了一个令人振奋的消息，许某国半夜从河北保定回沈阳的家了。

许某国身上有枪，正面冲突不利于行动的安全，最好的方案是智取，不等他开枪便闪电般将他擒获。也巧了，正在警方考虑找哪位熟人去敲门时，许某国的父亲从菜场买菜回来了。于是，民警们悄悄跟在后面，在许父开门的那一刻冲进屋里，把还在床上做美梦的许某国拉回到了现实中……

民警在许家的书橱里找到了那支"五四"式手枪，同时找到了被害人的护照和银行卡。而此时，守候在烟台的侦查员也从许某国的住所搜出了那部尼康相机……

人赃俱获！这起特大涉外持枪杀人抢劫案宣告侦破。许某国在铁证面前低下了头，交代了犯罪经过——

1994 年 4 月，25 岁的许某国在一家外资企业上班。他不甘心做一名普通职员，想开一家自己的公司做生意。可开公司需要大笔的钱，到哪里弄钱呢？他思前想后，决定铤而走险抢个有钱人捞一票。有了这个歹念后，他便来到了云南德宏，找这个姓张的买枪，张某当时手头没货，许某国便留下了 2000 元的买枪资金。

11 月中旬，这个姓张的通知许某国，说是弄到了一把"五四"式手枪，许某国在轩岗乡取枪后坐火车到了上海。许某国心想乘飞机的大都是有钱人，或是带了现金来上海办理业务的。于是 11 月 23 日上午，他便去机场接机点寻找作案目标。当他看到有个韩国人随身携带密码箱和照相机时，顿觉"目标"来了。他尾随这个韩国人，听到接机的裘小姐对出租车

六踏边陲　万里追凶

司机报出了宾馆名字，便也叫了辆出租车往宾馆方向开去，但他没让出租车开进宾馆，而是停在附近的一家饭店门口，下车后他步行来到宾馆。由于韩国人身边有旅行社的裘小姐陪着，许某国一时难以下手，眼睁睁地看着他们放下行李后又一起外出。不过，许某国觉得这样也好，他可以静下心来坐在大堂里"守株待兔"，也思考一下得手后何去何从。

等啊等，宾馆大堂的暖气让许某国有点昏昏欲睡，这时他发现"兔子"回来了，许某国下意识地看了下手表：下午 4 点 45 分。

机不可失！许某国尾随被害人乘上电梯，看到他进入了 1408 房间。此时，许某国有些犹豫了，他靠在 14 楼的电梯旁思想斗争了许久，才鼓足勇气走到 1408 室按响了门铃，里面传来了韩语的问询声："谁呀？"许某国下意识地用韩语回应了一声。韩国人以为是访客，打开了门，但这个不速之客他不认识啊，刚想开口问"你是谁？"便被许某国推进房间，关上门就要钱！他想打发这个陌生人快点离开，便从皮夹里取出一张 1 美元的钞票塞给他。恼羞成怒的许某国掏出枪，用枪柄猛砸他的脑袋，见他昏死过去，又拿出早已准备好的黄色胶带捆住了他的手脚，封住了他的嘴巴……

在许某国翻找财物时，被害人醒过来了。他用力撕扯掉捆住手脚的黄色胶带后便冲到玻璃窗前猛砸窗玻璃，想以此引起人们的注意。许某国慌了神，他举起手枪向他射击，致其倒在了血泊之中。

见人已死，惊慌失措的许某国来不及清洗身上的血迹，把抢来的财物包裹起来，从消防通道下到 12 楼，再改乘电梯下楼，出了宾馆大门，叫了辆出租车驶入夜幕之中。由于夜色浓重，许某国穿的又是件黑色皮夹克，尽管衣服上沾了血迹，但并未被宾馆服务员和出租车司机察觉到。18 点 53 分，许某国登记入住上海火车站附近的宾馆，又订了当晚从上海开往沈阳的软卧火车票，在清洗了身上的血迹、清点了"战利品"后，许某国于 21 点 59 分退房离开。

至此，这起震惊了上海滩的"11·23"血案历经 4 万里追踪，566 天侦查，终于告破。

7 月 5 日，公安部为"11·23"专案组记集体一等功。7 月 9 日，上海市公安局为"11·23"专案组召开记功表彰会，还奖励给刑侦总队一辆警车，它的车牌号尾数正好是"1123"。

薛勇无限感慨地说，在"11·23"案件圆满画上了句号的那一刻，他们这些携手战斗了 18 个月的侦查员并没有想象中那般兴奋和激动,因为他们知道胜利来自锲而不舍,来自坚持不懈,他们在相互激励中咬牙坚持才完成了任务。

上海刑警们常说的一句话便是:"勇者无畏、智者无敌。"出任务、斗歹徒,勇字当头;找线索、破案子,智字打底。智与力、汗与血磨砺出一个光荣的团队——刑警 803。

他们为自己是刑警 803 中的一员骄傲。

侦破戴厚英被害案始末

章慧敏

在上海公安博物馆刑侦馆的展柜中陈列着一张 1996 年 9 月 19 日出版的香港《文汇报》，一篇题为《戴厚英被害案侦破记》的报道刊登在居中醒目位置，篇幅占据版面约三分之一。展柜下方还摆放着一副碎了镜片的眼镜和一把沾有血迹的菜刀，这是本案的关键证物。

戴厚英是知名作家、社会名人。她和侄女戴慧在家中被人杀害后，海外的报道连篇累牍，种种毫无根据的猜测甚嚣尘上。面对社会舆论的高度关注，想方设法侦破案件才是硬道理。通过扎实细致的现场勘查，对逾万人的走访排摸，逻辑缜密的分析判断，刑警们从一堆乱麻中理出头绪，21 天便"水落石出"，既查明了真相，也告慰了逝者。

匪夷所思：戴厚英探亲回沪的当天即遭杀害

1996 年 8 月 25 日傍晚，上海市公安局刑侦总队值班室电话铃声骤然响了起来：戴厚英被杀，案发现场就在她的家里，报案的是戴厚英的邻居吴教授。

8 月 25 日傍晚，戴厚英的六弟戴厚泉和妻子茅维琳一起来到二姐戴厚英家，一遍遍地按门铃，只听得见屋里门铃响，却不见有人来开门。

当天，戴厚英刚从安徽老家回沪。他们本来约定晚上一起吃饭，但下午3点半的时候，茅维琳临时给与戴厚英同住的女儿戴慧打电话，说他们吃了晚饭再过来，也就是说，戴厚英和戴慧应该知道他们夫妇俩晚上要来。

戴厚泉夫妇觉得奇怪，难道有什么急事需要姑侄二人一同出门？夫妇俩越想越不安，心里生出莫名的不祥之感。于是便敲响了邻居吴教授的家门。

有事找吴教授，这是二姐关照过的。戴厚英说自己"没头脑"，时常忘带钥匙而进不了门，所以就在邻居吴教授那里放了一把备用钥匙。

如果不是戴厚泉夫妇上门来拿钥匙，吴教授还不知道戴厚英已经回上海了。他看出了二人的担忧，赶紧拿出戴家的备用钥匙交给他们。哪知道门刚打开，戴厚泉就发出"啊"的一声惨叫：一股浓烈的血腥味扑面而来，眼前一片狼藉，二姐戴厚英浑身是血，仰面倒在客厅的地板上。茅维琳猛然叫道："戴慧呢？"二人探头向戴慧的小房间望去，只见她同样浑身是血侧卧在床与橱柜之间的地板上……

夫妇俩再也不敢细看房间里的惨状，他们挪着步子来到吴教授家便放声大哭起来。吴教授大惊失色，光天化日之下，刚从外地回家的戴厚英就遭人杀害了，谁是凶手？他们随即拨打了报警电话。

虹口分局民警到案发现场后，立即封锁了周边的道路和弄口，上百名群众在警戒线外张望，相互询问："怎么来了这么多警察？啥事呀？"

刑侦总队民警到场时，戴厚英家的铁门是敞开着的，木门则虚掩着。现场保护得非常好，案发后，除了戴厚泉夫妇和吴教授进入过现场外，其他人都被拦在了门外。先期到场的是时任虹口分局副局长宋孝慈，他是分管刑侦10多年的老同志，他有一条原则：大案面前，刑侦总队的专业人员不到场，谁也不能跨进现场一步。不仅如此，他对现场外的楼梯、过道都采取了保护措施。果然经验老到，胆识过人。

倒在血泊中的戴厚英上身穿一件灰底白点短袖汗衫，下身着白底红绿相间花纹的睡裤，左脚套一只白色的坡跟皮鞋，而右脚的皮鞋却在房门边上。在她身边散落着用红蓝两色马甲袋包装的饼干、水果之类的食品。

客厅茶几已被掀翻在地，现场留有一把带血的菜刀，这是戴家的厨房用具。现场遗留的痕迹，给人的第一感觉是，戴厚英从超市购物回家，刚进门就遭到了凶手的袭击，双方曾经发生过激烈的搏斗。

在戴慧的房间里，没上锁的橱柜抽屉都被打开了，书信和衣物被甩了一地。凶手还进入过书房，书房里的茶几上有一只被溅到血而且被打开的钱包，钱包里面是空的……

客厅里有一张餐桌，两端各放着一只杯子和一把椅子，其中一只茶杯的外壁上有积灰，里面的白开水好像是给"客人"喝的，不过，这杯水没动过。另一只杯子里的水已经喝掉了三分之一，从茶杯的款式判断应该是戴慧喝的。

痕迹开道：现场勘查一寸一寸推进

"案子怎么破？按老规矩，痕迹开道，在勘查现场上做足'文章'。"刑科所所长周学之，法医专家、痕迹专家陈连康、俞援朝、王德明、阎建军、徐林生等代表上海刑侦技术水平的顶级高手悉数登场。

勘查工作进行得有条不紊。闪光灯不停闪烁，摄像机镜头多方位地把现场的状态真实地记录了下来。

一切都格外仔细，唯恐疏漏掉一个细节，影响全局。

在客厅、书房和戴慧的卧室先后采获同一类型的血鞋印，后来被鉴定是"力度"牌男式休闲皮鞋留下的。

戴厚英的卧室虽然已经被翻得乱七八糟，但细心的技术人员仍在存放衣服杂物的抽屉里发现了1双沾有大量血迹的白色弹力袜，袜边沿机绣着一朵彩色小花伞，判断是凶手作案后脱下的。

对现场物品的清点也有了结果：1根带挂件的镀金项链、1只景泰蓝手镯、1根银色手链、1只旧的"上海"牌机械女表、1台"爱华"牌收放两用随身听不见了。除此以外，以戴慧母亲茅维琳名义存入银行的2000元定期存单，戴厚英的1张500美元存折、1张800元人民币活期存折，戴厚英、戴慧的身份证也都不见了踪影。

在细致缜密勘查的同时，侦查员们还仔细查访了戴厚英的邻居及附近群众，重点是确定发案时间，寻找这一时间段的目击者，从中找出蛛丝马迹。

戴家周边有586户居民，一圈走下来，几乎无人目击到从戴家进出的人员，只有一个12岁的小男孩说他下午4点多在弄堂里滑旱冰，曾看见过一个身高1.7米左右、上身穿红色衬衫、脸上长着络腮胡子、头顶有点秃的男人。也有邻居反映，当天下午曾听到男人和女人的争吵声，还先后两次听到女人的叫喊声以及东西倒地的声响。

对戴厚英和戴慧社会关系的调查也在同步进行。据了解，戴厚英平日里交往的多为文学界的朋友，但她也是个念旧的人，至今和家乡的老师、同学及故交保持着联系。戴慧7月刚从学校毕业，在校期间担任班干部，学习努力、为人正派，同学和老师都对她印象不错。

晚上9点多，现场勘查仍在进行中。当时的市局分管领导紧急召集大家开了一个短会，给侦查工作确定了基本方向：一是要求现场勘查不但要抓紧，而且要特别细，案件不破，勘查不止；二是要在被害人的社会关系上下功夫，排摸可疑人员和线索；三是决定由刑侦总队和虹口分局抽调精兵强将，共同组成将近200人的专案组，由总队主要领导担任组长，全力以赴抓紧破案。

夜已深，现场的气氛凝重而又专注。在座的每一位侦查员心里都十分清楚，想要侦破这个"无头案"就要重视每一个细节，查明每一个疑点，穷尽每一种可能性，依托海量的基础调查，搜寻蛛丝马迹，除此以外，别无捷径。

1996年8月下旬，正是"秋老虎"肆虐的日子，持续的高温使血腥气迅速转换成腐败后的阵阵恶臭。为了不影响勘查质量，现场不允许打开电风扇。此时，只有十分的专注和忘我的投入，才能让人暂时"忘却"这恶劣的环境。

8月26日，痕迹专家徐林生等人在戴厚英卧室衣橱和戴慧的眼镜镜片上提取到了数枚指纹，其中最有价值的是一枚左手拇指指纹，它与众不同，是罕见的双箕纹。就这样，在异常艰苦的条件下公安刑技人员轮番上阵，连续勘查了8天8夜。

对于置身打击犯罪一线的刑警而言，工作中面对苦、累、难、险，恰恰是最平常的状态。他们之所以能忍常人所不能忍，为常人所不能为，正是因为他们身着警服，肩负着惩治犯罪、维护平安的职责，是这职责给了他们坚定的信念。

凶手究竟是怎样的一个人物？

首先，专案组判断了作案时间，也就是8月25日下午3时30分至4时15分。这是因为，下午3时30分，茅维琳与女儿戴慧通过一次电话，说明此时凶案还没有发生。戴厚英身边的超市购物单显示结账时间为下午3时21分，调查发现该超市的电脑显示时间比标准时间慢了9分钟。经路线估算，戴厚英到家时间约为下午3时45分。也恰好是下午3时45分至4时，有邻居曾听到过两次女性的叫喊以及男女的争吵声。而本案唯一的目击者——在弄堂里滑旱冰的小男孩曾在下午4时10分左右看到过一个穿红衬衫、中等个头、头顶微秃、长着络腮胡子的陌生男子。

其次，犯罪嫌疑人是男性，并且是单独作案。理由确凿而简单：现场除了两名被害人和戴厚泉夫妇、吴教授的鞋印外，其余均为同一男性留下的血鞋印，现场还发现了一只带血的男式白袜子。

再次，凶手与两名被害人相识。勘查发现，客厅的餐桌上有一杯待客用的白开水，而且门锁完好无损。据邻居和同事反映，戴厚英平素小心谨慎，对上门拜访的陌生人从不轻易开门接待，对戴慧的管教也很严格。戴慧知道戴厚英就快回来了，她听到敲门声后，将此人引至客厅并倒水以礼相待。由此可以判断，这个人应该是戴厚英和戴慧都认识的人。

最后，凶手经济拮据，作案手法稚嫩粗暴。之所以这么分析，是有根据的——作案现场一片狼藉，凶手的意图很明显，他在寻找值钱的东西。可是，他又不懂什么是值钱货，除了存折存单，他还劫走了佛珠、旧机械手表、景泰蓝手镯、镀金项链等不值钱的物品。追查现场获取的血鞋印，凶手穿的是"力度"牌休闲皮鞋，这种鞋价格低廉。从被害人的伤势判断，凶手身强体壮、行凶动作粗暴。他还试图撬开写字台中间的抽屉，却几次未能成功，说明作案手法不老练。

经过细致分析，专案组的全体成员达成了共识：此案的性质是以谋财为主的特大上门抢劫杀人案。

思想统一、主线清晰，侦查措施便集中到查清和戴厚英、戴慧都认识的社会关系上，从中发现可疑的年轻男子。

掘地三尺，也要把真凶挖出来！

戴厚英是个知名作家，在她家里，仅各种信件就有近千封，足足装满一麻袋。此外，她还有记日记的习惯。戴厚英的书信和日记能告诉公安人员些什么呢？能否从中找出凶手的线索呢？

8月26日，也就是戴厚英遇害的第二天，专案组把这个噩耗告知了远在美国的戴厚英女儿戴醒。8月28日，戴醒和丈夫双双飞抵上海，处理母亲的后事。当戴醒看见母亲的惨状时，她悲痛欲绝，几度昏厥。受专案组的委托，宋孝慈参与了与戴醒夫妇的沟通，他感受到了失去母亲的戴醒那种撕心裂肺的伤痛。这也更加坚定了专案组尽早破案，让死者瞑目的决心。

戴醒回来后全权处理母亲的遗物和书信。专案组迫切希望从戴厚英的日记中寻找到有用的线索。可当宋孝慈提出希望查阅戴厚英的日记从中寻找破案线索时，戴醒却一口回绝了：这不行！日记涉及母亲的隐私，不能看。戴醒当然有顾虑的理由。可是专案组基于此前对"熟人"作案的判断，戴厚英很可能在无意中写下了与案件有关的线索。为了体现警方的诚意，宋孝慈向戴醒保证，整个查阅过程只请分局刑侦支队政委施敏鹤一个人进行，任何人不再参与。戴醒点头同意了。两天后，她把2本黑漆皮24开硬面抄日记本交给了专案组。

警方能从这些文字中找到关键的信息吗？

一晃几天过去了，9月13日中午时分，施敏鹤在办公室里吃午饭。饭菜是什么滋味他并不在意，他的注意力完全集中在日记的字里行间，他要从这些字句中搜索有用的线索。他是忠于所托的，自从戴醒把母亲的日记本交给他后，他就沉浸其中，他只有一个愿望：不可疏漏任何一个细节、一条线索。

蓦然间，他的眼睛定格在1996年4月某一天的记录上："我中学时代的老师李文杰，今天托他的孙子陶锋带信给我，要我在上海为他孙子找一份饭店的厨师工作。天哪，我一生中都没有进过几次饭店，更不用说在饭店替他找工作……但是，既然是老师托我，我总得替他想想办法……"

施敏鹤一个激灵，脑子里跳出了3个关联词汇：厨师、菜刀、杀人。

他揉了揉眼睛，如同眼前有一幅画面似的，凶案现场的细节顿时浮现脑海。

顾不上吃饭了，施敏鹤撂下碗筷，很快便查到了4月中旬李文杰托孙子带给戴厚英的那封信。这封信和日记里记录的内容完全挂上号了。更令专案组振奋的是信的背面写着：呼玛一村××号××室陶锋。

陶锋！当这个名字出现在专案组眼前时，大家相互对视了一眼，尽管嘴上没说，但都清楚案件侦破有眉目了。多年的侦查经验和判断力让他们明白心里扎着的那根刺到了该拔出的时候了。

期待中的冲锋号再次吹响了。

刻不容缓！当天下午，在宋孝慈的指挥下，专案组几名侦查员火速赶往呼玛一村。然而，他们扑了空，陶锋在8月底已回了安徽老家。

与陶锋同居一室的同乡告诉侦查员，他记得8月25日下午，陶锋曾出去过一阵子，出去时他身上没带什么东西，傍晚回来时腰间却挎着个随身听。这位同乡还发现原本经济拮据的陶锋出手阔绰起来，不仅还清了以前欠同乡的债，还当场掏出70元买下了他原打算回安徽的火车票。

这位同乡心里有不少疑惑，当天上午，陶锋还在到处借钱，说要偷渡出境，怎么一下子就有钱了呢？

这位同乡还详细地描述了陶锋的体貌特征：头顶微秃、络腮胡子、体格健壮，25日出去时上身穿件红色衬衫……这番描述跟现场目击者所述如出一辙。

这位同乡还说，陶锋几天前曾打来电话，说他在界首市的一家酒店里当上了厨师长，还留下了电话号码。在专案组看来，陶锋这是做贼心虚，他打电话给同乡应该是来打探消息的，想知道警察有没有在查他。经调查，他留下的那个电话号码，是界首市邮电局的公用电话。

陶锋具备作案的动机，又熟悉戴厚英家，符合现场目击者所描述的凶手特征，有重大作案嫌疑！

事不宜迟，专案组派出精兵强将赶赴界首市抓捕陶锋。

9月14日深夜12点，一辆上海号牌的警车停在了界首市公安局的大院内。15日中午11点半左右，界首市昌盛酒店的迎宾小姐迎进了4位"客人"，他们没有坐在位子上点菜，而是直接走进了厨房，说是要关照厨师烧合乎口味的菜。

不说也知道，这4人正是实施抓捕任务的侦查员。刚踏进厨房，他们就看到了秃发、络腮胡子、身高1.7米的陶锋正挥动着锅铲炒大锅菜。侦查员一左一右渐渐逼近陶锋，几乎是同时出手发力，将毫无戒备的陶锋挟住，反拗其双臂。

"我们是上海市公安局的，为什么抓你，你知道吗？"

"我知道，我知道。"陶锋颓然垂头，脸色骤变，煞白。

在陶锋的宿舍里，侦查员找到了"爱华"牌随身听、景泰蓝手镯、镀金项链和一只旧的"上海"牌机械女表……还当场从他的牛仔裤后插袋里搜出名为"茅维琳"的定期存单。

戴厚英最后的遗言："你会后悔的"

9月15日下午2点左右，料理完后事的戴醒即将搭乘下午3点的航班离开中国。为了安抚她心灵的创伤，让她不带遗憾地离开，专案组第一时间向她告知了犯罪嫌疑人陶锋落网的消息。

到案后，陶锋交代了作案经过。4月来沪后，陶锋曾先后为找工作多次到过戴厚英家，也认识了戴慧。8月25日上午，陶锋打电话找戴老师，接电话的戴慧说姑妈今天从安徽老家回上海。于是，陶锋下午便独自去了戴家，而此行的目的是钱。

陶锋敲开门后，出于礼貌，戴慧倒了杯水给他。陶锋见只有戴慧一人在家，便起了抢劫的念头。下午3点半，戴慧的母亲打来电话，趁戴慧去房间接电话，陶锋悄悄地跟了进去。戴慧刚挂断电话，他便扑上去死死地卡住她的脖子，直到她昏死过去。在陶锋翻箱倒柜、搜寻财物的时候，门外传来了插钥匙开门的声音。陶锋随手在茶几上抄起个花露水瓶子，躲在门背后。戴厚英刚进门，陶锋抡起瓶子用力向她头上砸去，并扼住了她的脖子。戴厚英的眼睛里喷着火，大声道："你怎么可以这样？你会受到法律制裁的！"陶锋当时只有一个想法：不能留下活口，否则自己就死定了。于是就去厨房找了把菜刀，向戴厚英头上、身上一阵乱砍。戴厚英临终前盯着他说了一句："陶锋！你会后悔的。"

这时，陶锋又听见戴慧的房间里有声响。一定是戴慧醒过来了，不能留下这个活口。陶锋冲进屋，挥刀向戴慧砍去……

金色记忆

　　法网恢恢，疏而不漏。历时 21 天，这起广为社会舆论关注的杀人抢劫案，终于以陶锋的落网画上了句号。在这条正义与邪恶较量的路上，浸透了汗水、饱含着艰辛。可是，没有一个人抱怨，没有！因为这就是刑侦之路。当你选择了刑侦，就意味着放弃安逸，就注定要风雨兼程。每个人都明白，刑侦路上多磨砺，越是艰险越要向前，不管面对多大的困难和挑战，他们都将无惧风雨，无畏前行。

全国首个酒驾查处标准出台始末

孙建伟

上海公安博物馆交通馆里有一件身材小巧的藏品——初代呼气式酒精测试仪，它见证了全国首个酒驾查处标准的出台。1997年，上海在全国率先研究出台了《机动车驾驶员驾车时血液中酒精含量规定》地方标准。在此基础上，又历经多年研究，制定了《车辆驾驶人员血液、呼气酒精含量阈值与检验》强制性国家标准，统一了全国确定交通事故和交通违法中酒驾和醉驾的尺度，为2011年《中华人民共和国刑法修正案（八）》确定"醉驾入刑"提供了严谨的科学支撑。

酒后驾车如猛兽出笼

中国公安交通管理上最先涉及"禁止酒后驾车"的法律文件是公安部1951年颁布的《城市陆上交通管理规则》。当时由于机动车总量不大，酒后驾车问题尚未显现。直至数十年后中国经济发展进入了一个新时期，机动车总量逐年上升，尤其是20世纪90年代，随着私家车数量几何级增长，酒后驾车的数量也在不断攀升。1997年，上海公安交警部门在日常检查和专项交通整治中查获酒后驾车6000多起。这一年，因酒驾引发的交通事故52起，死亡15人，直接物损近百万元。

时任上海市公安局交警总队事故处科长吴建平回忆说，当年发生的一起酒后驾车事故令他至今想起来都觉得触目惊心。那是某日晚上的9点30分左右，一驾驶员饮酒后驾驶小轿车沿中山北二路由东向西行至近长岭路西150米处时酒性发作，小客车失去控制后向道路右侧斜冲过去，巨大的惯性使小客车接连撞向机动车和非机动车道的隔离墩，车身先是向左倾斜，随后又向右侧翻。失控的客车就像一个不听话的玩具肆意地玩着一个危险游戏。车身插入人行护栏，驾驶员头部与车身相撞导致颅骨骨折，不治身亡，年仅19岁的乘客被护栏插入头部当场死亡，另外一名乘客重伤，车损6万余元。

然而，惨痛的教训并不足以警醒那些明知故犯的驾驶员。"我酒量好，上次喝半斤白酒照样开车""就喝了两瓶啤酒，啤酒是水能有啥事""夜里人少车少，开慢点没事的"……在执法实践中，那些自恃酒量很好的驾驶员往往存有侥幸心理，主动选择忽视酒后驾车的危害性。对此，唯有进一步加强执法力度，才能驯服酒后驾车这头嗜血的"猛兽"。

难觅合适的定量标准

执法须有据。认定酒后驾车和醉酒驾车的标准不仅应具备科学性和专业性，还必须做到严密和公正。虽然1988年《中华人民共和国道路交通管理条例》中规定了饮酒后不准驾车，但是呼气式酒精测试仪作为从国外引入的新生事物，在国内判定酒后驾车和醉酒驾车的定量标准上尚缺乏足够的法律依据。

他山之石，或可攻玉。吴建平和时任上海市公安局交警总队事故处首席法医侯心一决定，这件事情先从研究国外酒后驾车和醉酒驾车的定量标准做起。

早在1920年，瑞典就制定了限制饮酒者驾车的规定：没有饮酒习惯的人才能领取驾车许可证。1934年规定，当驾驶员有饮酒嫌疑时，需进行血液检测。瑞典认为血液中酒精浓度达 0.4~0.5 mg/mL 时，驾车能力要减退25%~30%，而一般认为驾驶能力明显减退的血液中酒精浓度在 0.35~0.4 mg/mL。

日本从1953年开始使用检气管（又称酩酊检查器或醉度计）。1980年日本新交通法规定：当驾驶员呼出 1mL 气中酒精含量超过 0.25 mg 时，就是"带酒驾车"。从日本警视厅开始的检气管检测受到世界各国普遍关注。

澳大利亚认为，血液中酒精含量为 0.5 mg/mL 的驾驶者发生事故的概率会比血液中不含酒精的驾驶者高出 2 倍；酒精含量为 0.5 mg/mL 的高出 3.5 倍；酒精含量为 1.0 mg/mL 的高出 7 倍；酒精含量为 1.5 mg/mL 的则高出 26 倍。因此确定了 0.5 mg/mL 为限制驾驶标准值。

世界卫生组织酒精特别委员会认为，血液中酒精含量为 0.5 mg/mL 时，汽车驾驶员的工作能力就会严重减退。

世界各国对酒后驾车和醉酒驾车的定量标准不尽相同。在研究中，吴建平和侯心一还注意到有国外报道称，有的人喝了 1000 mL 以上的啤酒或 100 mL 的白酒，其血液中的酒精含量仍未达到 0.5 mg/mL。由此可见，对酒后驾车进行交通监察管理的临界值应因人而异，也就是说，不同地域的人群在酒精耐受和酶的活性与代谢等方面存在差异。

吴建平和侯心一在综观各国有关酒后驾车和醉酒驾车的定量标准后认识到，照搬照抄是行不通的，必须由我们自己来想办法确定符合中国国情的定量标准。应当说，能够提出这样的想法是需要一定担当和勇气的。

在市局的全力支持下，吴建平数次走访上海市技术监督局，与他们共同商讨酒后驾车与醉酒驾车标准的制定依据，最终决定通过采集和检测获得相关数据的途径，为形成标准提供直接和精确的科学依据。

自愿充当"小白鼠"摸着石头过河

考虑到血液含量阈值不单纯是数据测试的技术问题，还涉及社会、人文、心理等因素，交警总队会同司法部司法鉴定科学技术研究所展开了相关人群血液中的酒精含量测试。侯心一回忆道，总队确定实施方案进程后，他负责联系司法鉴定科学技术研究所，为制定驾驶员血液中酒精含量标准展开研究测试。先是通过医学院校招募一批大学生健康志愿者以及专家组成员自愿充当"小白鼠"，而后又扩大到其他行业人群一起进行测试，来提高样本的有效性和关联性。为了达到测试的精准性，呼气和血液测试同步进行。

受试者分组定量饮用啤酒、黄酒、白酒，分别按饮酒后 0.5 小时、1 小时、2 小时、3 小时 4 个时段进行测试。受试者饮 100 mL 52 度白酒后，从 0.5 小时到 6.5 小时分 8 个时段抽取静脉血，进行法医毒物化学实验，测试血液中的酒精含量。测试表明，血液中的不同酒精含量与症状、肇事的关系呈现递进性关联度。酒精含量达 0.5 mg/mL 时，精神愉悦，产生飘然感，这时有可能导致驾驶能力减退，存在事故可能性；酒精含量达 1.0 mg/mL 时，会兴奋、语无伦次、喜怒无常，车辆事故发生率增加；酒精含量达 1.5 mg/mL 时，极易激动吵闹，极易发生事故；酒精含量达 2.0 mg/mL 时，出现动作不协调、意识紊乱、舌重口吃等现象，一定会发生事故；酒精含量达 3.0 mg/mL 时，出现麻醉状态，进入昏迷，一定会发生事故。

听到这里，笔者想起一件旧事。多年前，在一次朋友聚会中，有人提到自己曾因酒驾被查被罚，而他觉得当时根本没醉，驾车完全没有问题，对此耿耿于怀、颇有不甘，质疑这个标准究竟是怎么定出来的。当时在桌的无人知晓。当笔者得知人体血液酒精含量测试过程后，不禁肃然。为了获得亲身体验和测试数据比对，平时不喝酒的司法鉴定科学技术研究所理化室女主任刘伟亲自参与测试，喝了 150 mL 白酒被醉倒。还有其他受试人员也处于不同程度的醉酒状态，同时进行了 8 个时段抽取静脉血和呼气试验。这既是一种严谨执着的科学精神，也是一种可贵的付出，更是尊重所有驾驶员和对社会公众的人文关怀。醉与不醉，有时仅是个体感受，但血液中酒精含量是不会撒谎的，超出阈值酿成事故时，个体感受完全不可控，所谓"没醉"就是自欺欺人了。"自欺"责任自负，"欺人"就是对无辜者的侵害，甚至是生命的无可挽回。漠视酒驾、醉驾，既是对自身的不负责任，更是对公众生命健康的无视，这种教训比比皆是。

这个经过多次测试获得的数据基本涵盖了我国机动车驾驶员的酒精耐受因素，因此，当时据此提出酒后驾驶机动车的血液中酒精含量临界值为 0.3 mg/mL，大于或等于 1.0 mg/mL 时为醉酒驾车。

吴建平参与起草制定了《机动车驾驶员驾车时血液中酒精含量规定》。1997 年 11 月 11 日，上海市技术监督局（1999 年 10 月，更名为上海市质量技术监督局）以"上海市地方标准"予以发布，并确定自 1998 年起实施。

这是全国首创。

酒精测试仪正式启用

"上海市地方标准"的发布为上海公安交警部门启用呼气式酒精测试仪提供了依据。上海公安交警部门决定为一线民警配备呼气式酒精测试仪，提高现场查验酒后驾车行为的执法效率。1998年2月下旬，上海市公安局发布消息：从3月起正式启用酒精测试仪对涉嫌酒后驾车的交通违法行为人进行现场测试。

据《上海交通安全报》报道，3月1日晚9点30分，在新闸路新昌路附近，一辆轿车在昏黄的灯光下行驶，执勤交警察觉驾驶员有酒后驾车嫌疑，将车拦下后驾驶员呼着酒气承认自己喝过酒，但反复强调仅喝过一杯。这"一杯"在血液中的酒精含量是多少？当场测试。驾驶员对着仪器上的管子用力吹了一口气。短短数秒后，仪器上显示酒精含量为 0.8 mg/mL，显然驾驶员撒了谎。面对仪器数据，驾驶员支支吾吾，不能自圆其说。当晚11点左右，交警又来到虹桥路上的酒家门口。虽已深夜，但这里仍灯火辉煌，觥筹交错。此时一辆轿车从酒店停车场开出来，交警拦下一测，驾驶员酒精含量达 0.41 mg/mL。他自己说才喝了一杯黄酒。交警问他，是否知道3月1日起本市启用酒精测试仪，驾驶员承认知道，但在餐桌上盛情难却。

当晚，交警在北京路、十六铺、虹桥路、黄河路、新昌路等处共检查近百辆机动车，查出10名酒后驾车者，占被查总数的10%。

1998年5月28日晚，交警总队组织700多名民警在全市范围内对酒驾、醉驾等交通违法行为进行大规模查处整治。从19点30分到22点30分短短3小时内，便查获酒驾50余起，而且大多数驾驶员属于明知故犯。

初期的执法实践证明，不少驾驶员对酒后驾车这个"马路杀手"远未达到应有的认知。交警部门全力探索，助推上海在全国率先研究出台《机动车驾驶员驾车时血液中酒精含量规定》地方标准，以及对呼气式酒精测试仪的先行先试，对在全国范围内严查酒驾、醉驾发挥了重要的示范引领作用。

打开了科研的大门

酒后驾车和醉酒驾车定量标准的成功确定像是打开了一扇科研的大门。2002年,交警总队事故处提出并主持研究了上海市科委科研课题"人体血液中酒精清除率的研究"。在这项研究中,吴建平和侯心一再度与司法鉴定科学技术研究所等相关部门合作,用无数次的测试获得了大量实验室数据。根据这项研究,国人血液中酒精清除率为 0.104 mg/(mL/h)。

这项研究获得上海市公安局2002年度专业技术应用三等奖和2004年科技项目二等奖。

这同样是上海公安交警的一项首创。

2005年某日,一驾驶员驾车转弯时与直行的土方车相撞后当场不省人事,被送到医院后血液检测酒精含量认定其为醉驾。事后,交警部门依法对该名驾驶员处以行政拘留15天的处罚。然而过后不久,这名驾驶员到公安机关说自己是冤枉的,要求为他恢复名誉。他说自己开车时没喝酒,受伤住院后喝的女友送来的8盎司威士忌(41度),还拿出一个酒瓶以示"证明"。承办民警按照"酒精清除率"一番推算,该驾驶员无法自圆其说。

酒精清除率也能还驾驶员清白。

2002年某日,一辆小货车撞上南北高架立柱后起火。驾驶员当场死亡,并伴有轻微烧伤。尸检时抽取其心包血测试血液中酒精含量,认定驾驶员属于酒驾。但驾驶员家属不认可,家属说他从不喝酒,而且一直在服药。后来在死者深静脉(此处较少存在酒精污染)中再次抽血做酒精代谢物测试,结果为阴性,否定了此前的酒驾定性。侯心一解释说,人体死亡后由于器官腐败发酵会产生轻微的酒精,可能会导致血液中酒精含量超标。

人体血液中酒精清除率,这项研究在帮助确认酒驾和醉驾的定性中功不可没。

考虑到肇事现场的不规律性和对采血条件要求的特定性,2003年,由交警总队提出并担任主要研究的"人体唾液酒精含量与血液中酒精含量相关性研究"再次为酒后驾车检测提供了便捷执法的科学依据。

该项目共募集了各类健康志愿受试者（包括驾驶员、工人和学生等不同行业群体）101 人，年龄在 20~50 岁，其中男性 62 人，女性 39 人。将受试者分为白酒组、啤酒组、葡萄酒组。按中国人的传统习惯伴菜饮酒。结果表明，两者有显著的相关性，并提出了其比值为 1.04（SD = 0.272）。同时，系统考察了时间、体重、性别、年龄、饮酒量等因素对该比值的影响后，确定以上因素对唾液/血液中酒精浓度无显著影响。

2005 年 1 月，该项目通过上海市科委鉴定。鉴定委员会认为该课题的成功，建立了中国人唾液与血液中酒精含量相关性曲线，表明中国人群中唾液可以作为样本用于检测人体内血液中酒精浓度。该项目获 2007 年上海市公安局科技项目二等奖。

为"醉驾入刑"提供支撑

21 世纪初，全国机动车保有量出现新一轮的急剧上升。酒后驾车、醉酒驾车的案件也相应增加。

据时任交警总队事故处副处长陆建光回忆，2004 年后，上海交通事故中酒后驾车占比在 10% 以上，交通事故致死年均 200 多人，直到"醉驾入刑"后才出现了下降。

2004 年 5 月，《中华人民共和国道路交通安全法》正式实施。这部法律对酒后驾车和醉酒驾车有了具体的处罚规定。根据酒后驾车的严重程度，分别处以暂扣驾驶证、罚款、拘留，直至吊销机动车驾驶证。对醉酒驾驶机动车则分别处以罚款、吊销机动车驾驶证，并依法追究刑事责任；5 年内不得重新取得机动车驾驶证。对醉酒驾驶营运机动车，处以吊销机动车驾驶证，依法追究刑事责任；10 年内不得重新取得机动车驾驶证，重新取得机动车驾驶证后，不得驾驶营运机动车。酒驾、醉驾发生重大交通事故，构成犯罪的，依法追究刑事责任；吊销机动车驾驶证，终生不得重新取得机动车驾驶证。

这一年的 8 月中旬，崇明交警查获了一起肇事逃逸的小型客车交通事故，被撞的自行车骑车人及乘坐人当场倒地，其中一人不治身亡。经过侦查，水上派出所民警将肇事车辆截获。经查证，该车辆撞击破损痕迹与现场散落碎片一致。驾驶员在事实面前供认了饮酒后驾驶机动车，并于肇事后逃离现场的事实。对驾驶员血液酒精含量测试表明其已属醉酒驾车。

也在这一年，吴建平和侯心一又与重庆市公安局交警总队一起研究制定了《车辆驾驶人员血液、呼气酒精含量阈值与检验》的强制性国家标准。这个标准为全国确定交通事故和交通违法中的酒后驾车和醉酒驾车统一了尺度，并为2011年《中华人民共和国刑法修正案（八）》确定"醉驾入刑"提供了严谨的科学支撑。

2007年，上海市质量技术监督局再次发布《机动车驾驶员驾车时血液中酒精阈值与测试方法》的地方标准，确定饮酒驾车酒精含量为0.2 mg/mL，醉酒驾车为0.8 mg/mL。

筑起一道防范酒后驾车的堤坝

2011年2月25日，全国人大常委会通过的《中华人民共和国刑法修正案（八）》首次明确规定了"危险驾驶罪"，将醉酒驾车、在城镇高速飙车等严重危害公共安全的交通违法行为纳入其中。与此同步，新修改的《中华人民共和国道路交通安全法》增加了"醉酒驾驶机动车的，依法追究刑事责任"的规定。

在此背景下，上海交警通过各种宣传途径号召公众远离酒驾、文明出行，启动全年365天"酒驾天天查"模式，进一步加强对酒驾、醉驾交通违法犯罪行为的严查严管，严防涉酒驾驶交通肇事，全力维护本市安全有序的道路交通环境，切实保障广大市民群众的出行安全。

整治期间，上海交警根据违法重点高发区域和重点时段，科学设置并动态调整整治卡点，足额投放警力，加强对餐饮娱乐场所、城乡接合部周边道路等区域的酒后驾车、醉酒驾车查处力度。

2021年4月30日，在"醉驾入刑"10周年之际，上海市公安局交警总队发布的数据显示：10年来，由醉驾导致的死亡事故数量逐年下降，以2012年、2015年、2018年及2020年数据为例，醉驾致人死亡的道路交通事故数分别为49起、31起、23起和8起。上海交警"一年365天，酒驾天天查"模式防范堤坝作用效果显著。

10多年来，经过上海交警持之以恒的严格执法，以及广泛开展的公众宣传教育,"开车不喝酒,喝酒不开车"观念逐步深入人心,也因此改变了不少善饮者的人生轨迹。某公司销售总监吕某工作应酬很多,酒桌上免不了多喝几杯,但只要谁说是开车来的,就得事先声明:要么叫代驾,要么只喝饮料,不能喝酒。他和身边的朋友都有了共识:"以前不喝酒觉得不够朋友,现在谁劝酒可真是不够朋友了。"

从"啤酒是水能有啥事"到"谁劝酒可真是不够朋友",初代呼气式酒精测试仪这件身材小巧的藏品,不仅见证了全国首个酒驾查处标准的出台,更见证了一个社会知法崇法守法良好风尚的养成和整体文明素养的提升。

金色记忆

狙击中国股市首个"黑客"

孙建伟

上海公安博物馆馆藏文物中有一个标注着"上海市公安局经济犯罪案件侦查破案精品案例——金奖"的奖牌。这个奖牌源于1999年5月上海市公安局静安分局破获的全国首起以"黑客侵入"方式实施操纵证券交易价格犯罪行为的案件。此案侦破后，中国证监会在全国性会议上通报此案，要求各地券商严加防范。2022年11月下旬，笔者采访了当年侦办此案的时任静安分局经侦支队支队长孙明忠和侦查员胡文彪，他们的叙述使笔者真切地感受到了老侦查员面对新犯罪时的无所畏惧、沉着冷静和足智多谋。

1984年10月，党的十二届三中全会通过了《中共中央关于经济体制改革的决定》，股份制由此进入正式试点阶段。

1984年11月18日，上海飞乐音响股份有限公司创立，它是新中国成立以来第一家股份制上市公司，同时也是第一家公开发行股票的公司。

1990年3月，中央批准上海、深圳两地试点公开发行股票，两地分别颁布了有关股票发行和交易管理办法。1990年11月26日，上海证券交易所成立，同年12月19日正式营业。

经过多年发展，证券市场对中国经济发展的重要性日渐显现。维护股市的健康稳定发展，是公安机关依法承担的职责和任务。

突然蹿红的两只股票

1999年4月16日上午,股市依然延续震荡波动,但到下午开盘时,百万股民立刻傻眼了。从不显山露水,也不被股民青睐的两只股票"LH"和"XY"突然蹿红,被巨量买入,瞬间涨停。仅仅几分钟,这两个总值为6000余万元的股票自动成交。低迷的股市突然起了蓬头,眼疾手快的股民在一阵惊愕和兴奋中输入卖出委托指令,迅速跟进。已有一段时间寂静无声的股市犹如平地爆出惊雷,把正常交易搅得波诡云谲。

上海证券交易所职员也看不懂。这两只"异军突起"的股票让他们目瞪口呆,转而反应过来:这绝对不是正常波动。根据电脑记录,上海证券交易所交易监管员发现共计500余万股的买入委托指令全部来自A信托投资公司上海证券营业部。该营业部经理立刻通知紧急检查,报盘机里果然记录着眼花缭乱的委托指令。这些指令究竟从何而来?核查结果令人震惊:当天中午有人侵入营业部的计算机系统,通过委托数据记录,虚开了5笔买进委托指令,造成A信托投资公司上海证券营业部以涨停价格买进了总值6000余万元的"LH"和"XY"股票,损失达近300万元。营业部经理不禁冷汗涟涟。

当日14时许,静安分局经侦支队接到报案。

自支队成立以来,接到股票市场报案还是第一次。支队长孙明忠意识到碰到"硬茬了"。他迅速将报案内容梳理了一下,就与一位副支队长带着几个侦查员和指挥处科技科一位工程师赶往现场。经过证券交易所计算机工程师检查营业部计算机系统、孙明忠与侦查员现场勘查,首先在技术上排除了"黑客"在营业部之外远程侵入的可能。

访谈中,笔者对孙明忠说,当时的股市是改革开放后出现的新事物,与上海经侦民警过去侦办的案件大不相同,这个黑客"第一案"确实考验你们的侦查水平和承受能力。

孙明忠说确实如此。他说:当年,静安区是多家证券公司的发源地,也是集聚地。静安经侦担负着这个独特的职能和任务。作为一支执法专业力量,我们都有强烈的意识,坚决维护证券市场健康发展,为改革开放作出我们经侦民警应有的贡献。这起案件直接关联股市和计算机两项专业技术，对成立不久的经侦支队是个相当严峻的考验。说实话，我们民警也没有什么炒股的，对股票一知半解，不少人甚至是股盲，对计算机系统和技术也不太熟悉。我们算是第一个"吃螃蟹"的。在压力面前公安民警从来没有退缩过，相反，我们把压力当作动力，这种动力要求我们抢得先机。

孙明忠当时对办案民警说，这起案子的侦查对我们来说将是一次重大考验，我们面对的是几乎完全陌生的犯罪行为和黑客嫌疑人，所以首先必须打消自己的畏难情绪，全身心投入。案件紧迫，逼着我们边工作边学习，在办案中提升经侦专业能力。我们要研究计算机系统和证券交易原理，紧紧咬住黑客留下的蛛丝马迹，从中摸索规律，找到侦查方向。

勘查结论表明，遭遇损失的 A 信托投资公司上海证券营业部计算机系统没有按照要求设置用户密码。黑客就是利用了这个漏洞，分别于 3 月 30 日、4 月 15 日、4 月 16 日（案发当日）前后三次登录，成功侵入系统，绕过了正常的资金、股票审查流程，篡改了储存在报盘机中的 5 笔数据库记录。

可以确认，这是一起利用计算机系统漏洞实施的犯罪。由于黑客事先经过周密策划，将计算机终端作为犯罪工具，在案发现场没有留下明显的作案痕迹，因此一时无法查找到与本案有关的线索。

时任静安分局局长张俭听取案件基本情况汇报后，当即要求成立专案组，全力以赴侦破。孙明忠召集专案组连续几天召开案情分析会，吃住都在分局。夜深了，就在办公室拉开一张行军床，脑子里还是股市、黑客。初步线索渐渐梳理出来：从黑客的作案目的来看，委托记录、虚开巨量涨停价买单，操纵股票价格，意在卖出自己手中的股票获利。

时任静安分局副局长汪忠良率侦查员再赴证券营业部开展侦查工作。在详细了解 A 信托投资公司上海证券营业部内部和股民情况后，决定对两类人员展开重点排摸。

一是近期因工作纪律涣散受到相应处理或流露不满、怨恨情绪的职员，他们有可能用破坏营业部电脑系统从而造成损失的方式来报复领导。二是营业部大户室的股票大户，他们对营业部电脑系统十分熟悉，且与营业部职员交往较深，有可能获取内情，或打听到操作股票交易的电脑系统密码，从而修改数据非法牟取暴利。

连续两周，专案组对营业部 20 多名职员、大户室 200 名大户进行了一丝不苟的排查，但结果令人沮丧，这些人全部被排除了嫌疑。

查了人员，再查电脑。A 信托投资公司上海证券营业部共有 4 层楼面，包括散户交易大厅、中大户交易厅、包房以及办公用房。侦查员在电脑技术人员的协助下，对营业部 250 多台联网计算机终端逐台排查。从技术可能和被利用成为作案工具两个方面分析实验，具备这两个条件的目标逐渐缩小到营业部散户大厅的 9 台终端机上。但这又使侦查陷入另一个极大的不确定性中。因为散户大厅每天都有数百名股民流动，而且完全不固定，对 9 台终端机的触碰概率毫无规律可循。所以，一个个查下来，工作量极大，且耗时耗力，侦查员仍无功而返。

虽然看起来走了一条弯路，但在孙明忠看来，排查是必需的，没有经过弯路的折腾，也许到不了成功的彼岸。案子充满迷茫和曲折，但拿下它，是经侦民警义不容辞的使命和责任。对改革开放后刚刚兴起的股市，必须坚定不移地维护它的正常运行，对出现在这个新兴证券市场的违法犯罪，必须坚决出手遏制。

时隔 20 多年，回想当时的办案情形，孙明忠激情再现：专案组民警确实都有挫折感，但我们的信念一点都没动摇过，大家相信只要一步一步走下去，就一定会有突破的那个时刻。

成交时间是破解关键

孙明忠回忆说，两条侦查思路没有达到预期目的，专案组分析后认为，顺着"修改数据"这个方向没错，但侦查初期我们的眼光只盯着电脑系统去查，可能存在偏差。接着这一步怎么跨是个关键。孙明忠想，按常规，谁得益谁作案应该是值得关注的侦查思维，这个黑客"第一案"也离不开这个普遍规律。

黑客虚开买单，让 A 信托投资公司上海证券营业部高价买入大量股票，再高价卖出自己手中的股票，就能在交易中获取巨大利益。这样，在交易"LH"和"XY"两只股票中获取暴利的股民就是侦查关注的重点。从作案手法分析，可以对犯罪嫌疑人初步画像：此人既掌握了一定的计算机知识，也拥有证券行业的从业经验，两个条件缺一不可。如果这个画像成立，那么目标将再次缩小，而且也将提高精准度。

胡文彪回忆说：沿着这条侦查思路，我和指挥处科技科朱海晟工程师再次到这家证券交易所交易部，调取了4月16日涉案的"LH""XY"两只股票的全部交易记录，从成交量多少入手，筛排出获利在万元以上的股民几十个。然而证券交易所专家认为，股民资金实力有大有小，只要是在看到这两只涉案股票的买入价格后再抛出的，成交量再大也是合法的。因此成交量多少并不足以成为嫌疑依据。

这一席话使胡文彪豁然开朗，他和朱海晟消化了一下专业人士的分析，得出了结论：成交时间，才是破解犯罪嫌疑人身份的关键。

侦查员不断假设，又不断否定。终于，一个重要的疑点显山露水了：有5个账户的卖出委托成交时间在4月16日13：01内，排在第一个的是一个散户，属于按交易规定优先成交，可以排除嫌疑。第二、第三，这两个账户都是王姓股民的，卖出委托成交时间是13：00：05，卖出价格仅比涨停价格低一分钱，交易量为8.9万股。第四、第五，这两个账户也是同一股民的。卖出委托成交时间是13：00：12，卖出价格与王姓股民一致，交易量高达55万股。

对专案组民警来说，这既是一个破案过程，又是一次学习的机会。要拿下这个黑客"第一案"，必先拥有足够的专业素养，才能发现其中的蹊跷，从蛛丝马迹中找出精准的侦查线索。

胡文彪请教了交易部专家，专家听完案情后说，最熟练的电脑操作员输入一笔委托单也要4~5秒，更重要的是，证券市场在13时开盘后，个股行情经过处理后发送到证券公司营业部并在电脑终端上显示出来，也有40~50秒的延时。也就是说，若不知情的股民要在16日13：00：40秒之前看到"LH""XY"两只股票价格达到涨停板行情，并申报委托、成交，是绝对做不到的。专业部门的实验与侦查员的假设不谋而合。这也证实，这4个股票账户持有者一定是在4月16日13时沪市下午开盘之前，就已经将卖出委托的数据输入了电脑，等到开盘立即发送上海证券交易所。

毋庸置疑，这4个股票账户的两个持有者存在重大作案嫌疑。

孙明忠和胡文彪等侦查员又仔细复盘前后环节，他们都有点兴奋，隐约觉得这次摸着的"石头"也许能"过河"了。但毕竟是第一例，只能"瞎子摸象"一般地排摸，面对这种"智斗"方式出现的侦查，谁也不敢轻言已经找到了正确的方向。

关键点打开缝隙

5月20日，王姓股民被依法传唤到案。

这个人有工作单位，但长期病休在家。当侦查员问到为何以涨停价格抛出8.9万股时，她没有丝毫紧张，说是在"钱龙"证券软件中看到的涨停价格行情。侦查员以时间点提醒她，而且掌握了她虽长期病休在家却拥有超过百万元资金的事实。这下这人解释不清楚了。在侦查员晓以大义的劝说下，她提供了另一位炒股"高人"高先生的信息。

原来王小姐的资金来自高先生。案发前一天，4月15日上午，高先生指令她下午将两个账户所有资金买入股票"LH"。王小姐买入后，再次得到指令，必须于4月16日13时前，以涨停价格输入委托卖出数据。王小姐依令而行，果然顺利成交，赚得盆满钵满。她想，高先生炒股10多年，据说已有3000多万元资金，真不愧是炒股高手。但蹊跷的是，当她问高先生为何如此料事如神时，高先生也同样惊讶地感叹：他得到的信息竟然这么准。王小姐又问是谁向他提供的信息，高先生立即"刹车"，再也不说半句。

孙明忠敏锐地感觉到，这个高先生是打开案子"黑洞"的一道缝隙。他下令立即查这位高先生，看他究竟是何方神圣。一通查下来，这是一个从"小飞乐认购证"发迹的拥有几千万身价的股市大户，炒股业绩节节上升，把他原来"打桩模子"（沪语，指如同一根桩子伫立街头，在街头从事倒卖票证的人）的身份完全漂洗干净了。不要说使王小姐咂舌的3000万元，就是1000万元，在世纪之交的1999年，那是一个什么级别的天文数字啊！然而再反过来想想，这么一个叱咤股市的高级别大户，会以修改计算机信息系统数据来获得巨额财富吗？这不是自己作死吗？

高先生接受传唤的时候很坦然，因为财大，所以气粗。他一口咬定是看到涨停板后才买进的，这种事情在他手里发生过多次，一点也不稀奇。他久经股市，操作的熟练程度明显超过一般人，否则怎么会累积如此令人望尘莫及的财富，顺便还习惯性地向侦查员普及起了炒股技巧，好像把讯问变成了他的股经论坛。

胡文彪说，当时听他夸夸其谈一番后，我明确告诉他，30秒之内涨停板不可能显示出来。从委托到显示最起码需要1分30秒，而王小姐只用了不到2秒，绝对不可能看到涨停板，这个时间差你怎么解释？

就像腰眼被戳中了一样，这句问话把高先生一下子打蒙了。原来警察把这些交易细节都查得清清楚楚了，难道他们手里真的有货色（证据）吗？但转念一想，警察一定是从营业部那里获得的"窍开"（沪语，指事物的关键点），他才是行家里手，只要计算机设备没留下痕迹，就没有证据，那么警察就拿他没办法。已经熬了24小时，再熬一熬就好出去了。尽管他的意识要求自己咬紧牙关，但挡不住身体的诚实，他心里已经有点虚了。这一幕被胡文彪看在眼里。胡文彪想，这个高先生竭力表现出一副泰然自若的样子，但心里还是发虚的。为了证实这一点，胡文彪去看望他，与他聊股市或闲事，有一点可以确认，高先生已经没有刚来时的那种"跟我不搭界"的腔调了。他在犹豫、在揣摩，想说又不想说，这才是他此时的真正心态。胡文彪把他的"搭脉"成效和分析向孙明忠作了汇报，孙明忠认同他的分析。

一大早，胡文彪再一次去留置室时，发现高先生的眼神游移了，问他睡得怎么样，他敷衍着。问他想吃什么，他说随便。胡文彪很快给他买来点心。吃完，好像轻松了许多，接着要抽烟，胡文彪又满足了他。大抽几口之后，高先生说要见孙队长。

孙明忠扫视了他一眼，多年的侦查直觉告诉他，有戏。高先生倒也干脆，第一句话就是，我说清问题就放我回家，能不能兑现？孙明忠回答他，你这种行为已经扰乱了证券市场秩序，说清楚既是你应尽的义务，也是对你的行为进行法律认定的依据之一。至于说清后能不能放你，不是我说了算的，要由法律决定。高先生沉思片刻后，终于下了决心。他长叹一声，眼睛直直朝前，自言自语：朋友，侬挑我发了一笔不义之财，害得我有家不能回，蹲了留置室。对不起了，自由比钞票更重要，失去自由，再多钞票有啥用呢？

原来，一年多前，高先生在大户室炒股时结识了一个姓张的电脑清算员。一来二去，这个姓张的经常向他提供一些行情消息，高先生也投桃报李，两人一时走得很近。后来高先生离开大户室，但两人仍然三天两头电话联络，互通信息。

4月14日上午，姓张的那人在电话那头压着嗓音告诉他一个绝对"至正"（精准）的消息，4月16日下午开盘，"LH"会到涨停板价格，你务必提前买入后届时抛出。即便是股市里游刃有余的大户，高先生听得也有点将信将疑，"你凭啥这么肯定？"姓张的说："阿哥，阿拉两个人的交情，我哪能会给你吃药（上当）呢？你买进就是了，否则到时候后悔，寻我也没有用哦。"高先生想，他说得这么板上钉钉，那就听他的吧，随即向王小姐发出了指令。16日下午开盘后"LH"果然涨停板，高先生赚得盆满钵满，心里开心啊。很快高先生接到了一个电话，对方炫耀说："我没骗你吧？"高先生一个劲儿地说："兄弟真是够朋友，够朋友。我请你吃饭，好好谢谢你。"

"黑客"显形

听完高先生的陈述，孙明忠心里有底了。他想，顺着王和高这两根"藤"，真的要把这个"瓜"摸出来了。也是巧得很，这时高先生砖头一样的"大哥大"又响了起来。一查来电显示号码，正来自姓张的这人家里。

回到专案组，孙明忠兴奋地拍了一下桌子，对大家说："这一阵，我们经常谈到黑客，想不到真的让我们碰到了。第一个'吃螃蟹'，刺激，扎劲，有挑战性。现在终于摸到了对手边上，较量才刚刚开始，我们不能有丝毫侥幸心理。"孙明忠想，这是一个高智商的犯罪嫌疑人，我们就更要做足功课，先把他的底摸清。很快，姓张的这人的信息显现出来了：毕业于某工业大学计算机专业，先后在两家证券业务部工作，有两年以上的证券交易从业经历。在同事眼里，此人性格内向，有时行为乖张，不易被人理解。

5月23日，胡文彪和另一位侦查员来到姓张的这人家楼下，打电话确认他在家。见面后胡文彪的第一反应是，这个戴着金丝边眼镜的年轻人利落精干。他稍稍有些疑惑地问"你们找谁"，胡文彪向他出示了证件。他看了一眼，没再提问，也无惊慌之色，回头对父母说，我有事出去一下，然后镇静地跟着下了楼。

审讯室里，胡文彪单刀直入，这人坦然回答："我一直对股票比较敏感，这是我根据近段时间股市情况分析出来的，这两只股票会在4月15日前后出现涨停。"

　　一通"股经"谈下来，面前这人给人的感觉是对变幻莫测的股市具有未卜先知的本事。他有些得意，甚至有些睥睨与他面对面的侦查员，也借着试探对手的深浅。

　　孙明忠接着问："你是否去静安的证券营业部炒过股票？"这人立即否认："没有，从来没有。我天天在单位里看得烦也烦煞了，不要说炒股，连门都没进过。"这个回答滴水不漏。侦查员再问他："确定没去过？"

　　"没去过。"话是这么说，但他心里是虚的。他故作强硬地表示："你们不信，我也没办法。如果你们认为我有事，拿出证据来。否则，放人！"

　　孙明忠说，当时我感觉，这个看上去文质彬彬的年轻人，金丝边眼镜后的那双眼睛既机敏又狡黠，虽然是第一次与公安机关打交道，但他拥有相当的专业知识，而且也具备相应的法律常识，回答问题滴水不漏。这是一个角色，与我们对阵不落下风。印象很深的是，他看一份笔录时相当仔细，有20多处字斟句酌，证明他在证券专业和法律专业两个方面都有一定能力。所以我们要使这个难缠的对手认罪，就必须让他在证据面前低头。

　　笔者问孙明忠，在你的办案生涯中，比较少碰到这样的对手吧？他说是的，以前主要是和一般刑事犯罪打交道，对犯罪嫌疑人的套路比较熟悉。经侦支队成立后，对付的是专业性极强而且又是我们从来没有接触过的经济犯罪，可谓"老革命碰到新问题"，一切都要从头开始。但我们对自身侦查能力非常有信心，只要以专业的精神投入，以谦虚的学习精神去攻关，再加上不懈的努力，就没有攻不下的案子。

　　侦查员来到证券营业部调取了4月16日的录像资料。姓张的这人进入营业部大厅时留下了侧面身影，时间定格在中午11点50分，共4幅画面。侦查员立刻将资料送到技术部门，专家将4幅画面群像中的大特写电脑扫描成像后，拿到这个人所在单位，严格地按照辨认规则，请他的同事辨认有无认识的人。参加辨识的4人在一堆照片中一致指认那张照片上的侧面头像和侧影是姓张的这人。一位领导还提供了一个信息：在进入证券业之前，这人还做过保卫干部，熟悉刑法。到了证券交易部门，又研究起了证券法规。这的确是一个肯下功夫的年轻人，如果用在正途上，前景可期。同时，侦查员又获取了4月16日下午这人以涨停价抛售他在A信托投资公司上海证券营业部账户上的7900股"XY"股票及获利的证据。

当这人看着自己进入证券营业部的照片时，眉头禁不住拧了一下，不过马上又恢复了常态，他轻描淡写地说自己那天路过这里时，正好小便急了，就进去"放松"了一下，这种事记它干什么！他说话的神态虽然轻松，但侦查员捕捉到了他不经意间难以掩饰的走神。这说明他既要窥探对方，又想抱着侥幸与公安机关周旋的心态。

侦查员点了他一下，你持有 7900 股"XY"股票，为何 16 日下午全抛了？这人双手一摊，很无奈的样子，"XY"已经套了一年，我不是想解套嘛！听起来合乎情理，但口气上已经有些怯了。

孙明忠想，此人认为自己的专业能力和电脑操作能力不易被公安机关察觉，侥幸心理支撑着他。如何打消他的侥幸心理，将是接下来双方较量的关键。

亡羊补牢

在充分收集了作案证据后，静安分局依法向检察机关提请逮捕张姓犯罪嫌疑人，并获得批准。

6 月 30 日，这天是公安机关对张姓犯罪嫌疑人采取刑事拘留强制措施的最后一天。这人觉得，如果到了晚上 6 点还没人提审，那么就意味着他将重获自由了。他颇有自信地等待着这个时刻的到来。

笔者对孙明忠说，这是一次关键的讯问，可以想象你们压力有多大。孙明忠坦言：在我的办案生涯中，从来没感觉这么沉重过，但我们手里掌握的证据就是我们的底气。我们非常认真地研究过这次对话的方案，尽可能考虑到各种细节，决心打开这个缺口。

孙明忠和一位副支队长以及分局法制部门的同志等人在晚上 7 点进入了审讯室。一进门，孙明忠一眼就瞥见对方的眼神全是失望，脸上像突然被涂上一层糨糊，绷住了。他想，这一定是对手没想到的，我们这次的出其不意打乱了他刚才还在庆幸的情绪。孙明忠暗想，这一步走对了。这人的确没想到，侦查员的几句提问每次都恰如其分地点中他的痛处，迫使他坚守的防线开始后缩，侦查员越来越胸有成竹，步步紧逼。对方只能以僵持对抗。孙明忠等继续对他晓之以理。1 小时后，对方打破了僵局。他提出了一个问题：假如认定是我作案，那么我的情节会有多严重？他在用他的刑法常识盘算自己将要面对的未来了。如果说这是试探，那么这种试探不如说是他心理崩溃前的表现。

孙明忠想，既然他提了这个问题，说明他非常了解法律。孙明忠简洁地告诫他：只有在说清事实的前提下，我们才能依据你的犯罪事实和认罪态度来衡量。接着，孙明忠又从亲情、人生等多方面开导，让他面对现实，放下执念。

这人渐渐哭出了声，哭声越来越大，他被刑拘以来从来没有这么失态过。这种一反常态的宣泄其实是他精心构筑起来的心理防线崩塌的前兆。孙明忠给他看了下手表，提醒他：时间不多了，你要抓紧讲，这对你的量刑有好处，希望你不要丧失最后的机会。

接下来的10多分钟，他时而抬头，时而低头，眼神完全没有了先前的倨傲，心里一定是狂风暴雨。晚上11点50分，他下了决心，一吐而出：3月31日下午4点多，我路过A信托投资公司上海证券营业部大厅，进去小便后顺便看了一下当天股市行情。出于职业习惯，我尝试着进入了营业部的电脑系统。我想，内行都清楚第一道门，懂的人都可进去。第二道门一般都加密，好奇心驱使着我试探性地一试，竟然顺利地进去了。我深为自己玩电脑的"才智"而兴奋，这意味着该系统委托报盘数据库的密码形同虚设。更令人兴奋的是，里面的账目一目了然，而且可以随意改动。兴奋之余，我突然萌生出改动数据的想法，但这时恰恰有人过来，我只能离开。回到家里，我脑袋里仍是刚才那个场景。突然"灵光"一现，修改数据库中的数据、抬高上市股票价格，使自己在抛售股票时获利，这事，一定得试一下。4月14日，我又去了一次，把当天交易的数据拷贝出来，试着改动了一下，模拟成功了，我心里一阵狂喜。我踌躇着，想到手上7900股"XY"已被套一年多，急于解套。我决定走出这一步。另外，高先生那边曾给了我不少有价值的信息，趁这个机会回报一下。当然，也是为了找个搭伙的，一起以涨停板价格抛掉股票，这样就不易被发现。所以就把这个由我亲手制造的信息告知了高先生。打这个电话时，我炫技心态爆棚。4月15日，为了确保成功，我又去了证券营业部实操实验，嘿，成功了。我暗暗把心里的激动揿到身体的隐秘角落里，不露丝毫声息。4月16日中午11点半后，趁股市午休之机，我来到证券营业部小厅内，在电脑终端对等待发送的委托数据记录进行了篡改，将其中5条交易记录内容分别改为以当日涨停价位每股 10.93 元买入"XY",以每股 12.98 元买入"LH"。当日 13 点,股市下午开盘后,被篡改后的数据成功发送到上海证券交易所,我迅速抛售了所有"XY"股票。全部搞定,我长长地舒了口气,像压紧的弹簧突然被释放似的轻松……利令智昏,就是我这个时候的心态。后来我才知道,营业部动用大量资金购入这两只股票。经平仓后,损失近 300 万元。

2000 年 1 月 11 日,新世纪的第一个月,中国股市首个"黑客"以操纵证券交易价格罪被法院判处有期徒刑 3 年,并处罚金人民币 1 万元,同时赔偿被害单位经济损失,追缴违法所得。此刻此人才感悟到:股票解套了,人却被套牢了。穿了两年多的"红马甲"也被他可耻地玷污了。一审宣判后,他没有提出上诉。

这起案件的侦破是初建伊始的上海经侦民警依法打击证券交易市场违法犯罪迈出的第一步,是我国公安机关打响惩处证券市场犯罪行为的"第一枪",具有破冰意义。

时任中国证券监督管理委员会主席周正庆高度重视,他在一次全国性会议上通报了这个案例,提请各地券商严加防范。由此开始,全国各地证券营业部纷纷检查电脑系统,并强化了防范措施。

试想,如果这种"黑客侵入"方式蔓延到全国证券市场,将会给起步才 10 多年的中国股市造成何等混乱和不堪收拾的局面!静安经侦直面压力,勇于挑战,第一时间向这个"全国首起"迅速出手,遏制了可能发生的传播,对该类犯罪形成强大震慑,充分显示了上海公安机关维护证券交易市场健康规范运行、维护广大股民合法权益的能力和信心,也锻造了静安经侦这柄出鞘利剑。

子虚乌有的"中国国际银行"破灭记

孙建伟

这是一张伪造的面额500万美元的花旗银行一年期期票，也是一份擅自设立金融机构犯罪的重要证据。

这是一起发生在21世纪初，以虚构"中国国际银行筹委会"之名擅自设立金融机构的罕见案件。此案的破获，展示了上海公安机关维护国家金融秩序安全、维护金融市场平稳健康发展的决心和能力。

笔者在采访当年侦办此案的上海市公安局徐汇分局经侦支队民警朱三度过程中，真切感受到上海经侦部门成立伊始所面临的艰巨挑战以及侦查员面对困难敢于亮剑的精神。

把握先机，全力侦破

2000年4月28日，一位行色匆匆的花甲老人大汗淋漓地来到徐汇分局龙华派出所报案，声称自己是上海某公司的总经理，公司12.5万元被一个自称是中国国际银行的筹建人所骗。对方的抵押物是一张500万美元面额的美国花旗银行期票。但他通过相关渠道初步鉴别，发现根本不是美国花旗银行出具的真实期票，而是经过了精心伪造的假期票。他捶胸顿足地说怎么都没想到，自己沉浮商海多年，可谓见多识广，竟然也会被骗去十几万元。

这一年，徐汇分局经侦支队刚刚成立，民警朱三度从治安部门转岗到经侦支队，刚来不久就被领导指派主办这个案子。虽然从警已有时日，但是朱三度对金融犯罪案件并不十分精通，相关专业知识欠缺。然而，见到报案人一脸怨怒的样子，他立刻就意识到，随着上海国际金融中心建设的推进，打击金融领域犯罪的任务将会越来越重，经侦民警肩上的担子可不轻啊！

朱三度和协办侦查员刘述贤商量后认为，侦破这个案子虽然没有先例可循，但是可以边学习边办案，既把这起案件视作一个必须攻克的堡垒，也把它视为一次开创先例的机遇。千言万语汇成一句话：再难也要破案。

原来，几个月前的1999年底，在海南开了一家公司的黄先生巧遇上海老邻居老吴。异地见同乡，黄总摆上酒席对酌，老吴称赞黄总生意成功，可黄总却说自己年过花甲，一年到头奔波在外，真想告老还乡。老吴说自己恰好认识一位手眼通天的朋友，正准备大干一场，如若黄总加盟，真是求之不得。黄总静听，开始只当老吴神侃，但听着听着倒也觉得像是那么回事，于是就有些心动。很快，在老吴的安排下，黄总回上海见到了这位传说中的"高人"。

朱三度说，当时黄总就被这位卖相挺括、风度翩翩的"高人"镇住了，竟一时半会儿吃不准他什么来头。其实也难怪久经风浪的黄总会在"阴沟"里翻船，这个犯罪嫌疑人戴着一副金丝边眼镜，显得斯文儒雅，一张脸阅历沧桑，一头微鬈的银发显出一种脱俗的睿智。关键是他一开口，就更显渊博，条理清晰，滔滔不绝。我们侦查员看一眼就知道此人是个"老手"。

"高人"称自己姓刘，是参加过抗战的离休老干部。黄总连连尊称其为"刘老"。"刘老"说自己之前在某省级银行从事金融管理，熟悉业内情况。眼下，他正应海外一些热爱祖国又有大量闲散资金的华侨巨商邀请，在他们的慷慨资助下发起筹建"中国国际银行"，资金将来主要用于投资中国交通设施建设。"刘老"称这是一个很有"钱"途的项目，回报率非常高，很多国际大财团和跨国企业都非常看好它，愿意加入筹建工作中。黄总问，都有哪些财团和企业呢？"刘老"很随意地说，世界联合基金会知道吧？这可是最有名、财力最雄厚的国际基金组织。他们已经以文件形式承诺，只要我们筹委会完成各项审批手续，他们就对"中国国际银行"投资3亿美元作为控股股东。另外，还有美国、我国香港的国际投资公司和国际金融投资集团也决定投资入股。

看着"刘老"嘴唇翻飞,听着他口若悬河,一气呵成地说完这个筹建银行的项目,黄总有点飘飘然,分不清云里雾里。为了印证自己说的话,"刘老"还笑眯眯地从高级公文包里拿出一沓文件。黄总看到了若干盖着鲜红印章、骑缝章和英文签名的文件——世界联合基金会1996年8月4日签发的委托书,美国佛罗里达州某某国际投资公司、香港国际金融美国投资集团联合签发的授权证书,中国国际东方集团金融投资有限公司委托书、任命书,这些委托书、任命书上都贴着"刘老"的大头照。紧接着,一份《关于组建中国国际银行的请示报告》登场,该请示报告的左下方日期上加盖了一个"中华人民共和国国务院"的大红印章。黄总盯着这个大红印章看了半天,眼睛好像陷进去了,他晃了晃脑袋,想要确认这是现实还是梦境。

这其实只是"高人"使出的第一招。

朱三度回忆说,犯罪嫌疑人被抓捕后第二天接受审讯时,态度十分高调,狂妄地称自己认识中央高级领导人和有关部委负责人多年,还有国务院某局某某人转交给他的批文,甚至把他的真实姓名编排成一个现在不知道在什么地方的"朋友"。在以往侦办的案件中,朱三度见过抗拒对峙的、虚张声势的、蛮不讲理的,现在面对的这个犯罪嫌疑人显然与他们不同,说话斯文,不露破绽,动不动就是大政方针,一套一套的十分熟稔,显然不是好对付的。朱三度决定先把他冷一冷。

尽管经商多年,黄总还是第一次见到"国务院"的大红印章。一旁的"刘老"笑吟吟地看着,听到黄总问他:"刘老,您这个宏大计划中有没有我效劳的机会?"对方等的就是这句话。他说:"黄总,我们欢迎一切有识之士加入筹建行列,参股成为股东。谁抓住了这个机会,若干年后就是想不发起来都难啊!"他指了指文件批示:"不过我还要事先声明,虽说有这尚方宝剑,还有财力撑腰,但筹建工作千头万绪,也会出现各种意想不到的困难,也要有充分的准备啊!"黄总附和着:"那是当然,任何事都有风险,投资嘛更是如此。"

"黄总说得好。咱们真是一见如故啊!我看这样,目前上海正好还没有合适的前期筹建人选,你有丰富的从商经历和阅历,这件事情就你负责如何呀?"黄总不犹豫了:"只要刘老信得过,我当竭尽全力。"对方一把握住黄总的手:"那我们就一言为定了。"

"鱼"上钩了,但眼前这个人仍然保持着矜持和沉稳,长期的"训练"使他的"专业素养"不断提升,这套演技对于那些被发财梦蒙蔽了双眼而丧失警惕心的人们最为管用。

戳穿纸上的"宏伟"计划

民警在办理该案初期确实遇到了不少困难,除了需要恶补专业金融知识外,取证困难也是其中之一。办案人员非常清楚,侦办这个擅自设立金融机构的案件,对规范、净化金融市场具有十分重要的意义。在严峻的考验面前,他们没有丝毫退缩的余地。

朱三度说,这家伙口气大得很。我们再次讯问他筹建这个银行的目的是什么,他张口就来:"收集民间闲散资金,发展高科技,再转变为生产力,搞活经济……计划在全国成立29个分行,但资金没到位,条件不成熟,先把队伍扩大再做打算。"朱三度轻蔑地看着这个巧舌如簧的犯罪嫌疑人,这套说辞他已经"演练"过无数次了,正所谓"吹牛皮不打草稿"。面对他有"恃"无恐的心态,朱三度有针对性地就有关法律逐条解释和教育,几番较量下来,对方渐渐有所松动了。

犯罪嫌疑人交代说,这个"宏伟"规划,源自其1995年夏天住在北京一家饭店时听一些老人闲聊……当时,他脑洞大开,搞一个"中国国际银行"不就能把这些资金融进来了吗?

1996年,他在郑州结识了一位年过花甲的老乡,几句话一聊,两人相见恨晚。这位老乡说他在海南有2亿美元资金,准备筹办银行,但没有知心朋友。犯罪嫌疑人说,我手里也有美元资金渠道,正在筹建"中国国际银行"。两人瞬间有一种相见恨晚的兴奋。这位老乡让他赶紧写报告,说他上面有人,可以帮忙把批文弄下来。"上面"指的是国务院、中国人民银行等。犯罪嫌疑人说干就干,立即起草申请组建请示报告,提法都很时髦:"以科研为先导,以扶贫为己任,按照商业银行的经营原则,投资开发兴办民间股份制金融实体,促进经济繁荣昌盛,海内外华裔筹集部分闲散资金,拾遗补阙……开展引资融资、融通金融证券业务,引进外资,承接境内外存款、储蓄、兑付新旧外币。大力发展民间金融事业……为此特请求批准组建中国国际银行。"

写好请示报告，这人就到郑州火车站旁的地摊上，花200元找人刻了一枚"中国国际银行筹委会"印章，然后志得意满地盖了上去。一个月后，老乡把批文给了他。然后他就随身携带这把"尚方宝剑"开始了在各地"筹建融资"的游历。

第一站是"中国国际银行西北分行"。1996年夏，他在北京通县（现为通州区）活动时认识了两个西安人。两人说从朋友那里打听到他正在通县筹备"中国国际银行"，他俩准备在西北地区开设西北分行，并且可以筹集资金。这人心中窃喜，"中国国际银行筹委会"的浪头还真不小，生意都找上门了，也不需要花他的钱，当下一拍即合。这人当场给了两个西安人一份现成的筹备文件复印件，又亲手写了一张委托书，上书"诚邀有识之士××和××参与组建，并授权筹办西北分行负责办理有关涉外事务"云云。不过两个多月后这个"西北分行"就被西安警方查处了。这人不甘心刚开始就结束了，继续他的"筹备"。4年里先后窜到广州、海南、深圳，找了几个人以自封的"中国国际银行筹委会发起人兼主任"的名义给出一份委托书，"分行筹建办"就算成立了。他携带的那些伪造的国家机关部委批复文件随时可以拿出来，足以把那些想着发财的人们唬得一愣一愣的，然后供他吃喝享用。

随着犯罪嫌疑人抛出的"鱼饵"不断加码，黄总的嘴也越张越大，就等着分一杯羹了。然而在审讯过程中，犯罪嫌疑人对骗吃骗喝的行径常常报之一笑，而这一笑对受害人来说就只有哭的份了。

回看20多年前，这个案子的侦办难度是显而易见的，也充满了时代特点。朱三度说，我们在办案过程中深切感受到，那个年代，出现了以各种手段行骗的经济犯罪，但像这个案子作伪"中国国际银行"的还是十分罕见。拿下它，就可以为今后侦破此类案件提供经验。那段时间，期票兴起，犯罪嫌疑人迅速"跟上了形势"，利用它为自己造势，看似聪明，实际上是在玩火。他私刻所谓"中国国际银行筹委会"印章，并且对外以"筹委会"名义组建"中国国际银行"的行为，已经对国家金融管理制度构成了侵犯。

朱三度和协办侦查员刘述贤先后前往犯罪嫌疑人老家河南（包括开封、南阳等他的籍贯和身份造假涉案地），以及本案涉及的郑州、西安、北京、广州等地开展侦查，收集证据。在南阳老家，这个人把自己隐匿、包装得非常好，取证过程遭遇了不少的麻烦，工作条件也十分艰苦。侦查员们常常为查证一个事实、找一个当事人来回折腾几次，饥一顿饱一顿是常态。那时出差经费非常拮据，用朱三度的话来说，我们专门找那种最便宜的小旅馆，能躺下就好，啃个馒头、面包就算一顿饭了。后来查实了这个年过花甲、自称"抗战老干部"的犯罪嫌疑人的底牌"墨墨黑"（沪语，引申为"十分差劲"）：从 27 岁偷窃一辆自行车和一只闹钟开始，生活就渐渐与骗挂上了钩。而后，冒充某单位人事科长、某县副县长招摇撞骗；以帮人代购自行车、缝纫机、电视机等诈骗钱财，被判处有期徒刑 7 年。刑满释放后仍不收敛，诈骗招术更是再上"档次"，而且根据社会需要及时调整，什么紧俏，他就骗什么。20 世纪 70 年代"推销"化肥袋，80 年代"推销"电焊条、聚丙烯编织袋，再次被判刑 15 年。

看着侦查员摆在面前的证据后，犯罪嫌疑人不能自圆其说了，陆陆续续交代了他用虚假批文设立所谓金融机构的犯罪事实。

2000 年初，这个人窜到上海后由老吴牵线结识了黄总。几次接触下来，黄总面对一大堆红头红印文件和对方时不时嘴里蹦出的一连串官方提法和时髦词句逐渐丧失了判断力。此时，犯罪嫌疑人觉得自己宏大计划中的"分行"可以加上上海了。酒酣耳热之后，他给了黄总一份《中国国际银行开业新闻发布会实施方案》。

回到家里，黄总仍沉浸在刚才的兴奋中，拿起方案细细阅读。突然，一个名字把他直接从微醺中拽了出来。在邀请名单中，赫然写着某中央领导的名字。黄总揉揉眼睛，想自己是不是真醉了。再仔细看，真真切切的，没错啊，庆典地点在人民大会堂。黄总惊叹：真是碰到通天人物了，简直是无与伦比的大手笔呀！财富正向我砸过来，我得接着。他忽然感到自己浑身充满了力量，豪气冲天。这位老先生也许是我的命中贵人，在将要横空出世的"中国国际银行"面前，自家海南的这家公司真是自愧不如，就先关张了吧，回上海另起炉灶，投资参股"中国国际银行"。说干就干，黄总奔走于他多年积攒的人脉关系中，用"中国国际银行上海分行"这面大旗成立了一家企业投资有限公司，还把他两个生意场上的伙伴——某投资有限公司和某集团金融投资有限公司两个董事长一起介绍给了犯罪嫌疑人"刘老"。"刘老"以总行负责人的身份对此大加赞赏。接着黄总收到一份传真，传真机里吐出来一叠材料。黄总拿出来一看，是"中国国际银行西北分行"的筹建策划书等。"刘老"说，请黄总按这个模式筹建上海分行。

一段时间内，两个人保持热线联络，"刘老"那边三天两头都有通报，"西北分行"筹建报告已获陕西省人民政府和中国人民银行西北分行的批准；"中国国际银行"总行成立已具备必备条件，总行第一期资本金3亿美元已由美国花旗银行新加坡二分行汇入中国银行总行。好消息源源不断，黄总听得热血沸腾。为了证明所言不虚，"刘老"把"中国银行总行国际结算部资金证明"和"中国银行外币存款凭条"复印件传真给了黄总。最后从传真机里"吐"出来的是"刘老"亲自起草的《中国国际银行章程（草案）》，共11章50条。黄总心里充满了对"刘老"的崇敬以及对银行宏图大业的美好憧憬，但又隐隐潜着一丝不安。这么大的计划，真的能实现吗？

天上不会掉馅饼

在犯罪嫌疑人的人生档案中，他身上最"值钱"也最能"帮助"他通向设定目标的就是一张嘴。为了把自己包装得更像那么回事，他弃用真名，同时又把年龄改大了5岁。不管走到哪里，都凭着离休干部的人设和一张巧嘴来骗人。案发时这个假名已经跟了他11年，他暗自庆幸这个名字改得好，帮着他左右逢源。事实上，他对别人的许诺只停留在一张嘴上，别人可是真金白银地供着他的胡吃海喝、宾馆住宿、飞机来回，尽管是为他所惑而"心甘情愿"的。

在采访中，笔者感受到了一些人对某种人设包装的迷恋，这种迷恋也间接"成就"了那些诈骗他们的人。朱三度很同意笔者的看法。他说：这种现象在经济违法犯罪案件中尤其显著，而且"来头"越大越容易得手，其实招术也就这么几套，就看你禁不禁得住"天马行空"的诱惑了。这种行骗术现在还有，只不过形式和内容发生了变化。所以我们要真诚地提醒善良的人们，千万不要在那些包装华丽、做工精巧的套路面前失去基本的判断力，永远记住"天上不会掉馅饼"。

本案的犯罪嫌疑人就是用"掉馅饼"的套路为自己吹气，吹得风生水起，浩浩荡荡：人们不都是眼睛盯着大的吗，我就牌子拣大的掮，牛皮往大里吹。就连这个精明的、见过大世面的黄总都上钩了，但我还得继续给他加上砝码，以防生变。因此，4月中旬，他回到上海，住进了龙华迎宾馆，还未坐定，就从公文包里取出一份印制精良的印刷品递给黄总说："这是我特地请美国最著名的华裔设计师设计的中国国际银行纪念章图案，你看看。"黄总恭敬地接过来，在一个椭圆形的地球图案上，中间是一条腾飞的金龙。图案下方有一组文字说明：该图案由地球与形状为2000年的金龙组成。地球代表世界，金龙为中国象征，寓意中国活跃于世界，生机勃勃。接着，他又像变戏法一样给黄总递上一份文件，这是一张"中国国际银行组织机构"示意图。乍一看，黄总心里不禁一凛。在这张图中，组织机构中的最高层是"上海总行"，"总行"内设股东大会、董事局监事会等机构，下设16个机构。不仅在北京、上海、重庆等城市设有分行，在泰国、缅甸、新加坡等国，以及伦敦、纽约、巴黎、柏林、东京、旧金山、吉隆坡等城市，还有我国台湾、香港、澳门等地居然也设了"分行"。

　　这是开玩笑还是异想天开？人心不足蛇吞象。黄总突然想起这句话的时候感到脊背上已沁出丝丝冷汗，总共也就3亿美元，要铺成这么大一个摊子，先不说国内各大城市和地区批不批，国外政府和央行会批准吗？他的不安感更加强烈了。对方似乎看出了黄总的内心想法，于是指着示意图说："这个还只是未来发展蓝图，是海外股东的想法，目前我们还是要全力投入前期筹建工作中。"但是，黄总心里还存着疙瘩："总行筹委会是什么时候决定将总行设在上海的呢？"

　　对方早就成竹在胸，应对自如。"这个事嘛，也是前几天刚定下来的。西北分行筹建工作基本完成后，我和几位海外大股东联系了，好几位股东以前都在上海做过生意，了解上海金融业的发达，因此都有意愿把总行设在上海。我当然要尊重他们的意见嘛。至于最终放在哪里，还要由股东大会来决定的。"他显然早就预备好了这套说辞，滴水不漏。见黄总微微点头，又说："这一阵我准备在上海住上一段时间，找一找各方面的关系，疏通疏通。争取把各类申请手续都办好。为了方便工作，请黄总为我准备3万元现金，用于打点各个环节。另外，开一张10万元的支票押在宾馆，用于支付我和随行人员的住宿费。"他故意停住不往下说，他在观察黄总的反应。

一开口就是 13 万元，黄总心里想，干货抛出来了，怎么表态，似乎还没准备好。正在紧张思考中，对方还是拿银行说事："这笔钱不会让你的公司白出的。本来你们就要入股，作为股东当然要出股金的。上海的筹建远不止十几万就能搞定的。我上次跟你说过，花旗银行的 3 亿美元资金已经划入中国银行总行了，但这笔资金将作为总行的注册资本金，暂时不能动用。我来上海之前已经和美国纽约的股东说好了，请他先开一张 500 万美元的期票押在你们公司，这样你就可以放心筹措前期筹建费用了。我这样说，黄总明白了吧？"

就算黄总还不明白，也只能说明白了。他表示马上去筹措资金，让对方静候佳音。

犯罪嫌疑人选择在上海驻扎的目的是为自己贴标签，但资金已经加剧了他的困境，也影响到了未来的进展，所以以子虚乌有的"500 万美元期票"做抵押，黄总会不会如愿以偿成为他的"接盘侠"呢？

500 万美元期票现原形

黄总当然不知道，那个"西北分行"早被西安警方查处了，在北京通县设立的"筹办处"也因为交不出房租被清空了。这位"高人"现在就是靠着这几张唬人的文件在广州、海南、上海到处飞，反正有人信，愿意跟他合作，反正有人给他买单。一个人介绍下一个，下一个又介绍另一个，像雪球一样越滚越多，他们都想发财，他扯着"中国国际银行筹委会"这张"虎皮"混宾馆骗吃喝，做个有头有脸的"老总"，这种他期盼的受人尊重的老年生活还真是挺不赖。

这是该类案件中犯罪嫌疑人的真实心态和惯性延续。在这条道上走得久了，就自认为是他们的生活轨道，一旦遇到"合适"的人，便毫不犹豫地把对方拉进轨道，成为自己的"同路人"。在朱三度看来，类似这种以诈骗为手段企图达到真实目的的犯罪，当作案人以及间接协助者，甚至受害人形成某种默契时，也会为作案人掩盖犯罪。只有当受害人自己的利益受到侵犯而感到无助时，才会向公安机关报案，而此时犯罪行为已经对侵害对象造成了损害。

犯罪嫌疑人到了上海，要黄总供吃、供喝、供住，最关键的是还要求提供活动经费。为了显得自己有足够的资金支撑，他就叫人从广州帮他搞了一张一年期的"500万美元期票"。但看来黄总不傻，别看他嘴里"刘老""刘老"地叫着，但真的要用钱，也是不肯轻易拿出来的。"不过，你不是想着从我的'中国国际银行'分一杯羹吗，这就是我的筹码。"

黄总把他与这个人会面的情况以及提供13万元的要求跟大家一说，众人就觉得其中有了蹊跷。黄总心里有谱了，决定按兵不动，静观其变。

犯罪嫌疑人这边眼巴巴等着3万元现金，可黄总一点都没动静，便暗忖：这家伙一定对我起了疑心了。这可不行，前面的戏份这么足，不能在这个节骨眼儿上栽跟头。

几天后，他再次约黄总碰头，说是有要事相告。黄总明知他是要钱，只是不好拒绝，就硬着头皮来了。

寒暄几句废话后，"高人"的话头果然又到了3万元现金上，着实有点急吼吼的样子。见黄总不接话，他就当着黄总的面与"纽约股东"通电话，要求对方立即开一张500万美元期票，尽快送达上海。少顷，对方来电要求告知宾馆商务中心传真号码，请即刻去取传真件。一个随员应声出去，不一会儿就把传真件拿来了。"高人"瞄了一眼，就交给黄总，意思是让他过目，证明他是不会糊弄人的。

这是他的"撒手锏"了。此时此人已陷入一种"搏一记"的赌徒心理，就看对方信不信了。搏赢了，他就又有了闪展腾挪的空间，对方如果不接招，按他的惯常逻辑，还会继续伺机行动。只要不到败露的时候，他就不会轻易歇手。

黄总接过传真件，这是一张"银行期票转让承诺书"，上写："本人××（护照号6203××××）持有壹张美国万国宝通银行一年期期票，美元伍佰万元（TODNO：9907XMO11XX）。现转让租用给：中国国际××集团金融投资有限公司。年期：壹年。"持票人一栏上签着一串眼花缭乱的英文手写字母。

黄总正在看期票的时候，又有电话打过来，说明天会把期票直接从广州送到上海，请"刘老"验收。还特别告诉他，这是一张可以到国际互联网上查询真伪的期票。"刘老"笑盈盈地连连说"OK"，然后对黄总说："这下放心了吧。明天我一拿到期票，马上就交给你。你今天一定要准备好3万元现金，明天我们各自交割。现在是我们的创业时期，大家要互相信任,同舟共济,心齐才能办大事嘛,是不是?"黄总觉察到"刘老"的一丝不快。他有点尴尬地说:"对,对,我们一定要肝胆相照,共谋大计。您放心,明天3万元现金一定到位,绝无二话。"

第二天中午期票如约而至。接过这张期票,黄总知道自己已经退无可退,只能闷声吃进。他把紧急筹措的2.5万元现金和一张10万元的支票一起交了出去,说:"祝您马到成功。"随即告辞。

这的确是美国花旗银行开出的一年期期票。它的印刷、内容填写的格式、数字的标注、印章图案等都中规中矩。但黄总回到公司与大家一聊,总觉得此事太过顺利。毕竟是500万美元期票,说搞定就搞定了。思来想去,黄总问:"谁有办法拿这张期票去做个鉴定?"一位同僚说他有个朋友是电脑高手,请他到国际互联网上查询一下,另一位说他有在银行工作的朋友,可以请他鉴别一下。一天后消息来了:国际互联网上根本查不到这张期票,黄总一颗心悬了起来。又过了一会儿,银行那边的答复更明确,这张期票是花旗银行意大利分行开具的,但现在这张样本不是原件,而是高科技手段"克隆"的结果。因为原件和"克隆"件的印面留痕材料不同,原件印面留痕是印泥,而"克隆"件上的印面留痕是打印机里的粉末。

黄总的心情跌到了谷底,一时间,只觉得浑身发冷、头脑发蒙,待片刻后清醒过来,他意识到,唯有报警了。

笔者问朱三度:当时接到报案,你们的第一反应是什么?他说:说实话有点蒙,一头雾水,没有方向。我们第一时间依法对这人住的宾馆房间进行了搜查,缴获了大量伪造的所谓文件和批文。我们研判后意识到,这不是一件简单的票据诈骗案件。审讯和侦查的进展印证了我们的判断,也不断给了我们信心,同时在办案过程中我们也不断充实和更新着经济犯罪侦查的知识结构。我们在审讯时问这张期票的来源,犯罪嫌疑人振振有词,说这是筹备工作需要,叫股东事先准备好,并特地从广州送过来的。至于真伪,人家做假我怎么会知道?至于那个批文,他说是通过熟人批出来的,哪会有假?然后就是一言不发,以沉默抗拒。

徐汇分局经侦支队领导听取案情汇报后,将查获的文件、批文上的国务院印章与正式文件上的国务院印章进行了比对,证实所有的文件和批文均是伪造的。由于案情重大,上海市公安局经侦总队领导听取汇报后决定立即赴京向公安部经侦局汇报，并通过经侦局开展有关查证工作。

在北京通县，朱三度和同事们的侦查工作遇到了困难，于是他们买了几箱泡面打持久战。不放弃的精神终于得到了回报，他们辗转找到了所谓的"中国国际银行筹委会"办事处，那里还留下了若干票据。接着在公安部经侦局的大力支持下，很快查明所谓的领导批示是伪造的。同时，中国人民银行也复函证明，所谓"中国国际银行筹委会"的请示报告系伪造，均未经中国人民银行批准。上海市公安局送交鉴定的请示报告和批示件，与该行 1996 年曾经发现的"中国国际银行筹委会"的请示报告和批件完全一致，均系伪造。

案子侦破后，朱三度深有感触：这个案子不仅是我们经侦民警与犯罪嫌疑人在智力上拗手劲，更是对自身潜力的挑战。每当遇到挫折，我就想想加入公安队伍时的初心。经济发展必然带来一系列新生事物，犯罪形态也在发生变化，经济犯罪案件将成为我们办案的主角，因此，侦破这个案子就为将来积累了经验。在这种初心支撑下，我们终于完成了使命。

朱三度曾在讯问时向犯罪嫌疑人提问：跟你合作的这些人有起作用的吗？犯罪嫌疑人坦陈都没有起作用，说起来是你好我好，结果大家都不好。但他避开了这个结果的源头——他那些伪造的文件和批文。他避重就轻，认为自己只是骗吃骗喝，银行没搞成也没什么危害性，还搬出《中华人民共和国商业银行法》企图为自己的犯罪行为辩白。朱三度严肃地告诉他：《中华人民共和国商业银行法》的设立是为了促进金融体制改革，有利于我国金融市场的发展和完善，而且该法也明确规定，未经中国人民银行批准，擅自设立商业银行，或者非法吸收公众存款、变相吸收公众存款的，依法追究刑事责任，并由中国人民银行予以取缔。所以说，金融活动必须通过正规实体银行等金融机构来进行，而不是你无中生有，以伪造的"批文"和利用民间资金，夸大并虚构所谓"中国国际银行"进行融资，这将导致金融秩序的失控和混乱。

最终，犯罪嫌疑人被依法判处有期徒刑 5 年，并处罚金人民币 5 万元。

一晃 20 多年过去了，朱三度已经退休，而他的后辈们继续风雨兼程、砥砺前行，上海公安经侦也从一个全新的警种磨砺成为一把维护和捍卫上海乃至全国经济金融安全稳定的利剑。

金色记忆

与"维权"相伴的从警岁月

姜龙飞

处暑刚过,上海气温稍稍弱降一格,陈炳华就兴冲冲地来到上海公安博物馆,捐出了他保存多年的两块民警维权慰问牌。慰问牌直径约30厘米,呈八角形,外圈棕红,内嵌金银两色,金色为甲级慰问牌,银色为乙级慰问牌。慰问牌外观端庄大气,制作精良。与陈炳华同来的,还有他的老搭档陈杏生。

不能让我们的民警流血流汗又流泪

说起这两块慰问牌以及它们所表征的逝水年华,年逾古稀的陈炳华自是话长。

2000年2月,陈炳华受上海市公安局党委之命,出任市公安局人民警察正当执法权益保护委员会办公室(以下简称保护办)副主任。那年他55岁。市局主要领导向他交代任务时说:保护民警执法权益,说白了就是直面民警的委屈,不能让我们的民警流血流汗又流泪。

直面民警的委屈,保护民警正当执法权益。这话初听会让人感觉诧异,如公安这样的执法机关,哪里来的泪点?何须谈保护?

这是当时的一个统计数据:1999年1月至11月,上海的交巡警、治安、刑侦等部门的民警在执法过程中被殴打的达272人次,不同程度受到诬告和不实举报的近800起。2000年头两个月,已发生殴打民警的案(事)件112起,其中民警重伤的4起。

壮士多舛，英雄忍辱。正是基于这样严峻的现实，如何切实保障人民警察正当执法的权益，成为一个必须破解的问题。

2000年2月28日，是《中华人民共和国人民警察法》颁布实施5周年纪念日，也是保护办正式成立的日子。这个专门受理和处理民警正当执法权益的机构，是一个为协调警心节奏、振奋警营士气、保护民警职业荣誉与使命信念而开创的工作平台。

保护办的成立，不仅是上海首例，在全国公安系统也是一画开天。

万事开头难。市局党委充分考虑到了这一点。首先确定由市局主要负责人兼任委员会主任、副主任，对下设的办公室，也采取了高规格配置，主任由当时的警务督察队长兼任，其余专职人员全部为退居二线的领导干部，其中副主任是陈炳华和张世琪，成员有陆海臣、王秀义、桂正来、张炳兴、茅永成和张森林。细数各位同事的家底来路，陈炳华笑称为"八大金刚"。

2003年底，因工作需要，保护办增设由上海公安高等专科学校退休教师胡伟立为组长的3人材料组，负责简报、文档等。

对于上海率先开展的这项工作，公安部给予了充分肯定。2005年，全国公安机关民警维权工作全面启动，有14个省市先后成立维护民警执法权益委员会，并在警务督察部门成立维权办，上海市公安局由此也将保护办调整为维护民警执法权益委员会办公室（以下简称维权办）。

之后，上海各公安分（县）局也相应成立维权办；各基层科、所、队成立维权小组；市公安局各业务单位，如交警、治安、刑侦、文保、轨道、公交、水上，以及行业公安，如铁路、海港、机场、宝钢、海关、梅山基地等，也陆续成立维权组织，做到了全局所有单位一体覆盖。

比江潮更浩荡的，是理解的涌浪
比海风更强劲的，是宽慰的大潮

陈炳华记得维权办成立后面对的第一起案件，发生在地处长江口的横沙岛。那是一个晚上，约8时许，横沙岛派出所民警朱红、施石其按惯例沿岛巡逻。初春的海岛寒意料峭，嗖嗖的海风刮在脸上颇有几分凛冽之感。当他们巡逻到一家小杂货店时，数步之外就能听到骨牌撞击桌面的哗哗声溢窗而出。店内，赌徒们围着赌桌鏖战正酣。这可真叫半夜里掏麻雀——候个正着。巡逻民警叩门而入，厉声喝止，要求涉赌人员上缴赌资，去派出所接受处理。几名赌客极不情愿，高腔大嗓表示不满。这声响如同信号，在海岛的静夜里响得格外邪门，须臾之间便招来了一群人，不下二三十人。现场的形势顿时变得混乱起来。乱阵中，不知是谁首先对查赌的民警挥开了冷拳，一声"哎哟"之后，局面顿时失控……

此后，直到连续两批增援的民警赶到，针对执法民警的暴力袭击才得以遏制。混乱中，朱红的手被利器割伤，后送医院缝合6针；施石其的警帽被抢走，警服纽扣被拽脱，两人身上所挨的冷拳冷脚难以计数。

陈炳华说，为民警正当执法撑腰打气，为执法权益遭受侵害的民警伸张正义，对受侵害的民警及时给予安抚慰问，正是我们的使命之所在。得知情况后，我们当即决定出手干预。

那天，他们专程上岛慰问被打民警。从市区到横沙岛，按当时的交通条件，路程够远。他们天不亮就出发，带着慰问品和满腔滚烫的战友情愫，一路舟车劳顿、仆仆风尘。横沙岛上，派出所全体民警整装列队，夹道迎接，恭候"娘家"亲人。是日，小小海岛上，比江潮更浩荡的，是理解的涌浪；比海风更强劲的，是宽慰的大潮。其情其景，闻之者莫不唏嘘。

制度建设刚刚起步，任重而道远

2000年，全市民警因暴力抗法而受伤的达401人，其中重伤11人、轻伤43人、轻微伤347人。面对上述数据，陈炳华感叹不已，并一再强调，遏制暴力抗法，切实维护民警正当执法权益，绝非我们一家能完全做到的，必须综合各方之力，是一项系统工程。维权办的成立，从凝聚警心的角度是成功的，但暴力抗法的成因错综复杂，我们所能做的，仅仅是护法长链中的一环，当然是非常重要的一环。

民警依法执行公务，受法律保护，所以，暴力抗法不仅是对执法者个人，更是对国家法律的挑战。一段时间以来，对侵害执法者正当权益的行为制裁乏力，法律法规欠缺，是暴力抗法得不到有效遏制的原因之一。而在当时，对袭警罪是否入刑，还存在很大争议，部分人大代表的呼吁被搁置。民警在执法时受到人身攻击、人格侮辱时，缺乏强有力的处罚依据和明确的保障措施，通常只能以妨害公务罪对当事人加以追究；对某些精神伤害，则一筹莫展。对于民警执法负伤，缺乏必要的制度性社会保障。

农场分局海丰农场派出所地处江苏大丰，该所民警杨永红在一次执行设卡检查公务时，被一辆强行闯关的摩托车撞倒。经诊断，杨永红右腿错位骨折，颅骨骨折，大脑中央有出血点，伤势十分严重。肇事者于案发当天即被刑事拘留，但此人家徒四壁，对其追索赔偿困难重重。杨永红新婚，其妻在派出所和亲友帮助下，好不容易凑了1万元交给医院，却连医药费都远远不够，还有后续的康复费用等，更是无着无落。为此，其妻寝食难安，常常以泪洗面。维权办3位老同志冒雨赶到后，首先探望了伤痛中的杨永红，送上慰问牌和500元慰问金——陈炳华愧言，当时维权办经费有限。对于杨妻提出的那些具体的善后问题，他们也有心无力。怎么办？他们不顾一路劳顿，找到大丰市有关方面领导，共同商讨解决此事。上海"娘家人"的提议，得到大丰市主要负责人的充分理解，认为应当大力支持，有关领导随即作出指示：（一）依法处理肇事者；（二）克服一切困难，保证民警的治疗费用；（三）立即进行专家会诊，确保民警早日康复。

执法维权天平还要加上老同志的人情砝码，虽然是一定时期的特例，但隙中窥月，也折射出那时执法维权相关制度建设刚刚起步，任重而道远。

针对执法维权工作的现实状况，陈炳华说：我们拟定了"从保护，到保障，到保证"的工作目标，以现实为基点，步步为营，层层推进。在市局党委的支持下，我们先后出台了工作细则、保护基金制度、颁发慰问牌制度、案例分析制度、法律援助制度，等等。通过这一系列制度化、规范化操作，逐步扭转了民警权益保护的被动局面，真正做到了"从事后保护向事前保护拓展；从内部保护向外部保护拓展；从行政保护向法律保护拓展"。同时，我们牢记市局党委的嘱托："既要为民警伸张正义，不使民警受诬陷、背黑锅，又要牢记全心全意为人民服务的宗旨，对有些民警的错误、缺点不护短，更不能庇护。这样，我们的生命力就强了。"

需要厘清并校正的几个问题

陈杏生原是市局后保部的一名正处级干部，2004年5月，维权办两位老同志到龄退休，他与原文保分局局长周俊邦作为递补，调任维权办，"八大金刚"的格局得以保持，爱警的情怀延续如初。

受此氛围感染，陈杏生到任不久，即开诚布公地提出自己的一系列思考，建议大家商讨。

第一点歧义是民警的履职范围，是否受上下班时间限制。比如，他举例道：黄浦分局一位民警在家休息时，忽闻邻居喊抓小偷，民警急忙起身下楼，原来是邻居发现一男子正在撬窃助动车，于是挺身而出上前抓捕，在与犯罪嫌疑人搏斗中手臂负伤。又如，嘉定分局一位老民警在乘坐公交车上班途中，发现两名外省来沪青年男子在车上扒窃，当即不顾身单力薄出面制止，在与不法分子的搏斗中，手臂、胸部等多处被刺伤。

按照惯例，维权办对民警的慰问，仅限于民警在执勤执法过程中受到的身心伤害。陈杏生认为这样的理解失之狭隘，应予纠正。民警即便不在8小时上班时间之内，即不处于正常的执勤执法时间段，只要他的状态是在依法履行人民警察职责，保护人民群众的生命与财产安全，这样的行为就应当予以肯定，并给予充分保护。

第二点歧义是概念界定。到市局维权办工作不久，他即发现各分（县）局维权办上报的案件材料中，时常将民警依法履职遭受不法伤害称为见义勇为，甚至有的分局提出为受伤民警申报见义勇为奖。

陈杏生认为这种提法不妥，应予更正。他从法理常识的角度解释说，见义勇为最基本的构成要件是，主体行为是不负有法定职责或者义务的自然人。而警察不是，警察是负有法定职责或者义务的行为人，是国家公务人员，他们履行的是法定职责或义务，与见义勇为的行为主体、职责义务不同。以见义勇为界定警察的职务行为，是一种错位。

针对民警在执勤执法中出于种种原因而不敢使用警械、武器，以致受伤甚至危及生命的现象，陈杏生认为，有必要鼓励我们的民警在执勤执法中依法使用警械、武器。鉴别其使用是否必要的标准，无非3条：一是是否有利于打击犯罪；二是是否有利于保护自己；三是是否合乎法律准绳。

2010年10月22日，正值世博会召开期间，青浦区金泽镇位于沪青平公路上的上海某服饰有限公司院内，发生一男子手持尖刀寻衅滋事的突发事件，正在街面武装巡逻的特警队员接到"110"指令后迅速驱车赶到。寻衅男子见状，不思收敛，反而持刀转向，威逼特警："老子搞死你，有种你开枪！"此时，现场已有不少群众围观。男子持刀挥舞，几度逼近群众，情况危急。特警队员在口头警告无效的情况下，鸣枪示警。男子置若罔闻，认为警察不敢真射击，张牙舞爪益发嚣张。特警队员果断射出第二枪，击伤男子腿部，致其倒地被擒。围观群众见状欢呼："哇，警察带的是真枪哦，不是假枪。打得好！"

不是假枪，更不是假警。民众判断真假的标尺极其直率，就看你能不能、敢不敢制恶。

事后，特警队员对自己这一枪的后果把握不定，精神压力很大。

案发后，青浦区检察院接青浦分局通报，即派员介入调查。经查，检察院认为，民警在整个处警的过程中，依据《中华人民共和国人民警察法》《人民警察使用警械和武器条例》等相关法律规定，果断开枪，行为合法、处理恰当。

得知消息后，陈杏生和维权办领导前往青浦，对特警队员进行慰问。作为一种导向，此类情况自此纳入执法维权的慰问范围，以鼓励民警在危急关头勇于担当，精准判断，果断出手。维权办还举一反三，精选《巡警案例评析》《民警实战伤亡研究》等出版物中的实战材料，以市局名义编发了《加强自我防范意识，正确使用警械武器》的小册子，博采广纳，巧将金针度与人，在全局上下广泛宣讲。

为人民警察依法履职提供多层面、全方位的"护身符"

为了在更多层面上获得法律支持，市局维权办引入"法律援助"机制，与上海中信正义律师事务所签订协议，就刑事诉讼附带民事诉讼、要求经济赔偿等事项，特聘该所资深律师为法律顾问，义务为依法履职受到不法伤害的民警提供法律咨询服务。

2009年12月17日中午11时30分，嘉定分局交警支队沪宁高速大队民警在G2沪蓉高速公路对江苏昆山警方一网上追逃人员实施抓捕。犯罪嫌疑人拒捕，驾驶车辆左突右撞，强行逃离，先后与前方和后方的车辆发生碰撞，导致民警被撞倒在地。经医院诊断，民警左锁骨骨折、左胸三根肋骨骨裂。后援的民警和辅警也不同程度地被撞受伤。

案发后，犯罪嫌疑人被依法惩处，民警和辅警也得到了及时救治。与此同时，嘉定分局维权办帮助民警做伤残鉴定，积极运用法律武器，为在执法中遭受不法伤害的民警和辅警提起民事赔偿诉讼。由于犯罪嫌疑人是江苏昆山警方网上追逃对象，该案件移交昆山相关机关处理。分局维权办派员赶赴昆山，与当地检察院、法院取得联系，依法提出民事赔偿诉求，历时数月，终于胜诉，为负伤人员赢得了一次性经济赔偿。

上海公安辅警在协助民警维护辖区秩序中发挥了重要作用。以往维权办只注重对受伤民警的慰问，易挫伤辅警的工作积极性。鉴于此，市局维权办也将辅警纳入执法维权的慰问范围，由各专业部门实施，一旦有辅警队员受到侵害，即按规定给予慰问，够条件的则申报"见义勇为"奖。

正逢世博会召开，市局维权办对在世博会安保执勤中受到伤害的辅警进行了慰问，颁发与民警同等规格的慰问牌。治愈的旋律顷刻熨帖了年轻辅警们的情怀，交口赞誉市局维权办做了件好事，大大激发了他们协助民警执勤执法的工作热情。

从某种意义上说，维权办维的是信念。

除了暴力侵害，让基层民警最感头痛的还不是挨打，而是横遭谩骂、侮辱、威胁，甚至是凭空诬陷。

陈炳华继续补充说，有一年春节将临，虹口分局纪委接到一封寄自劳教所的"控告信"，正在接受处罚的一位谢姓女子，在信中一把鼻涕一把眼泪地控诉有民警逼迫她提供色情服务。分局督察队当即展开调查，发现一切纯属子虚乌有。原来，有个姓王的浙江老板开了家发廊，连年亏损，最后倒闭。他认为，是警察的检查堵死了他的财路，吓得"小姐"们不敢越位，发廊门庭冷落，因此对治安民警恨之入骨。于是授意这位谢姓女子"投诉"民警，诬陷报复。这个老板以为，这种一对一的事，只要女方咬死，任警察跳进黄河也洗不清，就算弄不垮你，光流言蜚语也能把你淹个半死！殊不知他搬起石头砸了自己的脚。

还有一出租车司机投诉民警执法"态度粗暴"。此人举证称，民警开着摩托车从设摊人的挑子上碾过去，行为蛮横粗野，把一套说辞编得有鼻子有眼。维权办人员前往调查时，现场目击群众众口一词，都说没有这回事。嗯？这个出租车司机为什么要诬告民警呢？经过一番政策教育，司机吐露实情。原来此人开出租车5年多，其间多次受到民警处罚。那天上午，他看到处罚过自己的民警在取缔违法占道设摊，顿时萌生了诬告报复之心。

沪青平公路上有家门面堂皇的大酒店，终日顾客盈门，酒店王老板自诩"人精"，惯于卖弄各路花招。忽一日，王老板玩人玩豁了边，一脚踏空，落入了自设的陷阱。为了一起经济纠纷，王老板唆使手下非法殴打、拘禁他人，还恶人先告状，打"110"谎报案情，倒打一耙。闵行分局华漕派出所民警到场后，很快查明真相，严肃处理了真正的打人者。王老板偷鸡不成蚀把米，顿时恶向胆边生，当日凌晨即带领一众喽啰来到分局督察队投诉民警执法不公，关押好人。4月1日，这位王老板又向闵行分局局长、市公安局局长以及浙江省驻沪办事处等，分发了题为《执法是非颠倒，好人身陷囹圄》的举报信，诬告民警"徇私枉法，殴打逼供，无理拘押酒店保安"。然而，谎言经不住查究。经调查，闵行分局及时作出"支持民警严格执法，打击违法人员嚣张气焰"的决定，同时对蓄意诬告的王老板依法惩处。在事实面前，王老板终于承认投诉内容完全虚构，不得不向民警连连表示"对不起"。

对于上述三起案例，维权办均于事中和事后介入调查处理及善后，被诬陷的民警最初都压力倍增，情绪打蔫。"曾参岂是杀人者，谗言三及慈母惊。"但当最后真相大白、天光豁朗之时，面对维权办同志送上的慰问牌，无不真气复原，顷刻之间变得腰板笔挺、气宇轩昂起来。

一个时期以来，袭警现象屡见不鲜，其固然与转型期社会矛盾集中爆发有关。但陈炳华说，其中也不能排除少数民警执法技能生疏、自我保护意识不强等因素。为此，我们在长宁分局召开了执法保护现场会，推广全国优秀人民警察、长宁分局交巡警支队赵建国"以人为本，心系群众，执法有度，多措并举"的工作经验。赵建国从警10多年，长期工作在街面第一线，与各色人等打交道，却从来没有受到投诉、遭遇不法伤害，这与他不断提高执法艺术，在工作中换位体察、以情感人、以理服人、以诚待人是分不开的。

2019年2月1日起，《公安机关维护民警执法权威工作规定》正式施行。这是我国公安机关第一部维护民警执法权威的部门规章，也是我国第一部行政机关维护执法权威的部门规章，从此以后，全国的公安民警有了自己的"守护神"。2020年12月26日，全国人大常委会通过《中华人民共和国刑法修正案（十一）》，对刑法作出修改、补充，其中包括了"袭警罪"。

陈炳华说，"袭警罪"入刑，与现有的法律法规一起构成了一个更完善的法治体系，必将引领我们的维权工作跃上更高的台阶，必将为人民警察依法履职提供更加坚强有力的"护身符"。

他们将警服穿在心中

胡 晗

斑驳的墨绿色装饰好像在急切地衬托着钟体上因陈旧泛黄的白，鲜红到有些刺眼的闹铃针将数字"4"和"5"几乎快磨损得看不清楚，这样一台闹钟摆放在陈峥家的窗台上。无论是单调的式样，还是喧闹而夸张的闹铃声，都没法让陈峥和家人喜欢，但她却把它留到了现在，因为它记录了她当年的"反扒岁月"。

"光脚的不怕穿鞋的"

陈峥身高不到1.6米，1999年转岗反扒那年体重只有80多斤，她说当时的确有些茫然，不知道自己能否适应这个岗位，不知道这个岗位有什么特殊意义，是一件件亲身经历的事情逐渐让她体会到了这个岗位的价值所在。

2000年，陈峥刚参加反扒工作不久，有一次抓住了"贼娃子"，当她把被盗的2000元钱交还到失主手里时，这位白发苍苍的老人向她深深地鞠了个躬，并拉着她的手说："同志啊，多亏了你啊！我们老两口工资低，攒点钱不容易。你们真是我们老百姓的守护神啊！"陈峥说："那一刻我被震撼了，我突然意识到，反扒绝不只是个技术活，我们的工作和老百姓息息相关，老百姓需要我们。"

有一个案子让她印象深刻："2013年3月，我抓到了一个扒手，他偷了一个老太太30元，而这30元是老人准备去超市买促销大米的。那天，老人和她看到的每一位民警握手，嘴里不停地说'谢谢'……后来，我把老人送回了家，就在我转身准备离开时，她突然捧着3小包茶叶往我怀里塞，还说'这茶叶是我一点小小的心意，给大家分着喝吧'。我虽然没有收，但特别感动，一件在我们看来再普通不过的小案子，案值不过30元，老人家却要用超过案值的礼物来表示感谢。有这样的群众在，我们能不好好干吗？"

当问到反扒工作遇到的困难时，陈峥很是感慨，她说："警察抓扒手难，女民警更难。我因为抓捕嫌疑对象，大拇指脱臼过，腿上韧带也撕裂过；因为长期近距离接触各类患病的嫌疑对象，还传染上了肺结核。"

转头看到闹钟上快被磨得看不清的数字"5"，陈峥顿了顿接着说："2013年有一次反扒，我们早上5点出门，9点在浦东川沙发现3名扒手，于是开始跟踪，一直跟了6个半小时，换了17辆公交车。他们累了饿了，找了个小饭店放开肚皮大吃一顿，但我们为了不跟丢，只能苦苦守着，饿得前胸贴后背。其间，我们也想过放弃，觉得这些扒手这天可能不会下手了。但转念一想，如果我们放弃了，没准就会有哪位乘客遭殃，所以我们必须坚守，必须继续跟下去。最后，3个扒手忍不住动手行窃时，被我们一举抓获，查获赃款6700元。"

"与其说是人民群众被我们的工作感动，倒不如说是人民群众朴实的言行在感动着我们的心灵，鞭策着我们的行为，正是他们，让我们认清了自己工作的价值。被人需要是一种幸福，群众的需要就是我们不断前行的动力。"这是陈峥的个人感悟，更是一代又一代反扒民警的共同心声。

手工制作的反扒地图

如果奉献精神是陈峥及老一辈反扒人的标签，他们用一双双穿烂的鞋子诠释人民公安为人民的宗旨，那么，新一代的反扒代表人物雷震不经意间将反扒工作从"经验活""手艺活"过渡到了一个新的境界……

"用一个词来形容当时的民警，那就是'朴实'；用一个词来形容当时民警的工作态度，那就是'执着'。"雷震回忆起自己初入单位时的景象，脸上满是感动和欣慰。1977年出生的他，自1998年调入当时的市局公交分局从事一线反扒工作，算来已经有25个年头了。

说到工作经历，雷震娓娓道来，作为知青子女的他，转岗时才 21 岁，刚回上海不久，加上对外接触不多，导致他的反扒工作起步得非常困难，摆在他眼前的第一个现实问题就是：上海的马路怎么走？四通八达的公交线路怎么运行？当时的他，无论是在前辈的眼中，还是与那些以扒窃为生的扒手对比，都是个彻头彻尾的"嫩头"。

"记得有一年我穿坏了三双皮鞋，有次鞋底前脚掌底部磨穿了，脚掌贴着地，照样在跟扒手。虽然客观条件差，大家又都是生手，但是大家工作热情很高，比学赶超氛围比较浓厚，基本是加班加点在外面转，勤学苦练，反扒水平提升很快。"

雷震当上反扒民警的那个时期，上海经济飞速发展，老百姓兜里的钱多了起来，全国各地的扒手"闻风而来"。对此，市民群众希望公安机关严厉打击扒手的呼声也非常高。为了加强反扒专业力量，市局从各个条线抽调了 200 余名警力充实到反扒队伍中，但是战斗力不是一朝一夕可以形成的，怎么办？那就一步一个脚印，扎扎实实地下功夫、花时间。

"那个阶段，我们民警获取扒手踪迹的信息来源，一是靠经验，每名反扒民警心里都有一本扒手地图，我们形象地称之为'鱼塘'。二是靠询问、走访司售人员，公交车调度室是反扒民警可靠的消息来源，经常可以看到反扒民警与司售人员聊得不亦乐乎，从中获得鲜活的扒手信息。"雷震回忆道。

用"光脚的不怕穿鞋的"这句话来形容那个时期反扒民警的境况可谓贴切不过，但是他们对于贼的"执念"并不仅仅满足于"光脚"。

"没有鞋穿？那就想办法跑得再快点、追得再快点！"雷震的一句自嘲现在看来引人深思："我没办法啊！我光头，人群里我太显眼了。对于那些贼我们都是反复抓，抓反复，有的打交道久了，还没动手偷东西，就注意到我了。怎么办？我想了个办法：我要在贼发现我之前先发现他们。我自己拿个本子，记录每个地方贼的特点，如出行路线、犯罪习惯和规律，自己整理他们的照片和衣着，这下方便多了！"

这看似玩笑话的背后其实蕴藏着反扒技战法革新的萌芽。在那个时期，这可谓空前绝后的思路：反扒不仅要靠经验和手艺，还要靠分析和研究。

拨开云雾现新知

1987年出生的高天春比雷震小10岁。高天春虽然是2012年3月加入反扒队伍的新兵，但他在继承发扬老一辈反扒经验战术的基础上，分析研究扒手新的作案习惯、作案地点，整理出了一套相对完善的反扒工作"教材"。

高天春说："移动支付蓬勃发展后，携带现金的乘客越来越少，扒手把目标瞄向了手机。他们尤其喜欢那些戴着有线耳机的乘客，因为耳机线指向了手机的位置。扒手行窃时只要拎住耳机线，顺势就可以从被害人口袋中拎出手机，最后拔掉耳机线立马逃离。等被害人察觉时，他们早已逃之夭夭。"

扒手的作案目标、作案手段发生着变化，反扒民警的追踪抓捕手段自然也要"与时俱进"。

"以往我们靠自己的双脚+大量的追踪时间来打击扒手，而现在是依靠科技+人力，可以在多区域有针对性地投放反扒力量，通过溯源追到扒窃团伙和销赃窝点，在短时间内精准发现违法犯罪嫌疑人并予以全链条打击。过去，我们一组人分头行动，在沿线各站点寻找扒手。任何一名组员只要发现可疑人员就会用手机发消息通知其他组员，收紧反扒网。这种一队人散在各站点，凭着各自的经验寻找扒手的做法，现在已经逐步被科技+人力的方法替代。当下的反扒依托科技的力量综合分析研判，进而掌握扒手的行为轨迹，通过精准投送来实现精准打击。因此，从发现和打击的角度来说，成功率成倍提升。现在轨交区域的扒窃案件数量已经大幅降低。"

科技再发达也不能忘了专群结合这个法宝，高天春说："执行任务的反扒民警再多也总觉得'差一个人'，这个'人'就是人民群众。反扒工作一定要善于发动群众的力量，我们可以与各站点工作人员、公交车司机和售票员，或者案件多发区域的商铺店员沟通交流，把他们发展成为反扒工作的信息员。人民群众永远是我们弘扬正义的坚实后盾。在确保安全的情况下，有乘客声援，甚至是出手相助，那一定会事半功倍。"

"天下无贼" 薪火相传

邓昱2016年正式加入反扒队之前是轨交站点的巡逻民警。他工作的站点是一个集旅游、商场、办公于一体的综合性车站，日常客流量非常大，每天到了高峰时期，与扒窃相关的警情就不间断，有的时候，甚至同一个站台上同一时间内会有两三起报案。

"扒手趁着人多拥挤伺机下手，我当时着装巡逻，扒手在站台上一看到我马上就跑了。为了防止乘客被偷，我还特意换了便衣守在站台，但却屡屡'颗粒无收'，反扒这个岗位很有学问，当时的我没能掌握门道。"

因为痛恨扒手，带着"天下无贼"的愿望，邓昱转岗到了反扒队。"进了这个行当，才知道原来扒手也是细分得很厉害，不同地区的扒手扒窃手法各有特色。比如，有的扒手割口袋很厉害，割起来快而且没声音；有的扒手喜欢成群结队相互壮胆，一起偷；还有的装备了摩托车，机动性强，逃起来也特别快；而上海的'老三毛'，经历了无数次打击之后，纵横上海滩的时代已经一去不复返，他们是出了名的谨慎、精明、难缠，为了摆脱跟踪，可以连续闲逛好几天，摆出一副'不出工'的假象迷惑我们反扒队员。"

邓昱说："当时扒窃案件年发案总数已经降到最高峰时的四成，剪窃金项链、长途车上盗窃这类团伙性犯罪基本上已经绝迹。然而，其他地区的扒手蜂拥而至，不同区域的扒手有了固定的活动区域，作案手段趋于多样化、智能化，作案成员呈现出25岁以下青少年多、惯犯多等特点。当时的扒窃案件也出现了一些共性特征，从受害人群来看，扒手的首选对象通常是那些喜爱随身携带现金或贵重电子产品且防范能力差的人群，一般包括女性、老人、旅客、上班族等；从发案场所来看，车站、商场、饭店和公交车这些人流集中的场所是高发点；从发案时间来看，上下班高峰期、节假日和春秋季节最集中。而我们的地铁和公交辖区，无论是从人群，还是场所或时间上，都是扒窃分子的首选，我们正处在反扒队员新老交替、反扒技能迭代升级的时期。可以说，我加入这支队伍的时候，正好赶在'猫鼠较量、不进则退'的关键期。"

"天下无贼"，是邓昱的心愿，也是陈峥、雷震、高天春……一代又一代反扒民警矢志不渝追求的目标，每代反扒民警都铆足了劲儿，撸起袖子加油干，脚踏实地，一步一步迈向成功。

距离目标已是一步之遥

"我们这一代反扒民警是离上海轨交无贼目标最近的一代。"陈建强如是说，"现在的轨交扒窃案件一年案发的总数只是以往日均案发的总数，而且在不断走低，法定节假日期间实现零发案，这放在以前是想也不敢想的。"

经历了这几年轨交区域扒窃类案件数量的断崖式下降，陈建强的双眸中更是流露出一股坚定的力量。真不容易呀！20条轨道交通线路，831公里运行里程，508座车站，超过1000万人次的日均客流，承载着上海逾90%公共交通出行客流量的超级大动脉，公里数和客流量均为世界第一的超级大动脉，扒窃案子几乎"清零"，反扒民警"没生意"，堪称世界奇迹！

"这世上没有容易的事，反扒更是如此。"陈建强用"苦累脏危"四个字概括了反扒工作的不易。

"苦，反扒主要集中在早晚高峰和周末，所以我们的工作时间段和家人的生活作息错开了，就像两条看似相交的线，其实在两个不同的平面上，偶尔的交点也就是半夜回到家，一个睡梦中一个睡意中彼此寒暄几句。

"累，当时满上海跑，七宝、莘庄、人民广场、广兰路、上海南站、上海火车站，前一个班忙到两三点刚睡下去，结果5点半就要起来继续工作，也就睡一两个小时。

"脏，有一部分违法犯罪嫌疑人是肺结核、甲肝、乙肝等传染病毒的携带者。在抓捕的时候，一定要做好防护措施，保护好自己，尽可能降低被传染的概率。

"危，就是有的扒手会做出狗急跳墙的行为。有一次，同事在控制嫌疑人时，手臂被重重地咬了一口，这个扒手当时喝过酒，所以劲特别大，第二天同事手臂上整个牙印和淤青清晰可见。"

问到哪个案子让他印象最深，"哦，那个案子我打电话打得耳朵都发烫了"。陈建强几乎没怎么考虑就说了出来。那是在2021年，他与一个姓华的老扒手"短兵相接"，连续盯了他两天，终于等到他作案。此人"技术精湛"，钱包偷出后迅速拿走里面1万多元，又把空包放了回去，立刻逃离现场，然后把钱存进银行卡。被抓时他两手一摊：不是我干的，除非你能证明这卡里的钱是偷的。面对挑衅，陈建强毫不退让。他连续调阅72小时的银行录像，走访全部取款市民40人次，获得过硬的证据，最终成功将这个老扒手逮捕起诉。

即使是乘客的一个报警求助，陈建强也拼尽全力，为人民群众挽回损失。2021年12月，邓女士从轨交金沙江路站上地铁，突然发现手机不见了，怀疑是上车时被盗，于是报警。陈建强带领同事迅速开展侦查，但反复查看公共视频还原邓女士进站上车过程，都没有发现可疑之处，也没有扒手出现在画面中，陈建强判断很可能是邓女士自己在车站不慎将手机遗失了。但他没有就此停手，而是通过对视频一帧帧寻找，最终发现邓女士匆忙上车的瞬间，一个黑影从她口袋滑落，掉入地铁道床。陈建强给邓女士打去电话，告知调查结果，安慰她不要着急。"等地铁运营结束后，我去帮你找回来。"邓女士在感谢信中说，民警耐心细致的宽慰"就像一束光，照亮了我布满阴霾的心"。

陈建强说，反扒民警为市民寻物看似"不务正业"，但在他们的心中，无论是破民生小案，还是为百姓解忧，只要能替群众挽回损失，就是践行自己的初心使命。

走进上海市公安局城市轨道和公交总队的大门，第一眼就能看到左手边的荣誉墙，上方是"全国工人先锋号""全国公安机关爱民模范集体""全国公安系统抗疫先进集体"等全国级的荣誉，下方则是6名获得全国性荣誉的先进典型。

这6人中，反扒民警就有4人。正是这支通常不穿警服的队伍，这些默默站在乘客身后的警察，为了实现"天下无贼"的愿望，前赴后继，勇往直前。

因为，他们时时刻刻将警服穿在心中。

金色记忆

王瑞芳：城市安全韧性的社区实践者

孙建伟

20世纪50年代末，一部喜剧电影《今天我休息》将千百个"天天为人民"的户籍民警凝聚成一个"马天民"，走进了千家万户。21世纪初，上海市公安局徐汇分局徐家汇派出所民警王瑞芳在他的警务区——南村，用一只保温杯敲开了居民的家门，从此开始了长达20年的守护，被辖区群众誉为"新时代的马天民"。今天，让我们走近王瑞芳和他的同事以及社区居民、居委会干部，看看他们如何用忠诚和智慧打造出一套卓有成效的治理样本，成为城市安全韧性社区实践者的典范。

话说多了，心就近了

2020年7月1日，恰逢党的生日，30岁出头的高轶梅从金山分局转岗到徐汇分局，干了七八年公安工作的她第一次被领到了社区民警的岗位上。这一天，她第一次见到她的师傅——王瑞芳。

半杯水进门的故事在徐家汇派出所是教科书般的存在。眼下，传说中的人就在身旁，高轶梅的好奇劲儿又上来了。王瑞芳眯着眼睛，拿着保温杯，朝高轶梅招招手："走，让你见识见识。"

拐到隔壁老吴家，还没进门，老吴就嚷嚷上了："哟，王警官，您这杯子可是好久没见了，我也不倒水了，天热，我去给您拿瓶水，小高也来一瓶吧！"王瑞芳嘿嘿笑着，对高轶梅说："就是这个老吴。当初我敲门，他一看是我，砰，立马关门。"老吴边摇头边摆手："惭愧惭愧！王警官可是好人啊，为我们办了多少好事！"

离开老吴家，师徒俩边走边唠嗑儿。

"很多人都认为警察上门就是这家人又犯啥事了。刚来南村的时候，要走访，对不起，外面谈吧，让我吃了数不清的闭门羹。"

"所以，师傅您就想出半杯水进门这招，下社区时带只保温杯，靠'借口'到居民家里倒点水，走进了门？"

"2000多户人家的大院子，治安能不能好，就看警民是不是一条心，可社区民警连居民家门都进不去，怎能走进大家的心里？进得了门，才能说上话，话说多了，心就近了。"

看着小高若有所思的神情，王瑞芳从兜里掏出一小袋饼干："家里做的，你尝尝。"

"师傅，您还会做点心啊？"

"哪有，是老太婆做的。"

高轶梅咬一口饼干。

"好吃吗？"

"甜得塞牙。"

"我怎么感觉一点都不甜啊。"

"哈哈哈！"

"我要找王瑞芳。"当高轶梅最初听到这几个字时，她的内心泛出一丝丝别样的感觉：既有对自己工作还没上手的沮丧，更有对师傅这个名头的服气。

2021年3月底的一天，居委会干部急匆匆地来到警务室，点名叫王瑞芳。正巧师傅不在，高轶梅跟着居委会干部赶到居委会，在那里见到了哭哭啼啼的张姐，便问："找王警官什么事啊，张姐？"张姐抬头一看，不是王瑞芳，别过脸去继续哭。高轶梅有点尴尬了，居委会干部在一旁解围："说是为了孩子上学的事，非要找王瑞芳。"

这个张姐，高轶梅其实是知道的。家里婆婆患有一级精神残疾，丈夫也犯过事，她是外来媳妇，怎么小孩上学有问题了？见张姐吞吞吐吐始终不大肯说，高轶梅明白张姐是信不过她，就告知她王瑞芳值班的时间，让她去派出所找。

果然，第二天，张姐就来到了徐家汇派出所，一见到王瑞芳，就吐出一口长气："见到王警官，事情就是有着落了。"

张姐拿出孩子幼升小的填表给王瑞芳看，王瑞芳拿过表格看了一眼说："这桩事体你怎么不早点和我说呢？"

张姐一家王瑞芳太熟悉了。早年她婆婆患有精神残疾，公公又常年在外务工，当时她老公还小，所以家里商定由婆婆的姐姐也就是姨婆过来相帮照顾，于是姨婆把户口迁入他们家并成为户主。张姐的丈夫长大后，娶妻生子，一家人生活总算安定些。但是，早先户口簿上把姨婆作为户主的隐患显现出来了——姨婆拒绝变更户主，因此张姐孩子的户口在户口簿上显示为非直系亲属。眼下，张姐的孩子到了上学的年龄，这个问题就凸显出来了。按照户口地址孩子是可以进张姐心仪的对口小学的，但是要求房屋产权人、租赁权人是直系亲属才有入学资格，而现在张姐一家户籍所在房屋是使用权房，租赁凭证上是她婆婆母亲的名字，户主则是姨婆。如果找不到原始租赁凭证，孩子与现户主属非直系亲属关系，那么孩子入学就受到了影响。

"你别急，我来帮你找找看。"王瑞芳一边安慰张姐，一边马上在派出所查找原始户籍档案，又去街道、物业找出房屋最初的调拨单和存档的原始租赁凭证。有了这两个证明，再去小学招生办咨询相关负责人，确认了张姐的孩子符合他们小学的入学条件。

高轶梅陪着师傅东奔西跑，也体会到了师傅这样"卖力"的心情："小高，这家婆婆有一级精神疾病，是精神疾病中最严重的一种，生活完全不能自理，蛮可怜的……况且，这件事本来就有案可查，把它办好才是社区民警应尽的职责。"

6月27日，孩子的小学录取通知书来了，欣喜不已的张姐第一时间把录取通知书用微信传给王瑞芳看，说："王警官，我们全家会一辈子记住您这个恩情的。"王瑞芳也高兴："谢啥，你们本来就是符合条件的，我只是帮你们'指指路'，查找到原始材料。不符合规定的事，我也不会办的。"

……

"要学会用两分法来看待事物和人。""要从社区治安的长远来考虑问题。""群众的幸福感是通过点点滴滴的实事来感受到的。""只要脚踏实地做事，就不怕别人说。"这些是师傅说过的话。用了整整一年，高轶梅把师傅看了个分明：外表看着有一股子狠劲的王瑞芳，其实内心非常柔软。他对群众的爱纯粹得不含任何功利，这么多年积累的各种资源都无条件地为群众开放。师傅心中有大爱！

扔来一把毛豆壳

南村，现如今被王瑞芳称为"我的第二个家"。可20多年前，这里的人不欢迎他。

2002年4月，当时的徐家汇派出所所长王志勇找到王瑞芳，想让他去南村当社区民警。此时，王瑞芳已经在所里做了一年多的网格警警长，对于南村，他是知道一些的。

南村的全称是南丹南村，居民习惯称它为南村。熟悉南村的人都知道，南村是徐汇区有名的"难村"。为什么称为"难村"呢？这需要追溯它的历史。南村虽然紧邻徐家汇商圈，却是一个被高楼大厦围起来的老旧小区。新中国成立前，外地来沪的一批批打工者在一片空地上盖起了一间间砖瓦房和草棚。20世纪90年代，所有住户回迁至政府改建公房。21世纪到来，周边高楼林立，南村依旧是一派旧容颜，聚众赌博、打架斗殴、违章搭建等各种乱象层出不穷，"110"警情居高不下。

所长拍着王瑞芳的肩膀问他怕不怕，王瑞芳回答道："我是党员，我怕啥？既然领导信任我，我接受这个挑战。我相信，只要功夫到位，天下没有管不好的小区！"

从来没认过输的王瑞芳给自己定下了三个目标：一是把治安搞上去，让南村治安面貌焕然一新；二是把脏乱差整顿好，彻底根除南村的落后面貌；三是提高南村的文明程度。

李容筛做了10年居委会工作。2002年，他认识了刚调过来的社区民警王瑞芳。

没人看好王瑞芳。觉得他是工厂出来的，不过是个巡警，既非警校科班出身，也不是转业军人，南村这么难弄，敢做社区民警，镇得住吗？管得了吗？最长干不过两年！大家都冷眼看笑话，看他能待几天。

李容筛对王瑞芳印象蛮好。王瑞芳不偷懒，积极主动，"山不就我我就山",真心做事,难得。他每天下社区,不是做样子,真的是去了解小区情况,但是,他能留多久,难说。

李容筛的"难说"不是瞎担心。王瑞芳在南村的第一次亮相就被人扔了一把毛豆壳。那个瞬间,王瑞芳一直记得清清楚楚。他和居委会治保主任站在居民楼的门洞前,好几个人在楼道口虎视眈眈地看着他们,其中还有张熟面孔,一个因参与赌博被王瑞芳抓过的人。

"这还了得,这是赤裸裸的挑衅。治保主任拉着我,示意我别和这些人一般见识。警察还能被'小混混'欺负?天底下哪有这种道理?这是要给我下马威啊,如果听之任之,以后我如何在此开展工作,正气又如何能抬头?!"

王瑞芳回忆,当时虽然怒不可遏,但还是努力控制住自己的情绪。他正色道:"哪个扔的?给我站出来!"那几个人,我看着你,你看着我,就是不承认。看热闹的居民越聚越多,王瑞芳意识到,这是一次很好的亮相机会,顺势介绍起了自己:"我叫王瑞芳,是新来的社区民警。你们这几个人给我记住了,我就是来给你们立规矩的!"那几个"小混混"一下子被镇住了,低着头,不敢出声。见没好戏看了,围观群众也渐渐散去。

这就是王瑞芳压根儿没有想到的他在社区的第一次亮相,有点仓促,也有点与众不同。

李容筛提起南村当年的样子就摇头,脏、乱、差。就拿一件事情来说,有一年环境整治,要三年大变样,从治理垃圾开始,小区建筑垃圾堆成山,5吨卡车运了几十趟;清完后,改造垃圾桶,原来的铁桶要扔:漏水、易腐蚀,到处堆放,污水横流,苍蝇乱飞,野猫野狗老鼠蟑螂到处跑,臭气熏天。在区政府支持下,居委会准备将垃圾桶移进库房。

本来是一件好事,偏偏垃圾房刚砌起来没多高,就被推倒了,再砌,又被扒拉掉了,扒墙的人么,也找不到。

李容筛也急,除了居委会层面,自己亲朋好友多,一家门亲眷去左邻右舍做思想工作,但这事磨破嘴皮也没人搭理,反正大家就是不肯改变,宁愿维持现状。一来二去的,砌墙工人也不肯干了。计划搁浅,他急得团团转。

李容筛发愁叹气:干点好事,咋这么难?

那时候，王瑞芳刚来不久，他二话不说，直接开了辆警车守在新建的垃圾房那里，24小时亮着警灯，人往旁边一站。没多久，垃圾房就建成了，成为上海市第一个改造好的垃圾站。

李容筛不禁竖大拇指，王瑞芳有胆识，不仅肯做，还敢做！

自此之后，小区环境逐步好起来了。

相处久了，慢慢地，李容筛发现：王瑞芳会做，蛮讲究工作方法。作为党员，他扎根社区，深入群众，为老百姓做事，几个字讲讲不起眼，他做到位了。每天，王瑞芳不是在居民家里，就是在去居民家的路上，要么就是在参与居民纠纷的调解，小区每个犄角旮旯都不落下，还用方言走近居民，对居民情况摸得煞煞清。得知这家人什么性子，和谁有矛盾，有无隐患，及早发现；又有哪些难处，热心相帮。用真心打动居民，和居民打成一片。

自从小区来了王瑞芳，小区赌场"冲"干净了，连网上赌博百家乐也杜绝了，小区污糟事少了，"小混混"不见了，环境好了，规矩有了，李容筛赞不绝口。他说，王瑞芳做社区民警，可帮了居委会的大忙。两人合作愉快，直到退休。

以前说起南村大家觉得自卑，现在提起南村言语中满是油然而生的自豪。一届届居委会称赞，王瑞芳功不可没，这是他一点一滴踏实做出来的，一针一线如绣花般织补出来的。

南村变好了，王瑞芳变老了。

进社区"治未病"

社区工作，烦琐细小，家长里短邻里冲突，都是小事。王瑞芳说，群众无小事，不是说"治未病"吗？就是动态隐患清零，棘手事一一处理，芝麻绿豆的事也放心上。小事处理好了，就不会酿成大事。处理也不是一味和稀泥、拉偏架，得是非分明，该硬的硬，能帮的帮，处理公正、铁面无私，矛盾才能真正化解，小区自然平安无事。

居委会皮美芳主任和王瑞芳搭档最久，在处理治安纠纷方面两人多年分工合作，配合默契，连街道法律顾问都省了。王瑞芳是硬汉，脾气急，常拂袖而去，再转一圈回来。皮主任笑说，老王做事，会下功夫，有韧劲。

且说有一年的最后一天，12月31号，居委会冲进4个醉汉，要求调解经济纠纷。

原来两天前，12月29日，居委会接到一个陌生男子来电。男子姓李，声称南村孙女士借他钱，还有3万多元没还，他手里有借据，要求居委会调解。

调解主任老程在电话里告知了对方关于调解工作的有关程序和事项，并留了对方电话号码。接下来，居委会皮主任登门孙女士家中，说明来意，了解情况。孙女士也不否认借款事由，说她和姓李这人的妻子是好姐妹。当初借了钱，不过这些年来陆续还钱，还得差不多了，只剩下不到2000元，哪有3万元？这不是讹人吗？并说自己手里也有证据证明自己已经还钱，拒绝了调解要求。因为觉得占理，孙女士态度也非常强硬。

居民调解，秉承自愿原则，若一方不肯接受调解，只能上法院提起诉讼。何况两人所说欠款数额差距太大，只得作罢。第二天一早，老程打电话给这个姓李的男子，说孙女士拒绝，无法调解，请他通过其他法律途径解决。

对这种官方正式答复，这个老李当即表示，不能理解和接受。

一般来说，经济纠纷，民警要回避，原则上不能插手。但是，事态很快升级。

这天下午，老李一行4名中年男子，面孔红通通的，带着满身酒气，醉醺醺地闯入已平静多年的居委会。或许是酒精作用，他们都情绪激动，特别是老李，一边拍着台子一边大声叫喊："长桥那边儿子杀娘的案子晓得伐？我就是这个小囡的爷（爸爸）、死脱格娘的老公！"

"我反正已经家破人亡了，不还钞票，我要杀人咯！"

一听杀人，大家吓一跳。不明就里的调解主任老程刚出来接待，就被老李胡乱大力挥舞的手指甲划破了鼻子，当即血流不止，现场一片混乱。

皮主任赶紧打电话给王瑞芳，王瑞芳急忙赶来"镇场子"。

一身制服、凛然正气的王瑞芳喝止这些人："到居委会无理取闹是吧？想解决啥问题好好说，怎么动手动脚的，把居委会干部划伤？是不是太过分了！"一边查看老程伤势，还好不严重，一边继续批评教育4人。

醉汉们看到警察，酒也吓醒了一半，抬头定定地看着王瑞芳。有人发现王瑞芳面孔有点熟，经提醒，这个老李叫了起来："警官，我好像在哪里见过你。"细问之下，原来还是熟人，当年王瑞芳在长桥做巡警，把一帮不守规矩的人治得服服帖帖，市场井然有序，摊贩都认识他，老李正是当年该市场的摊贩之一。

"阿哥，原来你到这里来啦。当年只要你一出现，无证摊贩、流浪乞讨的马上都逃得远远的。"

"原来是你，我记得你当时孩子好像还小呢。"旧识相见，气氛一下缓和下来。

接下来，王瑞芳对老李作出了批评教育，先指出他的错误，不该耍酒疯，更不该打人，叫他向调解主任道歉，并保证以后绝不再犯。老程也好说话："还好，就划破点皮，小事情，下次注意点。"

"好了，在这里吵闹会影响居委会正常工作，叫其他无关的人都回去吧，你跟我一起到警务室聊聊。"王瑞芳将醉汉们请出了居委会。打发走其他3人，老李随王瑞芳到了警务室，拉起了家常，聊天勾起当年回忆，这人非常懊悔："王警官，我现在是里子面子都没了，当年真不该对小囡太宠。"王瑞芳这才知道整个事情的原委。老李家中突遭变故，好不容易遇到个知心人，有着满腹的话，被安抚后就把这起纠纷经过向王瑞芳一一道来。

10年前，老李妻子的小姐妹孙女士下海经商，向老李妻子借了20多万元，口头约定了高于银行利率的利息，但由于经营不善，最终血本无归。之后这些年，孙女士一直用自己的工资陆陆续续地还钱，目前还差3万多元没还。可不久前老李儿子犯事，妻子不幸亡故，家也被火烧了，一下子家破人亡，对他来说是晴天霹雳，整个人失魂落魄，现在办事又要用钱，哪里有？想到这笔欠款，可又如何寻得着借条？他心灰意懒，怕对方赖账不还，又觉得居委会偏袒对方，故而闹到了南村居委会。

王瑞芳安慰他："你这个借贷纠纷我会进一步了解的。相信我，3个工作日后肯定给你答复，但像今天动手打人的事不能再发生了。答应我，下次再来调解，不准喝酒，也不准叫那么多不讲理的人来。"老李连忙点头答应下来。

事情眼看好办了，没料到又是一波三折。

接下来几天，王瑞芳带着居委会干部对孙女士进行了走访，孙女士却并不买账，还当场打电话投诉他。"你一个民警，管什么经济纠纷？不该你管的！还款我有证据，就是不愿接受调解，要么上法院。"

这下尴尬了。怎么办？大家面面相觑，能做的都做了，人家不配合，还投诉你，仁至义尽，随她去吧。

王瑞芳却不答应，这事应该管，还要管到底。

为什么？

作为警察，他当然知道不能涉足经济纠纷，但正是因为做警察，了解的恶性案件多，他认为这并不是一起简单的经济纠纷，背后藏着巨大的安全隐患。

3天时间眼看要到了。

王瑞芳对老程说，你让他不来他就不来了？再找上门来你还得接待。而且这人现在情绪不稳定，一旦觉得走投无路，后果不堪设想，激情杀人的事情不少的，听这话大家不由得点头称是。

于是皮主任再次上门做工作，把王瑞芳的这番提醒转述给了孙女士。闻言细思，孙女士第二天一早便主动和王瑞芳见面。

王瑞芳说，我知道你是还了钱的，否则一开始也不会承认，但还了多少，不拿证据出来，别人怎么信？

孙女士道，虽然创业没成功，但一直在还钱，自己讲信誉，这些年和姐姐两人的工资卡一分没动，全部用在还账上了，都是从银行走流水的，直接打到小姐妹卡上，还爽快地拿出银行的单子来。王瑞芳看完，有数了，还欠1500元。

那我理解你为什么不肯见这个人了，是因为你觉得麻烦，但是你有没有想过，如果不进行调解，有可能会更麻烦。

孙女士表示不服：我有理，我怕啥？

王瑞芳抽丝剥茧，一一道来，你们两家本来也算认识，他遭遇变故，现在光棍一条，心情也差，他现在说你欠3万元，没说你欠20万元，说明不是要真的讹你，只是大家在数字上碰不拢，这个反正你有证据，也可以谈。但是如果你态度过于强硬，非要上法院，朋友肯定做不了，还变仇人、结冤家，而且诉讼时间长、变数多。设身处地想一下，如果你是他，现在什么心情？万一哪天想不开，冲动之下，一不小心，吃饱老酒真拿把菜刀冲过来，那时候你怎么办？值不值？

孙女士这才意识到问题的严重性，不禁犹豫了，好像是不值，要么谈谈？不过王瑞芳要在旁边的。

王瑞芳趁热打铁，3天后，居委会的调解室里，在王瑞芳、老程的主持下，双方终于进入调解阶段。

这个时候，两个人在调解室又发生了争执。总共还了多少钱现在没异议，但老李坚称当年说好的利息没给，还要加上利息部分，但他又不能提供相应证据，孙女士则坚称还款里包括利息部分，但也拿不出相关证据。

"单靠这张借条，约定不明，法院也认定不了你们说的数额。"王瑞芳对两人进行了普法教育，并告诉他们民间借贷利息的相关法律规定和口头约定的法律效力问题，"有约定从约定，无约定从法定"。坐下来算了一下利息，也就1000元出头，孙女士已能接受王瑞芳算的这笔账，老李对王瑞芳也很买账，最终双方握手言和，同意以3000元作为最终款，了结这一借贷引起的经济纠纷，并当场在调解书上签字。当然，作为警察，调解书上并没有王瑞芳的名字。

前前后后整整10天，一场不依不饶的纠纷就此结束，一起潜在的危机妥善化解。

大家都说，王瑞芳办事有原则，又很灵活，大处着眼，小处着手。王瑞芳说，凡事都要按规定，可是，生套硬搬肯定会出事。

比自家人还操心

平安志愿者王阿婆今年74岁，在南村出生，在南村长大，后来又嫁给了南村人。可以说，74年来，王阿婆从未离开过南村，对南村的情感早已融入了血脉。

在王阿婆眼里，社区民警王瑞芳是"马天民""老娘舅""守护神"，更是居民心中有责任心和担当精神的"大家长"。居民看到王瑞芳，就像对自己家里人一样，什么事搞不定了，什么事摆不平了，什么事想不通了，第一反应就是找王警官，叫王警官拿个主意，听王警官的没错。王警官给居民办事，总是比阿拉屋里厢（沪语，指家里）的人还操心。

要说居民是什么时候认下这个"大家长"的，王阿婆讲，这要从办理老五家的事说起。

南村有个叫老五的居民，命苦，哥哥和母亲都死于脑出血，他和老婆没工作，吃低保，带着老父亲和养子一起生活。老五在南村开着一个棋牌室，其实是江湖兄弟的聚会场所，还涉嫌赌博，搞得乌烟瘴气。邻居不敢声响，悄悄向王瑞芳投诉。

王瑞芳观察过老五，一身江湖做派，逞强斗狠，但这样一个狠角色，也有搞不定的事。这些年，老五因为养子报户口的事犯难，心里一直憋着口气。那天王瑞芳上门对老五说："你这个棋牌室涉嫌赌博，还扰乱周围居民生活，我劝你早点关掉。"老五一听就炸了："凭什么让我关？你说我涉赌，来抓我好了。"他把王瑞芳当"出气筒"了。王瑞芳厉声制止了他："你吵什么？你这个棋牌室，群众举报多次。我劝你自己关，是给你主动的机会。想要我来抓你，好啊，你现在就跟我走。"

后来，老五虽然关了棋牌室，但心里对王瑞芳还是有怨气。可这怨气，不久就让真心帮他的王瑞芳给化解了。

原因是老五家遭了大难，他老父亲抽烟引发火灾，把家烧个精光不说，还搭上了自己的一条命。悲痛的老五整个人都呆掉了，根本不知道怎样料理父亲的后事。刚听闻火情王瑞芳就来了，配合消防人员灭火，将伤者送医院抢救，安排转移受火灾影响的居民。他还多方联系，为受灾最严重的老五家解决了临时住处。最让人没想到的是，王瑞芳腾出了警务室为老五父亲设灵堂，组织居民替老五料理了他父亲的后事。这件事让老五感激涕零，逢人就夸王瑞芳是把南村当成了自己家。从此，老五和南村人认下了王瑞芳这个"大家长"，对他的人品和能力开始刮目相看。

处理完老五父亲的后事，王瑞芳没有忘记老五一直向他提到的养子报户口的事。王瑞芳四处奔走，从居委会、街道、民政局了解当年领养情况，去孩子出生地进行调查……有人问王瑞芳：老五那样的人，你帮他是为了啥？王瑞芳说，这是老五的操心事、烦心事、揪心事，如果符合政策，我必须想办法尽力争取。

这事有了眉目后，王瑞芳立即告诉老五准备好材料，按规定马上去办理。老五拿到写上了养子名字的户口簿时，激动得要给王瑞芳下跪。王瑞芳马上制止说，现在不兴这一套，你的心病解决了，我以后睡觉也睡得安稳了。

这是王瑞芳的行事风格，执法必严，不打折扣，却让居民处处感受到他的温情。他说，也许就是因为这个，所里才把他安排到南村这个出名难管的地方来。他说，居民的事只要合法合理，该办就办，并且要全心全意去办。这样南村人的获得感、幸福感、安全感才会不断提升。

王阿婆感慨地说，一个社区民警能为老百姓的事这么上心，这让我们南村人怎么不从心里敬佩他？

前些年，居民听说他们的"大家长"王瑞芳快要退休了，一下子好像失去了主心骨，碰到他就说，王警官你晚两年退休吧，南村需要你呀。老王脸上也流露着对南村的不舍，但总是悄悄告诉南村居民，即使我退休了，还是一个老党员么。南村有事找我，只要我能帮，还是会帮的。

果然，王瑞芳没有食言。2021年9月，以王瑞芳名字命名的警务室设置在了南村。退休后的王瑞芳仍然留在了警务室，他说："坚守在南村的20年，经历了风雨，踏平了坎坷，当年接管南村立下的三个目标也基本实现了。对我来说，下一个目标就是精心传帮带，培养出更多的新时代'马天民'，用忠诚和担当擦亮人民至上的底色，继续做人民群众的守护者，当好人民群众的知心人。"

金色记忆

寒风中，"二十条好汉"登上小洋山岛

孙建伟

一个历年罕见的高温天里，笔者前往位于临港新城的上海市公安局边防和港航分局洋山公安处，采访第一批踏上小洋山岛执法的几位民警：洋山公安处副处长杨震、综合办公室主任卢松、治安大队民警谷皡，以及曾任上海港公安局洋山分局交警大队大桥检查站站长、上海市五一劳动奖章获得者陆志明和曾任上海港公安局洋山分局综合办公室主任戴卫民。

随着他们的回忆，笔者又见到了一只印有"上海港公安局"字样的搪瓷杯，这就是当年刚刚成立的洋山分局里民警使用的水杯。这只不起眼的搪瓷杯见证了洋山分局从无到有的艰辛历程，也带笔者走进了20年前那段火热与奋进的岁月。

2002年，按照党中央、国务院建设上海国际航运中心的战略决策，上海市委、市政府选定在小洋山岛建设洋山深水港，当时的国家计委也明确将洋山深水港的港政、船政和口岸一并纳入上海市政府管辖范围，由上海市统一管理。同年6月，洋山深水港工程开工，施工队伍陆续进入岛上陆地区域，曾经沉寂无声的海岛顿时人声鼎沸。

2003年八九月，经上海市政府与交通部协调，公安部、交通部批复同意设立上海港公安局洋山分局，负责洋山深水港区陆域和水域、东海大桥和港城物流园区的治安管理。同年11月18日，洋山分局完成组建，正式挂牌运作。同日，隆重而简朴的揭牌仪式在小洋山岛举行。上海港口管理局、上海港公安局以及洋山深水港指挥部等七个项目部领导参加了揭牌仪式。

这是一个环环相扣、卯榫相接的工作节奏。对于刚刚建立并将担负起重大使命的洋山分局来说，是一项开天辟地的事业，也是一项深刻影响未来的历史性挑战。

第一代公安守岛人

时任上海港公安局局长邵建和向第一批进驻小洋山岛的 20 位民警明确了洋山分局的职能，强调公安工作要服务港口建设发展，全心全意为洋山深水港建设创造良好治安环境，并提供 24 小时全天候治安服务和安全保障。

挂牌仪式后，20 位民警即刻在岛上开展工作，正式实施对洋山深水港建设工地的治安管理。

第一批登上小洋山岛的 20 位驻岛民警，被同事们亲切地称为"洋山 20 条好汉"，他们不负韶华，率先踏上了这片建设热土。他们来自上海港公安局所辖各队所，为了一个共同的目标，来到小洋山岛。

儿子刚一岁的杨震、刚结婚的卢松，还有陆志明、戴卫民、谷皞等前后脚接到电话，让他们到洋山分局报到，他们跟家里打了个招呼，二话不说就来了。关于洋山深水港开发，他们听到一些，也知道一些，但仅此而已，就是没想到自己要到这个陌生又隔着海水的岛上去工作。

听了上港集团有关领导和邵局长的介绍，他们才意识到，上岛执法的艰巨性远超出他们原先对小洋山岛的肤浅的认识，甚至要有"被人家赶下来"的心理准备。上了岛，眼前的情景立刻把曾经的"海岛概念"颠覆了。1.4 平方千米的岛上，一眼望去，都是大自然造化的裸岩秃石。山峦奇峻，记录着风暴和岁月的侵蚀。勉强可以称为平地的，就是村委会门前的半个篮球场。再就是依山而筑、面朝大海的石砌住屋。耳朵里灌进的全是轰轰隆隆的施工机械的巨大声响，鼻腔里充斥着饱满的咸腥味，喉咙紧涩，五官感知着前所未有的撞击。此时正是"吹沙填海"的初始阶段，视野中漫天迷茫，沙土蔽日。上了小洋山岛，才知道小洋山岛是怎么回事。这既是一个海岛，又是一个热火朝天的施工现场。稍稍迟疑了一会，好汉

金色记忆

们相视而笑，是以苦为乐的笑，大家都生出同样的感觉：我们来打天下了。一点不错，这是上海公安民警为保障国家重大战略开山引道、筚路蓝缕的壮举。

他们在一间曾是动迁岛民的自建屋里安顿下来，这里就是洋山分局第一个办公地点，至今卢松还记着它的地名和地址——双南村42号，住宿则在隔壁的38号。办公是最简易的，住宿当然也是最简易的。海风嗖嗖地在没有玻璃窗的房子里流窜，他们品尝了小洋山岛初冬深夜的气息，寒冷彻骨。刚洗完澡的杨震簌簌发抖，大家哈哈笑着叫他原地起跳取暖，权当警体训练了。他们还不知道，洗澡洗到一半断水会时不时跟他们开个尴尬的玩笑。

杨震的一段话勾起了他们对上岛第一个夜晚的记忆：大家你看我、我看你，一点睡意都没有，一切都十分茫然。这才刚刚开始，接下来我们如何开展工作呢？大家议论了好久，归结起来，生活和工作两方面的挑战都不容回避：生活上的困难是明摆着的，这里的生活环境与上海市区有天壤之别，而情况的急迫，连磨合期都不可能给我们；工作上没有任何可供参考的经验做法，我们将会遇到前所未有的困难，怎么在陌生的工作环境打开工作模式？不论多少难题，不论多少未知因素，唯一可以确定的是，从登岛这一天起，我们就必须在小洋山岛坚守下去，迅速在岛上开展治安、刑侦、消防、交通等各项业务。

"千里之行始于足下"，一切从"走路"开始，包括海路和山路。

卢松说，20位民警平均年龄30岁出头，根本没想到上岛之后的头一桩事竟然是重学"走路"。

充满惊险的海路给全无经验的好汉们来了个"下马威"。

一周轮班的上班日子是这样开启的。天刚蒙蒙亮，一辆通勤车把住在市区各处的当班民警集中起来，捎带好一周的上岛食物和生活必需品，向距离市区两个小时以上车程的小洋山岛方向驶去。先乘坐"永兴轮"到达大洋山岛，再乘坐"洋渡一号"到小洋山岛。抵达办公地点，已是中午时分了。这是正常情况。但也会出现意外，如票卖完了、突然有事耽搁了，那就得经受类似"跑单帮"的历险考验了。不少民警都遭遇过险情。

有一次谷皞没买到票，只好搭乘一艘小型工程船。行驶中，船体因为风浪突然倾斜，他也随着摇晃，最厉害的时候，船体过了吃水线。无论是巨轮还是小船，吃水线都被视为"生命线"。这一刻他伸手就能碰到海水，顿时浑身冷汗直冒。戴卫民也搭乘过小渔船，"邂逅"过小船在涌浪中上下颠簸几乎翻转，简直心惊肉跳，而且由于渔船太小，靠不上客运码头，下船的时候只好靠在乱石浅滩上，若没有熟悉的老船工、老乘客指点，一脚踩空就会遭遇危险。某个小年夜，陆志明等3人因工作耽搁，离岛时只搭乘到了渔船。渔船行驶不稳，陆志明晕船晕得厉害，连眼睛都不能睁一下。正值寒潮，涌浪不时地把船推高再猛地砸下，就像腾云驾雾。卢松趴在船上，一路呕吐不止，那一天，他们离不测只有咫尺之遥。这样的经历在20位登岛民警的记忆库里永远深藏着。

海上有路，山中无路。

岛上没有交通定义上的路，所谓的"走路"就是爬山，不断地上山和下山。想要去的地方瞧着不远，但脚下没有人走过的痕迹，四下里找，直的没有，绕弯的也没有。一早出去工作，民警们要翻越巨石垒成的山峦，行走在崎岖的山石之间，等走到目的地，大半天已经过去了，回到局里通常已接近傍晚。卢松说，有一次我们3个人试探着抄近路，钻进一个开凿不久的山洞，走着走着没了方向，手机也快没电了，终于前面出现了一点亮光。这一个多小时的山洞探路，让我们感到惊险又后怕。万一发生灾害事件，就可能陷在里面。还有一次，卢松一脚陷进一片沼泽，淤泥一下子没到了膝盖，如果周围没人，整个人就可能陷进去。20条好汉用他们的双脚丈量着洋山深水港建设工地，在大城市难以体会的艰苦中进行着他们的"探险娱乐"。担惊受怕之后，大家还是相互打趣，不就是因为有困难我们才来的吗，再说这里依山傍水，对身体多好。

这就是一群忠诚于公安事业的精神富有者、一群为国家战略实现竭尽心力的无私奉献者的信念。

一个月后，洋山分局搬离最初的过渡办公点，岛上原来的卫生院挂上了洋山分局的牌子。门前有两条早先开凿的短短的山道，被民警戏称为小洋山岛"南京路""淮海路"。分局有了第一台电脑，第一辆警车，加上一个篮球架，一台电视机，一台洗衣机，算是有点样子了，但很少有动用警车的机会，因为山道上根本开不了，出门检查、办案还得靠两条腿。

从山间小道到凹凸不平的施工现场，刚被一层汗水浸湿，很快又被海岛特有的大风凝结成冰冷的"肌肤之亲"，接着继续漫山遍野深一脚浅一脚地走,再化成汗水。晴天灰、雨天泥,对民警来说已是常态。一双工作鞋,一般一个月就报废了,这是最大的警用物资损耗。

两条腿走出来的"洋山公安精神"

乘风破浪,翻山越岭,身心疲倦却不作停留。召之即战、忠诚履职,用双腿丈量每一寸热土。杨震说,第一周我们每天连轴转,像打了鸡血一样,没办法,心里着急啊!民警登岛后的第一周,也是最关键的一周。第一代公安守岛人靠着两条腿,实打实地逢山开路,仅用一周就摸清了岛上情况,接下来的工作,桩桩件件,果敢迅速,有条不紊,让岛上的人们见识了洋山公安的速度与力度。

第一桩,排摸底数。民警们从规范人口管理开始,着手摸清小洋山岛上施工区域各标段施工单位及下属分包单位的人员结构、内部安全防范措施、施工进度等。排摸的结果令人担忧,各施工单位的内保工作流于形式,绝大部分还没排入工作日程。3200余名各路施工人员居住无序,施工现场人员交叉,治安情况复杂。

紧接着,巡查促改。他们从施工单位抽调出9名联防队员,经短暂的业务培训后,带着他们到施工单位挨个检查,查出无上岛工作证人员83名,查获违反消防安全规定单位8个、违章行为17起。对在检查中发现的问题,民警列出了按期整改时间表,督促整改。与此同时,各施工单位和施工人员的临时居住地也纷纷贴上了"人民公安为人民""有困难找民警"的标识,公开了洋山分局临时办公地址、报警电话。

接下来,织网补漏。岛上有加油点、发电站、小卖部50余个,车辆140余台,工作船40余艘,废旧物资收购站、银行和信用社各一家,这些"点"均被纳入治安防控网络。海岛上码头众多,施工区域内就有客运码头、工作船码头、简易码头、油码头及临时码头17座,分属各施工项目单位,另有临时靠泊的滩涂和堤坝六大块,这些是施工区域人员出入的通道,也是一道极为重要的治安防线。守好这条"线"就等于扎紧了守岛的"篱笆"。很快,在民警的巧手下,这些"点""线"织成了一张严密的治安防控网。

短短一周,马不停蹄,紧锣密鼓。该查的查,该补的补,该整改的整改。民警很快就摸清了底数,掌控了局面,站稳了脚跟,还建立起了治保会、联防队、义务消防队等施工区域内部安保组织，有针对性地开展了培训。

在此基础上，民警还会同建设指挥部在深水港工地区域推行了"两项制度"和"三证管理"。"两项制度"即在建港区建设单位管理的每月安全例会制度和每季度综治工作例会制度。"三证管理"即针对在建港区人员"驻岛证"的管理，以及加强对流动机械和作业车辆管理的"流动机械许可证"和"车辆通行证"审核管理。实施期间，民警们共办理了"驻岛证"13307张，"流动机械许可证"和"车辆通行证"831张。

鲁迅名言：世上本没有路，走的人多了，也便成了路。套用一下就是，岛上本没有路，走的民警多了，也便成了路。在这座没有路的岛上，20位民警以坚定的守岛意志和强烈的责任心，硬生生地踏出了一条平安之路，创造了"洋山公安精神"。

洋山民警的执法声威

2003年12月1日，民警上岛才两周，一家汽运公司职工报案称放在宿舍里的价值1200元的手机被盗。接报后，民警缜密侦查，仅用3小时便侦破案件，抓获犯罪嫌疑人。

第二天下午，民警在例行检查中发现一家公司在其小洋山岛临时码头上放着捆扎成堆的废旧钢筋，却无人看管。这引起了民警的警觉，随即展开调查，但未发现线索，于是民警决定守候伏击。半小时后，两个男青年探头探脑地朝废钢筋堆走来，四处张望后开始搬运。民警立即上前询问二人是否有上岛工作证，这是哪家单位的钢筋。两人支支吾吾说不清楚，随后被带回分局。很快，这两个无业人员交代了他们以1500元收购他人偷窃的3吨废旧钢筋的犯罪事实。

2004年2月，洋山分局接嵊泗电信局大洋山支局报案，该单位架设在小洋山岛12号楼顶上包括主机、发射天线及支架在内的价值数万元的通信基站设备被盗。接报后，分局迅速展开侦查，很快锁定了一名犯罪嫌疑人，他说家里电视机天线坏了，以为发射天线可以代用就顺手取走了。民警当场缴获全部被盗赃物。

2005年6月，一个工地发生一起故意伤害案。犯罪嫌疑人作案后逃逸。民警即刻将受害人送往医院救治，同时封锁所有码头，船只停航，伏击守候，并向相关单位发出协查通知。由于措施采取得迅速，犯罪嫌疑人来不及跑路，在岛上又无藏身之所，待到案发第二天上午只好向洋山分局自首。

民警连续快侦快破关系人身安全和公私财物的案件，既震慑了违法犯罪，极大地增强了广大施工人员的安全感，也打出了洋山分局的声威，在岛上引起良好反响。

除了侦查破案，民警还要及时化解不规范用工、意外事故、利益冲突等带来的不安定因素和隐患。

有一次，一工程项目部在爆破过程中违章野蛮施工，爆破后的飞石砸破了另一家公司基地的 18 间临时房。虽未伤及人员，但该公司 30 余名工人情绪十分激动，冲到肇事的项目部讨要说法。民警接报后，一路山地跋涉赶赴现场劝阻，到场时，双方七八十人对峙，手执棍棒，互不相让。民警凭着头上顶着的警徽和身上穿着的庄严的制服，一身正气地横亘在双方中间，愣是镇住了场面，等双方都平静下来，民警向他们宣讲法律常识，动之以情，晓之以理，最终在双方单位的配合下妥善解决了纠纷。

就在此事发生的第二天，一家水利建筑公司临时招用的 31 名工人嚷嚷着要找公司算账。原来，他们被公司招上岛后，在没有安排任何工作的情况下被公司劝离，工人们觉得自己上当受骗了，十分不满，要找该公司算账。民警接报后立即赶到现场，一边安抚工人，一边了解情况。经调查，纠纷的起因在于公司招工不规范。经民警调解，违规公司承认了错误并向工人支付了路费。

在调处岛上纠纷的过程中，民警们始终秉公执法、不偏不倚，调处结果令当事各方都感到满意，并表示"警察文明执法，以理服人，我们从心里服帖"。

防火整改没商量

洋山深水港区建设需要大量爆破作业，消防监管是一项发现和消除火情隐患非常重要的工作，容不得半点差池。

上岛后第二周，也就是 2003 年 12 月 2 日，民警来到洋山深水港区炸药存量最大的一家公司仓库检查，发现这个存放着 15 吨炸药、约 1 万枚雷管、近 2 万米爆破引线的仓库管理问题明显，民警当场提出了整改意见。当日下午，民警再次回访，却看到了更加令人惊骇的一幕，炸药库围墙内竟有 12 人聚在一起吸烟闲聊，民警当即封闭了炸药库，禁止一切无关人员出入，责令项目部负责人立即整改。在民警的督促下，该项目部连夜召开紧急会议，落实安全整改措施，健全"五双"制度。第二天又召开现场涉爆管理人员会议，对 12 名在炸药库围墙内吸烟人员依规予以处罚。

经过这次整改，该公司的安全管理意识明显增强。同月中旬，该公司向民警报告第二天将有 27 吨炸药入库，船运到小洋山岛客运码头，请求民警现场检查监督。炸药到达当日早上，4 位民警在码头现场设置警戒线，驱散无关船只和人员。在检查现场装卸设备及装载车辆过程中，民警及时发现部分运输车辆未携带火星熄灭器，当即责令整改，为炸药运送提供了安全的装卸环境。船舶停靠后，民警上船查验相关人员的证件及"爆破物品购买证""爆破物品运输证"等手续，确认无误后许可接卸。3 小时后，24 吨炸药安全运送到爆破现场，3 吨安全入库。

上岛一个多月，民警们共监管爆炸物品接卸上岛 9 次，接卸各类炸药 330 余吨、雷管 6.3 万枚、导爆管 2 万米、导火索 3000 米。

然而，冰冻三尺非一日之寒。岛上仍有不少施工单位存在消防安全意识淡薄的问题。例如，民警竟然在一家施工单位的人员宿舍内查获了 216 公斤炸药、100 枚雷管、100 米导爆管及导火索等爆炸易燃物。更令人咋舌的是，被查获时，操作人员竟然在屋内加工雷管。另一家施工单位存放危险品的仓库距离该施工人员宿舍不足百米，民警要求整改，但项目负责人以工期节点紧迫为由敷衍搪塞。民警立即将情况向建设指挥部通报。在民警的坚持下，该公司在仓库与宿舍之间建起了一道防爆墙。

严峻的现实警醒着 20 位公安守岛人，他们知道，要守住这个举世瞩目的大工地不出事，尤其是不发生重大火灾和爆炸事故，就必须使"消防规定"这四个字入脑、入耳、入心。于是，他们一方面主动上门组织特殊工种人员开展消防安全培训，另一方面通过组建义务消防队来提升相关单位的消防安全意识和防火、灭火能力。在他们的努力下，到 2003 年 12 月中旬，共组建义务消防队 22 支，有义务消防员 220 名，配置灭火器材 600 件，大大增加了岛上的消防安全系数。

虽然消防做到位，火情和爆破可控，但自然和人为引发的山火往往不期而至，让人防不胜防。

2004年1月中旬，民警针对海岛地理环境和初春时节气候干燥容易引发山火的特点，在岛上组织了在建港区首次义务消防灭火演练。2月上旬，岛上观音山倚剑峰北侧山坡发生火灾。民警立即组织义务消防员和部分工人80余人携带灭火器、铁锹等简易灭火工具上山扑救。这次成功扑救既是对义务消防队的一次实战考验，也是对上岛民警组建火灾预警机制的检验。那段时间，岛上先后发生4起山火，均在民警的指挥下，由距离山火发生地点最近的义务消防队及时出击，扑救成功。

危难之时显身手

小岛，一年之中有三分之一的时间在刮大风，也因此滋生出不少安全隐患。2003年12月中旬，大洋山岛与小洋山岛之间的轮渡因风高浪急停航数日，待到21日，滞留在小洋山岛渡口码头的乘客已有150多名。7点50分，载客量50人的"洋渡一号"抵达，船尚未停稳，乘客也还未登岸，码头上的待渡人员就迫不及待地一拥而上，有人甚至跳跨上船，上下船客流对冲，老人和儿童被夹在拥挤的人群中不知所措。此时渡船已超载，靠岸一边的船体发生倾斜，船覆人亡的悲剧随时可能发生。正在码头附近巡查的民警发现情况后不顾个人安危冲进人群控制局面，增援警力随后赶到，果断拦阻人员继续上船，并劝离已超载上船的乘客，"洋渡一号"安全驶离后，民警又积极联系大洋山岛增派渡轮，转运滞留人员。由于处置及时，一场险情被及时化解。

平时尚且如此，遇到台风天，民警就更忙了。

2004年8月中旬，强热带风暴"云娜"直扑洋山深水港。杨震、卢松、杨培忠在船码头检查时发现，还有十几条船的船老大执拗地要守着他们的船。杨震说，这些船老大非常固执，认为自己有抗台风的经验。我们拿着喇叭，扯起嗓门一遍遍地对他们晓以利害，同时联系浙江省嵊泗县公安局。风力越来越大，人随时都有被吹起来的感觉。台风发威不等人，我们等不了了，只好登船强行把船老大们架下船，把他们送到安置点。待回到分局，办公区玻璃门窗全部被刮落，连卫星电视"大锅盖"也像纸片一样躺倒在地。

2005年8月初，超强台风"麦莎"登岛时就像横冲直撞的重型坦克，所到之处狂风翻卷。好在民警已提前上阵，对洋山深水港在建港区及岛上炸药库、油库、电厂、变电所、各项目部临时设施、人员避风点等重点要害部位进行了全方位检查，对码头沿线桥吊、轮胎吊及施工机械设备进行了定位加固。在超强台风面前，民警好像也变成了超人，即便风力增大到13级，他们也没有离开一线。

台风肆虐之际，他们也在想念家人。

两年多了，陆志明没多少时间关心读小学的儿子，妻子的口头禅就是"你又没管过儿子"。他其实也管，下班后，他抽空在电话里辅导儿子做功课。儿子报出一道题目，他指点，有时几个同事会凑上来加入，陆志明打趣说儿子享受了集体辅导。基站是浙江信号，漫游费很贵，一通电话打下来，蛮心痛。人在岛上，无暇顾家，家事总牵着心。民警个人漫游费的最高纪录是一个月700元。

岛上淡水奇缺，饮用水难得，因淡水引发的纠纷械斗也是民警常处置的事。台风光临，周边岛屿船舶停航，岛上供电中断，饮用水只减不增，食物储备也捉襟见肘。戴卫民说，那段时间的常态是，民警的伙食从"三菜一汤"不断下调，直到"一菜一饭"或者只有一包方便面，还得干啃。没有供电，点起蜡烛，大家聊天疗饥，畅想洋山深水港的未来。这就是"洋山20条好汉"义无反顾、真真切切的"以岛为家，以苦为乐"。

2002年6月到2005年12月初，历时3年半，洋山深水港一期工程完成，与跨越沪浙、连接洋山深水港的唯一陆上运输通道——东海大桥同时投入使用。据说，如果把工程土方量垒成一米见方的土堆，可绕地球四周。从1.4平方千米到30平方千米，填海而出的土地上镌刻着"洋山20条好汉"脚踏实地的印迹和功勋。

洋山深水港建成后，上海港集装箱年吞吐量连续14年蝉联世界第一，2023年，洋山深水港更是拿出了2500余万标箱的亮眼"成绩单"，成为上海全面建成国际航运中心的重要标志。

这一刻，人们没有忘记当年凭着一双"铁脚"踏遍小洋山岛、护航洋山深水港建设的20位公安民警。蓝天碧海，涛奔浪逐，岛屿的山石和永不停歇的海浪忠实地目睹了他们的坚韧与付出，也见证着他们如磐的初心。

金色记忆

严德海：在烈火中永生

缪国庆

那部名为《沧海留声》的微电影，就是对严德海烈士的一次追忆，就是对"沧海横流方显英雄本色"的一个印证。

作为纪念建党百年的献礼片，《沧海留声》闪回着严德海在任上海市公安局杨浦分局治安支队巡特警大队大队长时，带领杨浦公安特警刻苦训练的一个个镜头，记录了他身先士卒处置重特大警情的一个个场景，尤其让人刻骨铭心的是，留驻了他制止犯罪、奋勇浴火、以身殉职的那个瞬间及其永恒。

此刻，上海市公安局杨浦分局特警支队副支队长陆敏坐在笔者面前，追述着被他称为"严大"的严德海的往事，亲亲历历的一切，让他不由红了眼圈。在追述中，他显得有点急切，急切得让他猛然记起了手机里珍藏着的那一部微电影——《沧海留声》。于是，影片的追述便成了许许多多战友以及百姓的追述，连同严德海的意识流一起，还原了一个真正的共产党员、一名公安特警的光辉形象。

《沧海留声》是上海市公安局政治部和杨浦分局联合摄制的一部微电影。该影片上线时，正值建党百年之际，而16年前的7月1日，正是严德海烈士壮烈牺牲的日子——

事件回放

2005年6月21日，一个异常闷热的仲夏之夜。22点15分，一位老年妇女气喘吁吁、神色慌张地跑进杨浦分局延吉新村派出所值班室，对着值班民警大喊："警察同志，快……你们快点……我儿子买了两桶汽油，把自己锁在屋里，要放火……"

老妇人住在延吉一村，她儿子38岁了，当天下午她儿子突然拎了两大桶共40升汽油回家，就在刚才，又突然赶走了家人，把自己反锁在家中，扬言要放火。

延吉新村派出所巡逻民警黄俊和同事接到指令，即刻前往处警。

延吉一村人口集中、房屋密集，一旦有人真要放起火来，后果不堪设想！派出所立即将情况报告了杨浦分局指挥中心，指挥中心旋即启动了突发事件处置预案，消防、交警、巡特警及延吉新村派出所警力赶到现场，立刻采取了行动：疏散居民，切断煤气和电源，开辟应急通道；同时，派出所民警反复疏导劝说，想方设法稳定对方情绪，力争说服他……但是，这一切劝导都没有效果。这人已经失去了理智，不但拒不打开上了保险的房门，还在房内不断地狂叫："我要放火了！我要放火了！"

杨浦分局指挥中心启动突发事件处置预案的时候，严德海在家已经进入了梦乡。这些天他腰疼得厉害。22点45分，严德海放在枕边的手机突然振动起来——这是他给队里定下的一条规矩：如果他不在队里，无论何时，只要一接到任务，必须通知他。此时，手机的振动并没有惊醒熟睡中的严德海，倒是唤醒了他的妻子黄蕴珠。一看是丈夫单位来电，黄蕴珠望了望熟睡的丈夫，犹豫了一下，最终还是轻轻地推醒了他。

接完电话，翻身起床，严德海不禁揉了揉腰，马上穿衣准备出门。

妻子柔声道："你的腰都疼得直不起来了，能不能不去啊？"

"没事，你放心，我去去就回来。"严德海说罢，轻轻地带上了房门，直奔延吉一村。

10多分钟后，严德海的身影出现在现场。

严德海：在烈火中永生

严德海的意识流

快快快，居民快疏散，煤气已经关闭，电源已经切断，好好，楼梯平台水管铺设完毕，二楼窗下气垫放置完毕，应急通道上的其他车辆统统移开，消防车、救护车必须留有应急通道……在局领导的现场指挥下，我们把该想到的都想到了，该准备的都准备了……

夜，应该是一个十分平常的夏夜，可是，那一个夜的空气却显得紧张而又沉闷，我的耳边，有嗡嗡的声音传来，我知道周围的邻居们正麇集在警戒线外，惶惶不安，谁都听说了自闭在室内的那个图谋纵火者手里有两桶汽油，40升，一旦燃爆开来……

延吉新村派出所的领导、民警一直在大声地做着疏导工作。自从接到报案，他们就以最快的速度赶了过来，始终在做着他们的努力，希望这个家伙迷途知返，尽快放弃纵火的念头；他的老母亲也在，眼下，她拉长了声音，哭叫着儿子的名字，恳求他不要做傻事。她的喉咙嘶哑了，喊声听上去凄凉而惨厉，让人听了感到一阵阵心酸……已经近2小时了，该说的都说了，而这个家伙不时狂叫的声音还是让人心里一阵阵发毛："谁敢进我的房间，我就立即放火，放——火！"

我想，不能再等下去了，为了地区的安宁，我们必须尽快地制止犯罪……我们严阵以待，等待是漫长的，而漫长的等待折磨着我和我的战友们的心，说心里话……我真想来个"快刀斩乱麻"，一举解决问题。

特警队员陈勇的追忆

强攻计划在紧张的气氛中开始了。

正面强攻的意图不能让对方觉察，所有战术动作也不能惊动他。事实上，当时那个人已经显得异常亢奋了，不时从厨房的窗口探身大叫："消防队别过来！警察别过来！谁要是靠近，我就点火！"

按照现场指挥部的部署，严大带领我们几个特警队员悄悄地靠近了他家的门，等待时机实施强攻。房间有两道门，一道是防盗门，一道是房门。在防盗门和房门之间有1米多长的通道，通道左侧放置了一个鞋箱，只留出了仅容得下一个人进出的过道。

现场漆黑一片，谁都感觉有点紧张，不知道这人在里面会做出什么事来。谁又都知道，40升汽油一旦被泼洒，这么热的天，就会快速挥发，与空气混合形成爆炸性气体，只要溅入一丁点的火星，一场楼毁人亡的爆炸事件在所难免！黑暗中，我们拿着他老母亲提供的钥匙，悄悄地打开了防盗铁门……

对方果然是极其敏感而又多疑的，尽管金属摩擦的声音短促而且轻微，还是惊动了他，他迫不及待地实施了他的罪恶计划。

瞬间，我们就听到了房间里传出的铁桶与地板的碰撞声，随即闻到了一股弥散出来的浓重的汽油味，接着就看见底部的门缝里闪出红光。

不好，他动手了！根据指令，我迅即往后退了退，正准备一脚踹开房门，却被一只有力的手一把拉开了，"我来！"严大猛地一抬腿，房门就被蹬开了，一蓬火焰挟着热气流顿然迎面扑了过来，我们不由得朝旁边闪了闪，只听得严大猛喝一声"不许动"！然后飞身冲了进去……

在事后的日子里，我一再回忆着这个细节，以及我被拉开的那一瞬间的思维，我发现我的脑子里只有一个重叠在火的背景上奋勇冲锋的身影，还有回响在我灵魂里的那一声"我来"！

严德海的意识流

火光、火光……

在幽蓝而又飘忽的火光中，我正对着一张扭曲的脸。"灵魂扭曲的人，他的脸面也会因此而扭曲吗？"在稍稍适应了眼前不时腾起的一片炫目的火光之后，我又看到了灵魂出窍后扭曲得万分丑陋的黑烟……

他的手里斜提着一只铁桶，不停地在空中晃动，汽油被四处泼洒着，泼洒到哪里，哪里就腾起一片罪恶的烈焰……

一听到破门的声音，一看到我闯进了房间，他猛地回过身来，喉咙里发出一阵尖利怪异的声音，显得更加狂暴，他把桶口对准了我，将汽油朝我泼洒过来……

我没有闪开，不想闪开，也没有时间闪开，在向他猛扑过去的那一刻，我听见了一阵疾风呼啸的声响，随后就是我的皮肤被烧灼、被翻卷的声响，刹那间，我感觉自己通体透亮了起来，照亮了整个房间……那、那是我一生中最奇异的感觉……尽管这种感觉稍纵即逝，但是，我永远难以忘怀。

我一边大喝着"不许动""住手"，一边飞起一脚踢向他的胸腹，我不能容忍他的恣意妄为，不能，绝不能！他，从我的脚尖上弹了出去，仰面倒在地上，可是，他人倒地了却还紧抱着那只要命的汽油桶，而桶口的汽油还在往外流溢，我赶紧又扑了上去，把汽油桶从他攥得紧紧的手里夺了过来……

我飞快地扫视着这间房间，是的，我应该找一处没有火的地方搁下这只汽油桶，我还得将另一桶已经打开了盖子的汽油桶拖离着火点，我只有一个非常简单的念头：不能让这些汽油再烧起来……

不对，是那个家伙在我的身后箍住了我，死命地把我往火势最猛的地方拽……他想烧死我。我明白了他的企图……困兽犹斗，他的力气可真大，发疯一样地拽住我，但是，嘿嘿，我 200 多斤的身子岂是他拽得动的！

我深深地运了运气，出手给了他狠命一击，他终于趴下了。

嘭地一声响，我飞快地转过身来，我没有想到，那扇被我蹬开的门突然间反弹了回去，嘭地一声又关上了……

特警队员的追忆

在擎起的防爆灯的光束下，在扑面而来的烟雾中，我们怔怔地望着出现在房门口的一个人影，虎背熊腰，"严大，严大……"他没有应声，只是半抬着他的双臂，那是一双让人不忍目睹的手臂啊，手臂上各自垂下 10 多厘米长的表皮，一直垂到他的腰间，他焦黑的身子有些摇晃，但是，一步一步，他缓慢而又坚定地朝我们走来……

我们迎上前去，迎上前去……却不知道怎么伸手去搀扶，触碰到的全是黏稠的液体，我们不敢移动我们的手，生怕会一不小心而撕扯下他的哪一块皮肉来……

搀扶着他，我们从 3 楼走下去。

每走下一级楼梯，严大沉重的身躯就会朝这边或那边压一下，我们的胸口堵得慌，腿脚有点发飘……恍惚中，我们想到了曾经类似的感觉——

他带我们拉韧带的日子。大冬天，他要求我们穿单衣在室外拉不算，还规定起码要出三滴汗，不要以为这时的他真会与你开玩笑。一见到谁有了"偷工减料"的苗头，他就会盯住你不放，先给你个警告；要是遇到哪个"再犯"，他干脆就不再与你啰唆，一个上步，压在你身上，以示惩罚……我们都被他压过，当时就压出了这种感觉。此刻，我们真的希望这次也是我们"再犯"的那一刻……

走不完的梯阶，一级、一级……严大啊，我们情愿在伏天里戴着钢盔、穿上防弹衣、背起辎重，在烈日底下跟你去武装越野跑，在似乎无尽无头的路上无休无止地跑，任凭大颗大颗的汗珠不停地叩响路面，任凭黑色的作训裤上布满白花花的盐渍……

"严得狠"，我们曾经在背后都这么叫你。早上 5000 米加 10 组素质训练，下午 3000 米再加 10 个 400 米，那一阵子，高强度的体能训练把我们所有人都累得够呛，个别队友待当天的训练结束后，立马就瘫在地上了，一再发誓再也不起来了，可是，第二天，你说"一切照常"！……严大啊，我们以后也要一切照常、一切照常啊……

我们在楼道的暗黑中往下挪，转过拐角，再往下挪，再转过拐角……

严德海的意识流

不断地昏睡过去，又不断地苏醒过来，这些日子里，我经历了无数次的死亡，但是，我还顽强地活着……活着……

每当我意识到自己仍然活着的时候，我就拼命地回想着往事，回想着我生活中的种种细节，久久回味：我练过硬气功，我可以面无惧色地躺在坚实的地上，让队友把一块块坚硬的石板压在我的胸口、手臂和大腿上，再用一块石板顶着我的头部，然后让他们抡起大锤，朝着一块块石板猛砸，石板断裂了，我却可以毫发无伤……

总是听人家说那句"死而无憾"，在过去，我从来没有切身的感受，现在回想起来，那是没有一点道理的：一个热爱工作、热爱生活的人，突然间面对了死亡，怎么能没有一点遗憾呢？除非在瞬间就粉身碎骨，假如经历的是一个过程，那么，他的心里肯定会有牵牵挂挂，我……也还有好多事情没有做，也还有好多话没有说……不说"死而无憾"了，要说的话,只有"视死如归"……恍惚中,真像一个梦!假如这是一个梦该有多好,我可以重新开始我的一切:训练、出警……

"几度风雨,几度春秋,风霜雪雨搏激流……金色盾牌……热血铸就……"我喜欢唱着这支歌,往前走……

老百姓的心声

我就住在"6·21"放火案案发地的隔壁。案发当晚,我、我的先生及才1岁多的孩子被安全撤离。事后,才得知巡特警大队的大队长当时冲入火场与纵火分子搏斗,捍卫了我和周围居民生命、财产的安全,我特意找到了社区民警,表示了我深深的敬意,并且要求转达我、我的先生,包括我们孩子的谢意:多亏了这位严大队长在汽油被点燃的一刹那破门冲了进去,成功地制止了纵火分子点燃更多的汽油,否则,家里就不仅仅是烧掉门上纱罩这点轻微的损失了。请代我向他致敬,我们全家都感谢他。

我家的阳台正对着案发的楼。回想起当夜的情景,我真是激动万分:这位严大队长真是条汉子!我亲眼看到火势蔓延得很快,并且从北面的窗口窜了出来。在这种危急时刻,严大队长临危不惧,第一个冲入火场制服了纵火分子。我一再拜托居委会干部一定要代我买上一束鲜花,给这位英雄当面送上,衷心祝愿他早日脱离生命危险。

我们延吉一村所有居民都很感激严大队长,要不是他不顾个人安危冲入火场抢先制服纵火者,后果将不堪设想。严大队长啊,你将生的希望留给了广大群众,把死的威胁与痛苦留给了自己,你是当代的黄继光、董存瑞、邱少云式的英雄!我们为有您这样的人民警察的保护而感到无比安全和幸福。

我们是延吉一村的71名居民,6月27日,我们联名写信给市委领导,表达了我们无比崇敬的心情,在信中,我们说,我们见证了那个令人难忘的夜晚,见证了那个让人刻骨铭心的时刻;我们说,这样的英雄,我们信服!我们感动!我们热爱!

……

长海医院主治医生的追述

这些天,医院里收治的烧伤病人太多了,我们几个医生累得浑身的骨头都好像散了架,但是,我们的神经不得不紧绷着。

严德海就是那天午夜过后被送进来的。

急促而又纷乱的脚步卷起一阵热风,走廊的空气里顿时弥漫开了一股皮肉烧焦的气味,冲进我的鼻孔,甚至渗入我的骨髓……他被烧得一身是伤,可神志却是清醒的,我听到他粗重的喘息声,我听到他断断续续地说:"我的、警官证……帮我、保存好……"在手术室里,我尽心地做着我应该做的一切,同时忧心忡忡地望着这位与我素昧平生却让我"怦然心动"的警察……

他焦虑、烦躁、郁闷,他的心里始终盘桓着离开这里的念头,这是任何一个生龙活虎的人被羁留在病床上都会产生的情绪。那天,我记得是他入院后的第二个白天,他真的从床上坐起来了,那样突然地、悄无声息地坐了起来,使我们所有人都受了不小的惊吓。我俯向他的耳边,不断地抚慰着他,我满心希望他能够很快地站起来,靠着自己的力量走出病房去……但绝对不是现在,目前,因为伤势严重,他的身上插着各种各样的管子,他必须躺下,无条件地躺下……

我多么想对所有倾心关注严德海生命安危的人说:"请放心!"可我说不出口,一个字也说不出。假如是体表烧伤,别说是75%,就是90%,我或许也会充满自信地这样表示,但吸入性损伤,而且是严重的吸入性损伤,这在国际上都是一个需要攻克的难题,且至今没有取得突破性的进展。我,不,我们,确实不知道他是否能够安然地度过休克期,再安然地度过感染期,我从来没有感受过这样大的压力,我的心一直备受"病危"这个事实的折磨,一直生怕由我亲手把特护病房的那道门向他的家属、他的战友敞开……

妻子黄蕴珠的忆念

整天整天待在医院里,待在你所在的那家医院里……陪着你……

严德海:在烈火中永生

有人为我送来好多报纸，报纸上有好多关于你的事，那些你提都没有对我提起的惊心动魄的事：

这是发生在不久前的一个早晨的事件：一个包姓男子因为女友拒绝与他继续交往，心有不甘。这天早晨，他尾随女友进入她上班的便利店。在再一次遭到了女友的指责后，他先用随身携带的水果刀将她刺伤，随后将女友挟持在店堂里，胁迫女友与他重续旧好……接到报警后，严德海带领特警以最快的速度赶到了现场，同样希望以最快的速度进行处置，可是，他们发现，犯罪嫌疑人将人质挟持在收银台与货架之间不足1米的夹道里，给强攻带来了很大难度。他们与那个姓包的男子谈了1个多小时，但他始终没有放下那把抵着女友脖子的尖刀，而且一再扬言，警察再靠近，就马上杀死她。在僵持中，严德海的脑子里终于酝酿成熟了一个抓捕方案：此刻这个人必定口干舌燥，我们就让他喝点水……一次、两次，这个姓包的男子十分戒备；当警察第三次递上水杯时，他不再拒绝，本能地将那把尖刀从右手换到了左手，而就在他腾出右手接过水杯的一刹那，严德海一个箭步，腾身跃起，跃过了1米多高的收银台，将包姓男子扑在了身下，一只手抓住了对方持刀的手腕，另一只手夺下了那把要命的尖刀……一场随时可能发生的命案被制止了，可严德海的额头却鼓起了一个乒乓球大小的包。"你们不说，我还没注意呢。"原来在严德海飞身扑过去的时候，他的额头不可避免地撞在了收银台上。

又一次，有居民匆匆报警：有疯子杀人了！原来，延吉地区的一个患有精神病的男子，用菜刀将自己的父母砍伤在家里……接报后，严德海立即带着特警队员赶到了现场，在了解了房间结构等情况后，决定由自己破门去制服该男子，其他特警队员纷纷请战，要求执行这个任务，但严德海坚定地说："首先，我是队长，这里的一切由我说了算；另外，这是一个特殊的病人，而不是一个思维正常的人，需要见机行事，才能制服他。我的经验比你们多，决定了，由我上！"说完，严德海就悄悄地靠近了房间，猛然一脚踹开房门，冲了进去。那个精神病患者握着菜刀向严德海当头砍来，严德海一个闪身躲过，没等该男子转过身，严德海已经牢牢地抓住了他持刀的手腕，夺下了那把还在滴血的菜刀，然后，就势以一个别臂折腕的动作将该男子死死地压在了身下。

最让人佩服的是发生在上海体育学院的那次抓捕：两年前，一个姓陈的人在当地将他人打成了植物人，案发后逃到了河南少林寺，一年后，获得了全国65公斤级散打比赛冠军，接着被保送到体育学院进修，摇身一变，居然成了武术系散打专业的大学生。这个人武艺高强，一般人根本就不是他的对手，可严德海却为自己能够遇上这样的"武林高手"感到高兴。他曾经在上海公安系统特警大比武中获得散打第三名的成绩，当然，他也知道，抓捕毕竟不是比赛，还是出其不意的好。于是，由他和一名特警扮作老师守候在教师办公室里，这个人被班主任叫进来后，刚坐下，严德海突然一个弓步上前，迅速出手死死地锁住了他的颈部。这个人身为"练家子"，确实也有一手，他一边反手抓严德海的手腕，一边迅速扭转了身体……但对他来说，一切为时已晚，在严德海"泰山压顶"之下，埋伏在四周的民警一拥而上，终于给他戴上了手铐。

"哪里有突发警情，哪里有险情，哪里就有严德海的身影。他和队员们经常面对刀光剑影、生死搏斗和难以料想的艰难险阻，但无论是维护社会稳定、处置突发事件，还是缉拿不法分子，他总是一马当先，身先士卒，既当指挥员，又当战斗员，把危险留给自己，把安全让给同志。"可是，可是，他为什么从来都不愿在我的面前提起这些事情呢？

严德海的意识流

我的胸口燃着一团火，我醒着、醒着，比以往任何时候都清醒……

在我清醒地承受着伤痛的折磨的时候，我常常会想起一支支动人的萨克斯曲：《生命之喜悦》《伴我一生》《永远的爱》，还有凯尼·杰的那曲《回家》……此刻，如果儿子能在我旁边吹他的萨克斯，该有多好！阳光、绿树、晨风……悠远而又柔缓的旋律诉说着爱的渴望……哥们儿，我们是朋友啊！来，把你的萨克斯举起来，朝向广阔的天空，吹吧！以高音吹出生命的呐喊，以低音吹出人生的留恋……

我感觉到，妻子走进了病房，这是我进医院后她第一次越过隔离玻璃，走得这么近。她想以颤抖的双手来牵我的手，可我那双原本温暖厚实的大手已被纱布紧紧地缠绕，她能触摸的，仅仅是我的双脚，那是我身上唯一没有被烧伤的地方。

我艰难地张了张嘴，可我已经无法用语言回应妻子的声声呼唤。不过,在妻子的触摸中,我本来已开始下降的血压和心率竟然平稳了,也许,这是谁都无法解释的现象,却又是人人都能够理解的情感。那么,作为一个有血有肉的男人,就让我以这样的方式,最后一次,表达我对妻儿、父母难以割舍的亲情,诉说我对人生以及从警生涯的依依不舍……

听说,我与大家诀别的那天,恰好是党的生日。我以自己的经历阐释了一个共产党员的先锋模范作用,我以自己的生命凸显了一个共产党员视死如归的献身精神。

我无愧于党,我无愧于心!

儿子严慈的怀念

那一天,我的天突然塌了……

2005年7月1日,是一个光荣的日子,那个日子,也是一个无比悲伤的日子,妈妈失去了好丈夫,爷爷奶奶失去了好儿子,我失去了好父亲。从此,有爸爸陪伴的日子永远成为回忆。

那一天,距离我15岁的生日只有14天。

那段时间,妈妈几乎每天以泪洗面。那一天,爸爸因腰伤复发,难得地准时下班回家,怎么早晨醒来,我的世界全变了样。妈妈重复着爸爸半夜临出门前说的:事件处理完,我会从现场直接回家。怎么会想到,这居然成了爸爸对我们说的最后一句话。我无法相信,从此我再也无法见到他。爸爸这个熟悉的称呼也从此变得陌生。

突然之间,我觉得自己一夜长大。

一直觉得,这一切都只是一场噩梦。梦醒的时候,所有的一切还是原来温馨快乐的模样。有时候,我选择逃避;有时候,我选择回忆。我自己的悲伤,只有我自己来遗忘。虽然这样的悲伤,一辈子都无法遗忘。爸爸的工作一直很忙,时常加班,时常外出,但他总是会想尽办法,把我们在一起的每一刻都变得十分快乐。他出勤的时间不定,没有周末,但我每周末都要出去学萨克斯。因为怕妈妈提不动沉重的箱子,在没有特殊任务的状况下,他每次都坚持送我去上音乐课,横跨上海,那时只有公交车,来回3个多小时的路程,爸爸一手提着箱子,一手牵着我,一路上有说有笑,让我拥有了更多美好的、温暖的回忆。他不善于表达,但会陪我玩游戏机。他对穿衣并不讲究，因为他总是一身制服，但他总是喜欢把妈妈打扮得美美的。他身材很壮，却是一个个性温和的人。他没有什么经济观念，也不会买东西，但他每次出差都不会忘记给每个人准备礼物。他累的时候，到哪里都可以睡下，但他执行任务的时候，比任何人都雷厉风行。他笑起来很豪爽，他给我的总是最有力的臂膀。他是在这个世界上唯一给我和妈妈无穷无尽幸福的人。偶然地，在一次照镜子的时候，我忽然发觉，穿着人民警察制服的我，眉宇间有着他的神态。在警校学习期间，我学会了独立生活，适应了训练场上的挥汗如雨，我感觉父亲一直在背后默默地看着我，他激励我成长，使我变得更坚强。而我现在最大的心愿就是在继承他未竟的事业中不断成长。

家里的一切都保持着原样，所以，我常常想象还同以前一样，爸爸只是因为加班，在我睡着的时候，他就会开门回来……

特警队员的追忆

在低回的哀乐声中，遗体告别仪式随之举行。人们怀着沉痛的心情，向烈士献花、鞠躬……

当悲壮的"送战友"乐曲响起，会场内外悲痛的气氛达到了极点。"送战友，踏征程，默默无语两眼泪……一路多保重……"我们6名特警队员抬起了严大的灵柩，踏上了大厅走道中央铺着的一条绿色长毯，缓缓地走出大厅，走向灵车。所到之处，泪雨纷飞……

在抬灵柩的特警队员中，有孙维。在一次执行任务的过程中，他不幸受伤，双手手腕骨折，医生说有留下残疾的可能。这样的结果，对一个才30岁的年轻人来说，无疑是一个过于沉重的打击。因此，他情绪一度十分低落。严大看到了，每天都到孙维家里看望，陪他说说话聊聊天，鼓励他积极配合治疗。孙维的双手不能活动，上厕所有困难，严大帮助他；孙维吃饭不方便，严大帮助他……苦口婆心的劝慰，体贴入微的关怀，终于使孙维走出了浓重的阴影，重新找回了与伤病抗争的勇气以及对未来生活的信心。

在抬灵柩的特警队员中，有沈慧勇。那天上午，严大发现沈慧勇没来上班，既没有请假，电话也联系不上，他立即开车赶去小沈家。一进门，只见小沈一个人躺在床上,口耳眼鼻都在出血,已经不省人事。严大当即以最快的速度把小沈送进了医院。经医生确诊,小沈为颅底出血,经抢救,小沈终于转危为安。事后,主治医生这样告诉我们:如果再晚半小时,这位同志肯定就没救了。病愈后的小沈逢人就说:我的这条命是严大捡回来的。

在抬灵柩的特警队员中,有陈勇。由于特警队人员少,我们值班很频繁,而对于严大来说,值班更是家常便饭,在春节、劳动节、国庆节的长假中,加班、值班最多的还是他。我们作过这样一个统计:一年365天,严大起码有三分之一的夜晚是在大队值班室里度过的。他总是说:大家平时很辛苦,能照顾的我会尽量照顾。那年1月,陈勇的妻子生病住院,严大特地打去电话,让陈勇好好照顾妻子,说值班的事已经安排妥当了。陈勇后来才得知,他未值的班都是严大亲自顶的,即使是在执行任务中撞伤额头后,他也一样坚持顶在值班岗位上。

严大,我们曾在医院里陪伴你,我们曾在灵堂前守护你,我们看到了战胜苦难的壮烈,我们比任何时候更认清了自己。我们明白,我们比任何时候都更需要精神的支持,更需要坚韧,更需要感应,更需要坦然面对我们应该作出的牺牲……真的,严大,在这些日子里,我们呼吸着英雄的气息,坚定着奋斗的意志,我们每个人都发现自己成熟了许多……

尾声

从警17年,严德海走过了一条平凡的路,一条英雄的路。在那条路上,他每一步的迈进,都是那样坚定、稳重,而在关键时刻留下的每一个足迹,都是那样踏实、沉着……严德海走了,就这样走了,但是,我们相信他还活着、活着,活在我们每一个人的心中。

他在烈火中永生。

汶川记忆

刘佳雯　缪国庆

哦，一听梅林罐头也会储存记忆？

肯定！上海市公安局特警总队防暴突击三支队副支队长张红伟坚信。否则，他何以要在汶川抗震救灾的13个昼夜之后，再将这听"感受"了上海公安特警大义大爱、同样有着一段特殊经历的罐头带回上海，然后存放在自己的办公室里，供奉在自己的心里？

一晃，15年了。

一切，都还历历在目——

那夜，我们紧急集结

"接到紧急集结命令的时候，我正准备睡觉，一看时间：23点。严格地说，是2008年5月13日23时。"回忆起那夜的情景，张红伟记忆犹新。无须多问，他火速赶往总队。"对我们特警来说，紧急集结本来就是常事。任何时候，只要祖国和人民需要，我们随时都听从召唤。但这一次的紧急集结，我想，肯定与汶川大地震有关。"

怎么会不是呢？

前一天下午传来消息，四川汶川发生了里氏8.0级的地震，具体情况尚不得知，但是，据相关专家称，这可能是新中国成立以来破坏性最强、波及范围最广、灾害损失最重、救灾难度最大的一次地震。

"挑选20人，准备简单装备，待命！"总队领导下令。

"那时，作为总队新招录的特警集训队队长，我手下有40多名新警，其中，有从部队复员的，也有从运动员队伍退役的，还有从其他渠道选拔而来的，个个都有一身功夫。但是，集训还是必需的，集训科目包括射击、格斗、索降、战术……两年前，我从武警反恐大队转业后，也接受过这样高强度的集训，练为战。特警特警，就应该是'特别能战斗'的警察。"

在部队服役10年后，他为什么要选择去到公安呢？其实，当时有太多单位可供他选择，可他只选了公安，只选了特警，因为他找到了一种最契合自己心思的感觉。事后想起来，或许是因为公安特警那种剑气如虹、义薄云天的大气概、大风格，可以使他在打击犯罪、维护治安中冲锋陷阵、一往无前，可以以自己的精神之光、以自己的血肉之躯去捍卫法律的尊严，去履行正义的使命，同时承载着将党和政府的关爱送入寻常百姓家的天职，在为人民群众服务中作出自己的奉献。

眼下，他又热血满满地有了这种感觉。

同样热血满满的，还有那些连夜筹集而来的发电机、帐篷、睡袋、卫星电话等应急装备、救援物资。在火速集结警力的同时，当时的上海市公安局后保部也在火速筹集一应应急装备物资。在地震灾区，通信设备被摧毁了，要保证通信联络，发电机、卫星电话是必备的；在地震灾区，房屋倒塌了，要保证特警救援期间的休息，帐篷、睡袋是必备的；去地震灾区救援，人是铁饭是钢，食物与饮用水更是必备的……

"因为是紧急指令，因为预先没有储备，何况又是在半夜，我们公安的后勤保障部门是通过各种途径来筹集应急装备物资的，尤其是那些保存期可以长一点的食品。这些梅林午餐肉罐头就是从仓库里被临时提出来紧急集结的，然后装车，然后一路被运往浦东国际机场停机坪……"这是那听梅林罐头的最初记忆，"献身的时刻来临了……"

待命，情系都江堰

两个半小时的紧急集结之后，张红伟和由他挑选的20名新警随着上海公安特警应急救援队奉命出发。

那是 2008 年 5 月 14 日的凌晨。

让张红伟热血沸腾的是，上海市公安局党委成员集体来到浦东国际机场为他们送行了，不，是齐刷刷的上海公安特警应急救援队队员们在关键时刻接受党和人民的检阅了，"用我必胜"的誓言回响在每一个出征将士的心里。

飞机在万仞高空飞行，朝舷窗下远望：初夏时节，弥望的应该是一片青绿啊，可眼前怎么会是一片断垣残壁呢？

第一个目的地：都江堰。

"从成都双流机场驱车去都江堰的路上，我的心一直在流血、在疼痛：扭曲的公路、坍塌的房屋、滚落的巨石，在眼前不停地闪现，而更加令人刻骨铭心的，是沿途灾民那一双双睁大了的眼睛，那种对生存充满了渴望的眼睛，对救助充满了期望的目光，直击人的心灵……"

直击心灵的，还有接踵而来的一个个场景——

都江堰的街头，成了上海公安特警应急救援队的临时驻点。

那位 70 多岁的老大爷，不知是什么时候出现在大家眼前的：他提来了炉子，还有柴禾，点燃了，然后，一壶一壶地烧水，催促着让大家喝，说"人，总是要喝水的"，说"这里寒气重，得喝点热水驱驱寒"。老大爷说得没错，虽说已是初夏时节，但在地震灾区，不时有降雨，再说天色也暗下来了，周围湿气袭人。"出发时，我们穿的都是春秋季的作训服，在露天环境里，要说不感到一丝寒意，那是假话。可是，当我们得知这水是他的老伴儿蹬着三轮车往返十几里路取来的，而现在，她又去取水了……再当我们又听说他女儿一家都遇难了，他和老伴儿住的房屋也倒了，热泪就在我们的眼眶里打转了……"

5 月 15 日，公安部传来指令，命上海特警从紫坪铺徒步进入三江、水磨、漩口三镇实施救援。"没有想到的是，却让我率领的 20 人新警队伍晚一天出发。迫不及待！我们请战了。可总队领导明确告诉我，你们将要承担的是运输补给任务，正是考虑到新警队队员身体素质好，才把这个艰巨任务交给你们。"话是这么说，但就地等待的滋味实在不好受。"我们谁也没有注意到，在晚饭时分，一位素昧平生的大嫂打开了她已经停业的饭店的门，特地炒了一大盘菜，给我们端来了。当我们得知这是她用店里仅剩的两小块咸肉炒的时，我们几乎都难以下咽了，她却在一旁执意地劝说着……"

那一夜，又是一个无眠之夜。

5月16日，天刚亮，新警队奉命背起补给物资出发。

"为了能够尽可能多地背负补给物资，我们每个人都往身上压了两个大行李包，两个包里至少有30多瓶矿泉水、一箱压缩饼干、一箱午餐肉罐头，还有其他干粮，此外，还有撬棒、铁铲等抢险工具，少说也有150多斤。不过，谁都没想到，上肩时，因为不堪重负，不少背包带都绷线了。"怎么办？这些物资可都是前方队员的给养啊！"这时，一位年逾花甲的老大娘来了，带着她的针线包，然后戴起一副断了脚的老花镜，用颤颤巍巍的双手缝起了被勒断线脚的背包带，一边缝，一边像母亲一样叮嘱我们，要当心自己的身体……"

回忆起当时的情景，张红伟满怀深情地说："我真切地感受着灾区人民面对灾难时的不屈和坚强，感受着灾区人民对前来参与抗震救援队伍的感激之情，我们恨不得立即就能投身抢险救援工作！"

谁说那些应急装备、救援物资没有感觉，它们透过背包的夹层，分明能够感受到新警队队员传递而来的体温，能够把握到新警队队员跳动的脉搏。"背包太重了，他们可以把自己随身所带的生活用品卸下来，送给当地的老百姓；可是，他们绝对不会去卸下任何一包干粮，甚至一瓶水，不会卸下肩头扛着的责任和使命。他们只有一个念头：一定要把更多的物资运上去！"这是那听梅林罐头的延伸记忆，"尽快向水磨镇进发……"

水磨镇，负重与生命竞速

这是一场艰难的跋涉。

"沿着平均海拔3000米的山路行军，余震不断，塌方不断，泥石流不断，脚下的路已经不能称为路了，很多路段的坡度差不多有40度，我们几乎是贴着地面在爬行。一边是峭壁，一边是悬崖，而崖下就是湍急的岷江。队员们背负一只包、胸前抱一只包，一个紧跟一个，一步接着一步，眼前晃动着的人影，全是湿漉漉的……"

不仅艰难，而且危险。

这不，一名队员脚下一歪，整个身子直直地下滑了，身边的队友见状，根本就腾不出手去拉，所幸他撞上了一块大石头，这才挡住了他的"去路"。张红伟赶忙奔下去查看，只见那名队员的作训服已经磨烂，腿上、手上一片血肉模糊……"没事！"他说，随后咬着牙，站起身，又继续前进。

这不，随着随时而来的余震，他们遭遇了最惊险的一次山体滑坡。那时，张红伟和新警队队员们正在行军途中，一块巨石翻滚而下，砸在行进队伍中间，离最近的队员只有2米。好险！

"两个多小时的徒步，记不清翻了几座山。突然，前方一声大喊：同志们，加油啊，前面通车啦！可真正搭上了敞篷工程车，我的心却揪得更紧了，在断断续续、坑坑洼洼的公路上，每隔一两百米就能看到被砸得面目全非的汽车，而山上的石头还在不断地滚落，落在车身上发出令人惊心的声响；车身的外侧是几十米深的悬崖，转弯的时候，车轮几乎都是腾空的，车子开得飞快，一旦失控，就是粉身碎骨的结果；还有在头顶上不时掠过的垂落的电线，如果不注意躲避，头有可能就被割了……"

可是，谁的心里又曾想到自己的安危呢？张红伟他们只记得：前方，就是他们要去的重灾区——水磨镇。

"直到下午3点多，我们才赶到水磨镇。此时，张红伟他们才知道，虽然比大部队晚了一天出发，但到达时间，却只是晚了3个小时……连续跋涉的辛苦一扫而空。于是，分发食品，分发给大部队的特警们，也分发给附近的百姓，当然，不能忘记那些看上去蓬头垢面的可怜的孩子们，面包、矿泉水、罐头……"在那听梅林罐头的记忆中，"这是张红伟他们最欣慰的时刻，其实，我们也一样，还有什么比自己被需要更让人欣慰的事情呢？"

救人要紧，转战漩口镇

水磨镇，真的是重灾区。

"呈现在我们面前的，是一片一眼望不到头的瓦砾堆，找不见一栋完整的房屋，而倒塌的房屋下面应该有等待施救的老百姓。我们等不及了！没有大型的施工机械，没有充足的施救工具，但只要我们有手、我们有心，就可以变成铁锹、变成铁镐、变成铁锤……"所有特警队员都在不间断地向当地群众打听，只要得知哪里有压埋，就去哪里救人，一次又一次，挖出来的人都已经没有了生命体征，一次又一次，他们无语凝噎，他们多么希望有一条活泼的生命能让他们从最黑最暗的地底下挖出来,他们多么希望能让他们感受一下抢险救灾中成功的喜悦!

在一抹惨淡的阳光下,有一个老百姓提供的情况让他们兴奋起来:在房屋倒塌之前,有一个人蹲在这里吸烟,后来就地震了,人就不见了。挖!挖呀挖,果然就挖出一个人来,那人的手指间还夹着没有来得及吸完的半支烟……又有一个老百姓提供了一个让他们再次充满希望的情况:在一家企业的职工宿舍里,有6个在睡觉的职工没能在地震时跑出来。挖!挖呀挖,1个、2个、3个……都还沉沉地"睡"着……大家累得几乎虚脱,但谁都没有停下手来,因为谁都知道,随着时间的推移,他们必须尽一切可能,让能够生还的百姓尽快生还。天黑了,他们还在巡逻中仔细搜索,他们看到了一蓬火以及正在火边发呆的一个老妇人,在这样偏僻的村子里,在这样的一片瓦砾中,她为什么还要滞留在这里不走呢?这不能不让人感觉奇怪,上前探问了原因才知道,老妇人的老伴就被压埋在地下,而她无力去救,只能在这里守着。快挖!大家赶紧用手去扒拉那砖、那瓦、那栋、那梁,所有人的努力没有白费,他们终于看到了一个人影,终于触摸到了生命的呼吸,终于把那位奄奄一息的八旬老人从废墟堆里挖了出来、抱了出来,这时候,老人已经被压了260多个小时……

漩口镇,也是重灾区。

"入夜时分,我们接到指挥部的指令:转战漩口镇!据说,漩口镇某处废墟下可能埋有9名幸存者。人命关天!于是,我们又开始了急行军。黑暗中,只有观察员'快速通过'的提示声,只有鞋底摩擦着路面的脚步声,尽管白天的徒步行军让很多人的脚底起了水泡,走起路来,背影都有些摇晃,但没有一个人愿意掉队。"

时至半夜,从前面传来消息,从水磨镇去往漩口镇必须途经的寿江大桥已经损毁,无法通过。

"寿江大桥的抢修正在紧张进行中,不知什么时候能够通行,说让就地宿营。谁又愿意宿了这个营呢?可眼下不宿这个营,又有什么办法呢?宿吧!满地碎石,连可以躺下的地方都没有,新警队队员只能见缝插针地蜷缩在公路边打盹……可张红伟却不能倒头就睡,他还要巡视,因为这里正好是急转弯的拐角,运送救灾物资和施工的车辆不断驶过,险象环生,他要照看特警队员们……他醒着,我也醒着,其实,谁都醒着。"在那听梅林罐头的记忆中，那时那刻，谁都有一种焦灼万分的心情，"时不我待！大家心里都惦记着那些埋在废墟下面的生命。"

大爱，永恒的记忆

留在上海市公安局特警总队历史之中的那一个个鲜活场景——

张红伟和新警队队员作为机动部队，先后在都江堰和绵竹承担了抢险救灾、治安巡逻、重要目标守护、处置突发事件等多项任务。

那天，他们的脚步停在了绵竹市土门镇的一条灌溉渠边，此时的灌溉渠被房梁、瓦砾、砖头彻底堵塞了，大水漫溢，连附近灾民的帐篷里都是一汪一汪积水，而不远处2000亩刚刚插好秧苗的稻田呈现出一片干枯的景象。张红伟与20名队员帮助群众疏通渠道，从下午一直干到傍晚，最终将100来米的渠道疏通完毕，灾民帐篷里的水退了，在泛流着的点点水光中，老百姓的庄稼返出了青绿，他觉得，自己的心里也是一片葱茏⋯⋯

100多吨救灾物资在他们的手中搬运发放，1000多名灾区中小学生由他们护送转移，他们帮助灾区群众抢收麦子，抢搬危房里的粮食、电视机、冰箱、被子、衣服、钱财，他们救助受伤的群众，为灾民搭帐篷、送药、送食品，他们帮助当地公安机关从废墟中抢救文书档案，增援警力短缺的看守所⋯⋯

谣言，是另一种地震，他们还深入14个重点受灾乡镇，走家串户，分发宣传资料，辟除各种谣传，稳定灾区群众的情绪⋯⋯

哦，他们还要对付疯狗。老百姓抱怨说，地震发生后，绵竹农村里出现了不少疯狗，咬伤了不少群众，一时间，老百姓见狗色变，唯恐避之不及，他们必须消灭这些疯狗，还老百姓以安宁⋯⋯

"作为上海增援汶川灾区的第一批救援队伍，上海公安特警第一时间挺身而出，第一时间突进震中，第一时间抵达三江、水磨、漩口等重灾区，在最困难、最危险的情况下，舍生忘死地救援受困群众，努力为灾区正常秩序的恢复顽强拼搏，用使命和奉献抒写了对党和人民的无限忠诚。"那听梅林罐头见证了上海公安特警抢险救灾的13天。

张红伟说，那听梅林罐头也印证着一个真理：世上有爱、万物有灵！

金色记忆

警鹰起飞，向着更高更远的目标

孙建伟

上海公安博物馆藏品中 3 架标注着 EC-155、EC-135、KA-32 的警用直升机模型十分引人注目，它们的原型是上海市公安局警务航空队（上海市政府飞行队）配备的警用直升机。2009 年，上海市公安局警务航空队成立。自此，上海公安步入了"水陆空"立体化勤务新阶段，警务工作在适应特大型城市的管理和服务上又上了一个新的台阶。

令出即行

20 世纪 80 年代，随着直升机技术的发展和警务活动的需要，警用直升机广泛运用于治安巡逻、安全保卫、应急救援等警务活动，警用直升机已成为世界上许多地区，尤其是发达国家警务工作不可缺少的一部分。

2002 年中国申办世博会成功，上海取得 2010 年第 41 届世界博览会的举办权。举办国际性展览会需要全方位、立体式的护卫和保障，上海公安正式将配备警用直升机提上了议事日程。2006 年 5 月，上海市委、市政府作出决策，组建上海市公安局警务航空队，同时作为上海市政府飞行队，兼负警务和政府服务管理双重职能。上海市公安局成立筹建专班抓紧推进各项工作。2007 年 4 月 28 日，3 架直升机的购置合同正式签订，同时由市政府出台特殊的招录政策，在公安系统和飞行部队、社会层面招募飞行员、机务维护人员及一系列航空专业保障人员。

2009年5月20日，经过3年筹建购机、训练和实践，上海市公安局警务航空队（以下简称警航队）正式揭牌。在市委、市政府、市公安局党委以及公安部装备财务局的高度重视和指导关心下，这支警航维鹰队伍从成立开始就以正规化、专业化、法治化为起点，精心谋划，稳步发展，逐渐塑造，形成了"警航兴衰、我的责任"的独特文化。警航队目前拥有30名飞行员、15名机长、27名一线机务人员，位居全国警航之首，成为走在全国前列的佼佼者。

警航队配有6架警用直升机，5架购自空客直升机公司（原欧洲直升机公司），1架购自俄罗斯直升机公司。其中，1架EC-155和1架H155运输型中型直升机配备救援绞车、EMS医疗设备、救援担架、视频图传等机载任务设备，主要用于公务视察、搜索营救、医疗救援、快速接送人员和运输设备；大型直升机KA-32主要用于消防、救援等支援任务；2架EC-135直升机主要用于日常城市治安巡逻、交通巡控以及反恐处突任务；1架EC-120单发轻型直升机主要用于训练和巡逻。

垂直起降、留空悬停、超低空飞行、不依赖机场和跑道、速度快、机动性强、使用灵活是直升机运用于空中警务的最大优势。它不受地面交通情况限制，可在较短时间内飞抵指定地点，进行空中摄像、取证、收集和传递现场信息，指引地面警力追捕逃犯，赶赴地面车辆人员难以到达的地区抢险搜救。

围绕维护城市发展安全、服务民生、打击犯罪的职能定位，警航队领导班子进一步明确了抓牢"能力"与"安全"这两个关键，清醒地认识到上海作为国际大都市在公共安全维护、各类突发事件处置、应急反恐处突等领域面临的严峻挑战，把"随时候命，令出即行"作为警航人的职责和要求。

队长彭优民说，警航队学习借鉴军队和民航管理的先进经验，坚持高起点谋划，高标准建设，充分利用国外警航直升机优质资源组织培训，先后派出81批次、350余人次到美国、德国、法国等先进机队参加专业技能及高难度科目培训，大幅提升实战能力，先后自主培养了三批18名"零起点"飞行员，为优化队伍结构储备了后备人才，率先建立了空中任务员、空中消防、空中交警三支专业队伍，并多次在实战中发挥了突出作用。

金色记忆

EC-135 和 EC-155 是警航队直升机中最忙碌的两个机型。2010 年，成立仅一年的警航队首次在世界级盛会——世博会上亮相。世博会举办期间，警用直升机共飞行 315 架次、332 小时。翱翔蓝天的警用直升机也成为世博园区上空一道亮丽的风景，受到市委、市政府和公安部的高度肯定。2014 年 5 月，备受瞩目的亚信峰会在上海举行。警用直升机与多警种开展交通、水域管制、消防救援、反恐处突等水陆空三位一体的联动查控，在大型安保核心区以多机接力不间断飞行的方式实施空中警戒监控。同年，新配备的 KA-32 列装，随后在峰会安保应急处突演练中进行现场展示。2018 年，首届中国国际进口博览会开幕式前，警用直升机在主会场顶部首次完成"地毯式安全巡查"，并在其间进行大密度空中巡逻飞行和社会面防控飞行。在上海承办的世界一级方程式锦标赛中国大奖赛、上海国际马拉松赛、环崇明岛女子世界杯自行车赛等重大国际赛事以及重要节日、重大活动中，都有警用直升机空中护航和巡查的"身影"。

生死接力

2011 年 11 月 26 日，沪宁高速公路突发交通事故。副队长张茂华和飞行二大队教员机长、民警吴敬祝正准备按原计划训练，接到指令后立即作出调整，搭载着任务员和驻队"120"医生出征。他驾驶 EC-155 中型直升机，仅 10 分钟就到达了事发地点。但事发地上空有高压线，不便降落。在地面警力的临时管控下，担任这次救助的任务员张徐海观察周边情况后，迅速确定了停机位置。在飞行员和任务员的密切配合下，EC-155 在高速公路上"惊艳"降落，周边群众无不为之击节。张徐海与随机医生迅速将一名重伤员抬上直升机，很快又成功降落在瑞金医院门诊大楼 24 楼停机坪上。

EC-155 的这次生命救助"首秀"开了国内警航高速公路起降的先河。时任瑞金医院急诊部主任的陆一鸣教授表示，伤者大腿开放性撕裂，伤势严重，脾脏内出血 1500CC。因为直升机快速救援，使这次抢救完美无缺，病人完好痊愈。这在上海救援史上也是第一次。一次警航空中救助诞生了两个"首次"，着实可圈可点。

获悉伤者转危为安，痊愈出院，吴敬祝心里十分高兴。他说，为民服务,其实也是我们警航民警坚持能力建设、提升实战水平的直接动力之一。

2012年,EC-135直升机迎来了一次急迫而困难的救援任务。5月10日,崇明蟠龙公路草港公路口发生一起交通事故,造成1人死亡、15人受伤,当地急救能力达到饱和,一名重伤员急需送市区医院抢救。此时正在崇明训练的副队长吴晓峰接到市公安局处警指令,仅用2分钟就飞到了事发地。

说起这段救助,吴晓峰记忆犹新,他看到下面的人都在急切地向他招手,飞行员对降落地非常敏感,他观察后发现,公交车与大货车相撞后冲入路边绿地,其中有水塘,还有凸起的小土堆和密密匝匝的树木,事发地周边没有适合降落的场地,按规定他可以请求返航,但是他不愿放弃。他知道这里有一名重伤员,抢救时间将决定其生命的存亡。他围着绿地兜了几圈,终于认准了一个降落点——绿地中央仅一米左右宽的便道。1分钟后,他精准地把直升机降落在这个看似不可能的点位上,距离伤者仅30米。吴晓峰,这位拥有3000多个飞行小时和"飞行技术标兵"荣誉称号的飞行员再次创下了他飞行生涯中的一个新纪录。

任务员张悦立即与"120"急救人员把头部受伤和手臂骨折的女性重伤员抬上直升机。20分钟后,直升机降落在瑞金医院停机坪上,伤员即刻被等待着的医务人员送往手术室。上海各大媒体以"空中救护车"报道了这次空中紧急救援。抢救医生说,伤者送过来时情况很平稳,救助很及时。被救助的重伤员痊愈后说:"非常非常感谢直升机的救援,否则我这条命百分之百捡不回来了。"其家属也十分动情地说:"如果没有直升机的救援,我现在就没有这样温馨的家庭了。"

2014年11月3日,洋山深水港东海大道发生大巴车侧翻事故,造成6死43伤。警航队接到命令后出动3架直升机立即飞赴现场,直接降落在公路上救援,用接力飞行的方式,将其中最需抢救的4名伤员迅速送到华山和瑞金两家医院,为急救赢得了宝贵时间。

2017年,EC-155直升机又经受了一次跨省救援的考验。患者在浙江岱山突发脑出血,病情危重。岱山是一座远离大陆的海岛,夜间轮渡停航,可即便通航,以轮渡加地面车辆转运的方式,到上海也至少需要12小时。警航队接市公安局指令,立即启动应急转运程序,主动协调沪浙两地空军、海军、民航等部门,在最短时间内为任务飞行调配航线、高度和机场。这是一次夜间海上飞行，由经验丰富的副队长张茂华和老飞行员吴敬祝联袂出征，并配备任务员和民警各 1 名。为了应对病情变化，警航队还协调华山医院选派神经外科与 ICU 的两位专家同机赴岱山。从警航队虹桥基地出发，5 分钟后降落在华山医院楼顶停机坪，然后直飞岱山。资料显示，机场周边有 3 座山丘，最高的一座海拔 300 米，夜间无航标灯，能见度低，从机舱望出去一片漆黑，降落环境非常复杂。警航队指挥中心及时将航线天气变化情况反馈给飞行员。直升机上，民警与医务人员商定好伤员转运流程和细节。在海军探照灯的指引下，直升机稳稳降落，接上患者，为后续抢救赢得了先机。返程后，华山医院连夜为患者进行了手术，患者终于脱离了危险。专家称，病人系突发脑出血，如当天不及时治疗，可能危及生命。此次空中飞行仅用时 75 分钟，对挽救生命至为关键。

听完这几个抢救事例，笔者十分感慨，有了警用直升机，把重伤者或突发危重疾病者从死亡线上夺回来正在变成寻常之事，以前在电影里才能看见的堪称大片级的镜头走进了现实。正如彭优民队长说的，从这支队伍建立起，我们就把"人民城市为人民"落到实处，作为警航人的努力目标，把"生命至上"理念嵌入警航人，尤其是在飞行员、任务员的训练和行动中，在危难之中毫不犹豫地出手相助，真切地贴近群众，服务关爱民生，展示了警航队的风采，同时实现了警航民警的自我价值。

立体作战

协同地面警力侦破刑事案件，既是对警用直升机隐蔽、机动和精准打击特点的战术运用，也是对警航队坚持难度科目和实战科目针对性训练的一次真刀真枪的检验。

2014 年 4 月 18 日晚，按照专项工作部署，EC-135 警用直升机出现在一线侦查破案现场，配合水上、地面警力和公安执法艇，在长兴岛附近水域当场抓获正在进行非法柴油交易的两艘涉案船上的犯罪嫌疑人 13 名，查获涉案柴油 500 余吨，捣毁了一个长期从事柴油非法经营的特大犯罪团伙。

驾驶 EC-135 直升机的还是它的老搭档吴晓峰，他回忆道，这是警航队与其他警种合作参与抓捕行动的第一次。市局领导对这次行动非常重视，提出了"强化立体防控，组织精干力量，实施立体联合打击"的要求。随即，参战各方多次研究抓捕行动中直升机与地面警力和公安艇的指挥联络、空地衔接等工作方案。作为这次任务的飞行员和任务机长，吴晓峰精心挑选了参与行动的机组人员，对目标区域的飞行环境反复研究。由于此次执行任务的直升机活动区域主要在水域，空中飞行基本没有参照物，而且在夜间飞行容易形成"盲区"，水域上空天气瞬息万变，将大大增加飞行难度，而且对夜间水上及移动目标定位没有现成经验，所以他们做足了功课，研究交流从空中观察、识别涉嫌船只的方法，针对警用直升机的任务准备、战术动作、飞行方式等制定了不同预案。

行动当晚，直升机用时17分钟到达崇明水域上空指定空域隐蔽待命。19时34分，现场指挥组发出行动指令，公安船艇迅速向涉嫌非法接驳的船只靠拢合围。这时，吴晓峰驾驶直升机按指令迅速抵达目标船只上空100米，锁定目标，打开机载强光搜索灯，将合围水域照射得如同白昼，同时用警用喇叭喊话发出警告。这种从未见过的阵势对涉案船只形成强大的威慑，犯罪嫌疑人束手就擒。这次立体作战协同效果十分明显。EC-135直升机装置机载的前视红外搜索仪FILR，在这次抓捕行动中发挥了极大的作用，以热成像设备清晰、准确地拍摄固定了犯罪证据。这次行动充分展示了警用直升机在一些重大或特殊的侦查抓捕中不可替代的重要作用。

相较于"身材"适中的EC-135和EC-155机型，11.2吨的KA-32是直升机中的"大个子"。KA-32的最大平飞速度250千米/小时，最大巡航速度230千米/小时，悬停高度3500米，配备了绞车、消防水箱、水炮、红外摄像等设备。2014年它正式列装时正值亚信峰会期间，警航队仅用20余天就完成了这架大型直升机的列装、试飞和任务执行。

2014年5月27日，刚完成亚信峰会安保任务的KA-32就又投入了一次协助消防灭火的实战。

位于闵行区的某企业因冷凝设备故障引发大面积着火，现场浓烟滚滚。消防部门请求警航队支援。副队长张茂华和时任飞行二大队大队长潘学刚出征灭火现场。在任务员张徐海的配合下，KA-32从距离着火点不到1000米的黄浦江中取水，连续5次对中心燃烧部位实施有效灭火。首次投入消防实战的KA-32成功完成空中消防支援。

齐头并进

既可以上天救生、侦查、灭火，也能在水下和海上救人。水下逃生和海上救生也是警航队围绕实战，在全国公安警航系统率先着力打造的实用技能。

空警大队大队长张徐海有12年的特警工作经历，是全国公安警航系统首批任务员。他在警航队几乎所有机型上担任过任务员。危急救生、寻找溺水者和消防支援任务中都有他的身影。加入警航队后，张徐海先后赴法国、美国、西班牙和中国香港等拥有先进航空应急救援技术的国家和地区参加培训。语言是一关，航空专业更是一关。那年冬季在美国的培训令他印象十分深刻。他说，那是一个雪天，直升机升空后，教练要求我们打开后舱。飞行员和任务员的阻燃连体服属于冬冷夏暖材质，这种在极寒天气进行"敞开式"飞行任务训练，都冻得我们牙齿打战。我毕竟当过特警，吃得起苦，身体素质好，加上坚毅的战斗力，帮助我完成了这次训练任务。训练中类似的经历还有不少，闯过来确实极其磨炼人的意志。积累了大量训练成果后，张徐海组织编纂的《警航任务员训练与考核大纲》成为全国第一本警航任务员训练手册。

在张徐海的带领下，队员们积极投入并多次承担全国公安警航系统直升机空勤人员水下逃生技能培训任务，提升了空勤人员的应对处置能力。

驾驶EC-155直升机的还有一位女性飞行员，她就是警航队第一位女机长卜佳露。她有大学英语专业背景，毕业后在一家外资企业任职。某日与同学聊天，不知怎么聊到了警察。卜佳露不由自主地作了一个决定，我要当警察。这是在她童年时朦朦胧胧出现的念想，想不到一次不经意的聊天一下子把她带进了这个昔日的念想之中，而且表现得非常坚决。

2009年5月，23岁的卜佳露如愿以偿，成为当时的上海公安高等专科学校监管专业的一名学员。在校园里，她看到了警航队的招录启事，她看了很久，觉得自己可以，就决定去试试。经过一系列严苛的体检和各种闻所未闻的测试，她从190个报名者中脱颖而出。一年多后，她通过了严格而系统的直升机理论和驾驶训练，成为警航队第二批自主培养的"零起点"飞行员之一。

虽然时过境迁，但卜佳露在说起她的人生起飞点时还是掩饰不住激动。她说，从公司职员到人民警察，再到警航队的飞行员，在短短几年时间里完成了"二连跳"，好像跳了十万八千里。虽然看起来有些意外，但源头还是少年时萌发的对人民警察这个职业的憧憬。拿到飞行驾照后，她驾着EC-155直升机在F1方程式赛车医疗保障、电力巡线、交通巡逻、水域船只应急闯关综合演练等实战中，展现出一个警航飞行员对上海这座城市的热爱和情怀。至今她的安全飞行时间累计已达1100小时。

除了卜佳露，警航队还有两名女飞行员。她们的细致和耐心也为这支队伍安上了一道安全锁。她们成为警航直升机飞行员的经历表明，逐梦蓝天，女性也可以。

2021年1月10日，首个中国人民警察节，卜佳露和同事驾驶警航直升机升空150米，挂出中华人民共和国国旗和中国人民警察警旗。从龙华机场到杨浦大桥，飞了两个来回。她说，那种自豪感和荣誉感是难以言说的。

在警航队，飞行安全始终是与能力建设齐头并进的重点工作。彭优民说，能力建设必须不遗余力，孜孜以求，追求极致精彩，所有民警都要为维护团队荣誉奉献自己的一份力量。同时，警航的工作在天上，安全是警航队的顶格考量，必须注重对民警心理、情绪等因素的管理，要使所有民警都具备"坐在火山口，但绝不能让火山爆发"的意识，不退缩，不麻木，不轻视，既要时刻强调安全，又不战战兢兢，裹足不前。截至2023年8月底，警航队累计完成飞行时间23858小时、飞行44854架次，没有发生一起飞行安全事故。

着眼未来

在上海市公安局的统一指挥下，警航队主动与相关警种和政府部门建立了空中观察指挥、空中运输搜救和空中攻击处置"三大平台"，执行任务的种类由起初的1~2种逐步增加到16种，具备了反恐处突、追捕逃犯、空中打击、消防灭火与救援、交通管理与执法、水域巡逻、环保取证、医疗急救、大型活动空中安保、治安巡逻、重要设施空中巡查等实战能力。

协作单位也从最早的 1~2 家拓展到 30 余家。任务机组 24 小时备勤,接令后,警用直升机在白天 10 分钟、晚间 20 分钟内升空投入实战,成为全国反应机制最完善、响应最快、任务覆盖最广的警航队。

在彭优民看来,警用直升机也是一个警务平台,它综合执行打防管控任务,体现着警务工作现代化,是构成社会治安立体化防控体系的重要方面,更是提升公安机关警务立体作战能力的现实要求。警航队要把自身工作放到城市活动的大背景中锻炼韧性,在急难险重任务面前和关键时刻迅速出击,时刻保持应对突发事件的应激状态,忠实践行人民警察"震慑犯罪、服务民生"的庄严承诺,将警航发展与城市精神、城市品格、城市文化融为一体,形成与上海城市相匹配的上海警航特色,把打造与上海城市地位相适应的一流警航队作为努力目标。

彭优民说,警用无人机作为行业应用的一个分支,将其推广使用已是趋势,警用无人机时代已经来临。上海公安机关现有警用无人机 90 余架、"飞手" 100 余人,在警力资源有限的情况下,无人机对提升"见警率""管事率"成效明显。警航队将按照"警用直升机+警用无人机"双轮驱动发展战略,打造一支警用无人机群和覆盖全市的无线宽带网,强化警用直升机与警用无人机在集成规模和更高层次上的搭配应用,着力推动警用无人机全面快速参与到上海警务、政务和公共服务中,为维护上海城市安全和社会稳定发挥更大的作用。

拥抱苍穹,此心无畏;翱翔蓝天,初心不变。

钱红昊：甘当国际经济金融中心"守夜人"

缪国庆

这是两张红底金字的中国共产党全国代表大会出席证，上面印着同一个名字——钱红昊。从党的十九大代表到党的二十大代表，钱红昊将这两张出席证视作一份至高无上的荣誉，更视作一个负重致远的使命。

从警31年，钱红昊始终奋战在打击和预防经济犯罪第一线，从打防传统犯罪、治理新型犯罪、整治经济领域风险到推动经济安全治理模式向事前预防型转变，她用智慧和汗水，在守护上海国际经济和金融中心安全的道路上留下坚实的脚印。

从警初心

钱红昊在上海这座城市出生、成长、工作、生活，她爱这座城市，爱它流淌的红色血脉，爱它饱含的人民情怀，爱它海纳百川、包容并蓄的国际气度，也爱它为服务国家战略而肩负的历史使命。为了这个神圣的历史使命，她和战友们一路披荆斩棘、砥砺前行，重拳打击犯罪、智慧防范风险、担当守护初心，坚决捍卫上海经济金融安全。

采访中，她回忆起了自己第一次独立办案的情景。

她在警校学的是侦查专业，毕业后被分配到经侦一线。说来也有意思，她刚进办案队伍就受到了大家的特别关照：一个女孩子来一线当侦查员,让她去摸爬滚打?让她去冲锋陷阵?让她去夜以继日?老同志们心里都清楚侦查一线的辛苦与危险,不到万不得已,他们是不会让一个小姑娘冲到一线的,这话虽然没有明说,但结果是,她当了内勤,也算是协助办案。

多年后,她回校与学警们交流,有学警问她,为什么想去一线?她笑了:"我当时年龄和你们差不多,想法也很简单,就想攥紧拳头,狠狠打击犯罪,全心全意为人民服务。"

"给我一个办案的机会,我办给你们看。"她希望自己能有这样一次机会。为了有这样一次机会,她特地报考了中国刑警学院侦查专业,去继续深造。

机会说来就来。2001年7月,由她独立侦办的第一个案件是一个地下钱庄案。

其时,支队接到一封匿名信,举报一个绰号叫"小燕子"的女人在天钥桥路一家银行门口非法买卖外汇。支队领导让她前去侦查。这是她的第一次实战,意义不同寻常。

因为是匿名信,找不到举报人,不知举报是否属实,她得先去会会这个从未谋面的"小燕子",以确定办案方向。她换了便服、化了装,便去了天钥桥路,找到了那家银行,开始了她平生第一次独立侦查。

看上去是漫不经心的溜达,其实眼睛一直都没有离开银行及其周围。举报信里并没有描绘"小燕子"的长相,但她是一个女性是毫无疑问的,因此用目光搜索的人员范围缩小了一半。四五天以后,她终于盯牢了一个女人,确定这就是举报信中提到的"小燕子"。

按照侦查的固定模式,她应该"跟"上去、应该"贴"上去,看看那个"小燕子"如何动作,看看接下来她去到哪里。不,她觉得没有必要,"小燕子"不过是一个"马仔",专门负责在银行里提现、转账,协助完成换汇交易,她的背后应该有一个团伙,甚至有一个地下钱庄,千万不能打了草、惊了蛇。

钱红昊的思路十分清晰:非法买卖外汇,一般情况下,不会是现金交易,既然不是现金交易,肯定会在银行里留下"痕迹"。如此想着,她心中便有了一个获取交易证据的主意。随后,她走进了"小燕子"换汇交易量最多的那家银行,掌握了其交易流水明细;随后,她开始了不舍昼夜的梳理、分析、汇总，以大额交易为重点，寻找交易量大的换汇客户。当然，她还要寻出"小燕子"背后的操纵者。让钱红昊无比欣慰的是，功夫不负有心人，两个月的时间，她让一个曾经只是被隐隐察觉到的地下钱庄浮出了水面……

"聪明！聪明！"在她一路查证、一路汇报的过程中，她听到了支队领导一路的赞誉。这样，她便成了经侦总队成立后的第一位女探长；后来，她被提拔为副支队长，再后来，总队细分编制，她担任了知识产权犯罪侦查支队支队长，成为经侦总队的第一位女支队长。

从"跟着风险走"到"找出风险打"

打击侵犯知识产权犯罪，对于钱红昊来说，既是一个新的课题，也是一个新的考验。

包括专利权、商标权、著作权在内的知识产权，是人类创造性劳动的智力成果，一头连着创新，一头连着市场。随着我国全球经济地位的提升，知识产权的重要性日益凸显，并成为经济增长的核心推动力。

侵犯知识产权犯罪不仅扰乱市场秩序，还严重侵害知识产权所有者的合法权益。同样，捍卫知识产权，对维护我国知识产权保护的国际声誉，具有十分重要的现实意义。

毋庸讳言，与其他案件相比，侵犯知识产权案件技术含量高、专业性强，不仅发现难、立案难，而且侦查取证难、司法认定难。要把知识产权保护真正置于推进国家发展的战略高度，必须攻坚克难、闯关夺隘，始终把打击锋芒直指各类侵犯知识产权犯罪。

有志者，事竟成。

钱红昊担任知识产权犯罪侦查支队支队长期间，在严厉打击侵犯知识产权犯罪、保护企业合法权益、营造一流的营商环境中，留下了许多可圈可点的案例。"4·8"跨境生产、销售假药案的侦破，就是其中的代表。

2013年3月，上海海关在查验一家快递公司出境包裹时发现，上海一家公司以出口蓄电池、变压器等货物名义邮寄至国外的邮包内，夹藏有大量未经相关部门许可、违法生产的药品注射针剂及片剂。显然，寄件人通过虚报品名、夹藏隐匿的手法邮寄上述违禁物品，存在跨境生产、销售假药的犯罪嫌疑。

作为一个专案，侦办的难点是显而易见的：一是线索指向性模糊。侦查初期，除海关当场查扣的药品外，仅获取了以上海这家公司名义交寄的报关单及快递运单，真实寄件人隐藏于幕后，给后续的人员落地查控工作带来较大困难。二是团伙组织严密。在初期侦查中发现，本案境内团伙组织严密，其利用网络销售、层层转单、分包寄送的方式进行药品生产、销售，逃避法律制裁的意识较高，给人员落地查控带来了较大难度。三是跨境查证难度高。本案的药品终端使用客户遍及境外，且多达数千人，查证难度较大，而犯罪嫌疑人利用境外汇款公司实施货款交付、转移、结汇等行为，资金跨境查控难度较大。四是专业水平要求高。本案系近年来少见的跨境生产、销售假药案件，涉案药品50余种，且均以英语、西班牙语等外语标注，侦查员在认定识别过程中既要具备专业的药品知识，又要有一定的外语认读能力。此外，本案产销网络遍布境外，国际执法合作中的域外法律适用也对办案人员的法律专业素养提出了较高的要求。

立案后，钱红昊随即对案件侦破作出了部署，即后来被同事们称为的"快四"。

第一步：深入侦查，精确锁定犯罪窝点。她派出侦查员对上海这家公司及交寄地址走访排摸，排除了其作案可能，之后通过运单点滴线索，先查找到向快递公司交寄的本市一家私人快递公司，接着又查明了涉案快件初始寄出地为外省的一个地级市。随后，侦查员赶赴这个地级市，经连续走访层层转包的多个物流公司，终于发现上述涉案快件寄件人是一对夫妇，系外籍人员。接下来，侦查员不但探明了犯罪窝点房型结构，还对团伙成员逐一拍照留样，精确锁定了该犯罪团伙。

第二步：排摸物流，连续截获出境假药。侦查员对犯罪团伙寄送药品所涉及的相关物流公司开展调查，获取了犯罪团伙寄送快件的全部历史信息，并连续截获了该团伙后续寄出的3批次、40个夹藏药品的快件。经进一步深入分析研判，成功掌握了该犯罪团伙寄送假药的轨迹、频率及犯罪规模，获得了全案突破主动权。

第三步：科技指导，还原虚拟犯罪现场。结合查获的物流信息、资金信息，逐一还原了犯罪嫌疑人通过境外网站招揽客户、联系上下家、国际汇款公司收取赃款、物流公司发送假药4个虚拟犯罪现场。

第四步：资金查控，重构跨境犯罪网络。经海量查询，再现了该案资金来源去向，厘清了犯罪资金链，成功重构出完整的团伙结构，梳理出犯罪团伙从多个省份购买原料→委托外省企业生产加工→跨省转包出运→向数十个国家的数千名境外终端客户销售的犯罪网络。

"快四"部署过后，一切水落石出。

在2013年5月1日实施的收网行动中，一举抓获犯罪嫌疑人8名，现场缴获成品假药品5115瓶（支）、散装药片51000余片、假药原料10桶计208公斤、玻璃药瓶3252个、药品标签数28万张，冻结涉案资金3000余万元，彻底摧毁了这个产销网络辐射亚美欧三大洲、涉案金额高达2.27亿余元的犯罪团伙。

此案的成功侦破，再一次向世界展现了中国警方不遗余力打击侵权售假犯罪、保护民生的坚定决心和有力举措，树立了良好的国际形象。

全新课题，她用智慧破局开路

曾几何时，数据化实战是全国公安经侦的梦想，如今，它已成为全国公安经侦的核心战斗力，也成为上海公安经侦部门精准预警、精准打击、精准处置各类经济风险的有力武器。这样的转变，离不开钱红昊的探索与坚持。

2018年，公安部经济犯罪侦查局聚焦"打造数据警务、建设智慧公安"，提出"两年锻造全新警种"的战略目标。也是那一年，钱红昊从证券犯罪侦查支队支队长升任经侦总队副总队长，分管经侦信息化建设和证券金融犯罪打防工作。时代的责任与岗位的担子相契合，钱红昊感到：这项工作不仅要做，还必须乘势而上、做实做好。

2020年初，钱红昊和队友们通过数据研判发现，一家网络科技公司的银行账户短时间内陆续有200多笔现金入账，与此同时，该公司实际控制的证券账户在一秒内又发生了多笔金额等比例放大的交易委托，这是典型的场外配资的犯罪特征，钱红昊随即带领证券犯罪侦查支队开始侦查。

借助强大的数据武器，他们穿透了数十层数十亿计的资金数据，成功清晰地描绘出整个犯罪脉络，最终实现了全国公安首次对场外配资、软件开发、黑客的全链条打击。案件侦破后,钱红昊将风险预警通报证监部门,及时封堵漏洞,为守护资本市场安全稳定打下了漂亮的一仗。

在钱红昊的带领和推动下,上海公安经侦部门组建了从数据警察到情报分析师的专业力量,研发上线了从监测预警到研判评估的专业工具,助推上海公安经侦部门实现了"从跟着风险走到找出风险打、从打个案到管领域、从分兵作战到全市联动"的升级。

目光炯炯,穿梭在隐形战场上,在资金数据中循线追踪,与隐藏罪恶狭路相逢,钱红昊带领经侦总队的情报分析师们从一项项经济数据中寻找经济犯罪的蛛丝马迹。

2021年底,在钱红昊指挥下,经侦总队与属地分局联合办案,成功侦破一起非法经营场外配资、操纵证券市场、非国家工作人员受贿的复合型案件,捣毁操盘交易、配合锁仓、场外配资、软件开发犯罪团伙4个,抓获犯罪嫌疑人50余名,查获作案用电脑、银行卡100余件。

在这起案件的侦办过程中钱红昊带领办案人员创造了两个"首次"。一个是前期梳理汇编的《操纵证券市场案件"3+1"技战法》《操纵证券市场案件数据侦查指引》首次应用便在案件侦办中体现了实效,即便是转岗到经侦总队不到一年的新警也能按图索骥,明晰侦办方向,提高查办效率,大大提升了队伍的战斗力。二是首次采取总队与属地分局联合侦办证券领域类案件的新模式,这个新举措不仅强化、充实了专班队伍的办案力量及效能,还提升了民警的办案思路、技术手段及专业化水平,优化了警力资源配置,织密了打击证券领域类违法犯罪的法网。

新理念与新思路的碰撞、新战法与新模式的融合、新武器与新工具的交会,每一次突破,背后都是无数次从"0"到"1"的艰辛,在钱红昊的带领下,焕然一新的上海公安经侦队伍装上数据化引擎,成为一支敢于斗争、能打胜仗的威武之师。

时代的呼唤,全新的课题,钱红昊坚信,只有生成核心战斗力,才能让上海公安经侦工作更敏锐地感知风险,有更多"触角"去发现线索,可以更强势有力地打击犯罪,更精准高效地服务参谋决策。

向未知进发,在无数个"第一次"中勇于担当

江河脉动不息,诉说着新时代上海经济高质量发展的故事;平静的黄浦江蜿蜒流淌,诉说着岁月静好的欣欣向荣。

"上海公安经侦部门能够比其他省市公安机关更早、更多地接触经济领域的新产品、新要素,也更早地遇到新的风险和更多的犯罪类型。"党的二十大胜利闭幕后,返回工作岗位的钱红昊第一时间来到同事中间宣讲党的二十大精神,谈到"护航中国式现代化"时,她如是说。

肩负着打防新型经济犯罪的重任,上海公安经侦部门以防范经济风险"国家队"为己任,力求为全国公安经侦打造样板。但是,打防新型经济犯罪,没有经验可以借鉴,只能逢山开路、遇水架桥,钱红昊就是在向一个个未知进发的过程中,创造了一个个"第一次",向全国公安经侦部门展示着上海公安经侦"敢为天下先"的责任担当。

2022年6月,上海公安经侦部门在追查一起集资诈骗案涉案资金时发现有巨额赃款被用于网络直播平台充值打赏,尽管警方在办案过程中见到过许多犯罪嫌疑人将赃款肆意挥霍的情况,但将巨额赃款用于打赏主播的实属罕见,这种"天价"打赏主播的异常行为,立刻引起了钱红昊的关注。她立即带队全量梳理排查了涉案赃款用于充值打赏的记录明细,发现集资诈骗犯罪嫌疑人在充值打赏网络主播后不久,其个人账户中便会收到网络主播打来的巨额钱款。钱红昊带队继续循线深挖,发现有4名网络主播都曾与集资诈骗犯罪嫌疑人来往密切。

经查,2019年6月至2020年7月,上述集资诈骗嫌疑人为转移隐匿犯罪所得,结识了在网络直播平台担任主播的4名犯罪嫌疑人,便提出在这些人的直播间内打赏礼物,为这些主播抬高直播人气和曝光率,帮助其赚取直播平台榜首奖励,事后这些主播再将收取的打赏钱款返还至集资诈骗犯罪嫌疑人的个人账户中。事成后,主播们还可从中收取部分佣金作为报酬。这些主播在明知打赏钱款系集资诈骗犯罪所得的情况下,通过在直播期间接受打赏的方式收取赃款,并通过提现、转账等方式洗兑打赏资金,以此为集资诈骗犯罪嫌疑人清洗和转移赃款。

不仅如此,钱红昊他们还发现,自2020年10月以来,有多名电信网

络诈骗、网络赌博犯罪嫌疑人通过社交软件结识了这几名主播。为了帮助这些犯罪嫌疑人清洗和转移犯罪赃款，主播们充当打赏币中介，在明知犯罪嫌疑人的资金系违法所得的情况下，以原价6折至7折不等的价格购买犯罪嫌疑人使用赃款充值的有大量打赏币的平台账户，然后以原价7折至8.5折不等的价格转手对外销售，从中赚取差价，为这些上游犯罪掩饰、隐瞒犯罪所得。

2023年2月8日至9日，经过事先制定的周密抓捕方案，在公安部的统一指挥部署和相关省市公安机关的大力配合下，上海公安经侦部门在全国11省市分批次展开集中收网行动，一举抓获21名犯罪嫌疑人，成功挖出一条网络主播通过接受打赏"刷流量"，并为集资诈骗团伙清洗、转移赃款的新型洗钱犯罪通道，成功侦破全国首例"直播打赏洗钱案"，一举捣毁一条集资诈骗团伙清洗、转移赃款的新型洗钱犯罪通道。

"图之于未萌，虑之于未有"，打击隐形经济犯罪

集腋成裘、聚沙成塔。钱红昊敏锐的发现能力，让隐藏在幕后的风险露出真面目，一起起案件的告破，将国家经济安全守护得越来越牢固，但钱红昊深知，再好的打击，也不如防患于未然，在经济风险发生前，就及时将其化解；再好的追赃挽损，也不如让人民群众不受损失。她广泛聚合各领域数据资源，带队排摸上海经济金融市场规模、贸易体量，评估上海地区经济金融犯罪形势，前瞻性地评估可能发生的各类经济风险，为实战提供依据、为斗争占得先机。

2021年底，上海一些保险公司的保单退单量陡增。短时间内，数千份保险被相继退单，这一异动迅速引起了钱红昊的注意。从银保监反馈的数据中，钱红昊发现了端倪——退单的大多是中老年人。他们很快将钱汇入了一些名称中带有"金融保险"字样的公司账户中。她意识到，这可能是一个非法集资犯罪团伙的话术和伪装——他们假扮成保险公司业务人员，以一套成熟且"无懈可击"的辞藻赢得老人们的信任，继而卷走他们的毕生积蓄，如不及时出击，老人们定将面临惨重损失，且将给整个金融保险行业带来风险。

洞悉风险，摸清线索，明确架构，适时收网。2022年9月，钱红昊指挥

警力在全市范围内发起集群战役,将涉案的 30 余名犯罪嫌疑人悉数抓获归案。看到老年人的"钱袋子""转危为安",钱红昊悬着的心终于放下了。

作为国际经济金融中心的"守夜人",钱红昊与队友们立足上海,放眼全国,依托新型现代警务机制建设,在"经济秩序"与"经济活力"的平衡木上探索出了一条"精准预警、精准打击、精准处置"的打击新型隐形经济犯罪的新路。

2023 年初,经侦总队一"涉骗保险"专案组的几十名成员格外兴奋,因为苦心侦查一年有余的案件到了最后冲刺阶段。事实上,这起新型合同诈骗专案并没有被害人报案,而是民警在对保险领域各险种理赔情况进行多维度监测中,敏锐地发现本市航班延误险整体赔付率较高这一异常情况的。

钱红昊接到报告后,看着起起伏伏的数据沉思半晌。她知道,要打防此类新型犯罪,必须走出一条新路。这条新路就是在综合研判指挥平台的牵引下,着力构建以"精准"为靶向的创新战术:锁定异常数据,将单个警情连成线、串成面,成功识破新型犯罪伪装,既全力实现对经济风险"病灶""毒瘤"的精准摘除以及对上下游犯罪的全链条发现与打击,又努力减少对合法市场主体的干扰,守护好市场的元气和活力。

总队领导的点拨,让办案民警豁然开朗,他们继续深入侦查发现,此案的嫌疑人以免费乘机、住酒店等为诱饵招揽乘机人,而后根据已掌握的航班延误信息购买对应机票,重复投保航延险,骗取保险理赔金,连续作案数千起。最后,该案共抓获犯罪嫌疑人 27 名,捣毁 4 个犯罪团伙,涉案金额 2000 余万元。

钱红昊说,她热爱这份工作,即使再忙、再累、再苦,过后的回味也是甜丝丝的。说这番话时,可以看到她眼里的坦诚、感到她心里的忠诚。

"天将降大任于是人"这句话,钱红昊不敢说,但是,"苦其心志、劳其筋骨、饿其体肤",她是完全能够做到的,而且是心甘情愿的。

而今迈步,牢记习近平总书记"对党忠诚、服务人民、执法公正、纪律严明"的总要求,钱红昊正带领队友们,在经济犯罪侦查领域里一步一个脚印地勇往直前……

本书作者简介

(按文章先后顺序排序)

孙建伟

中国作家协会会员、全国公安文联会员、上海市作家协会会员,上海公安博物馆客座研究员。原供职上海海关缉私局。著有长篇历史纪实文学《开禁：海关诉说》、长篇小说《芒刺》、中篇小说集《魔都侨影》等。多篇非虚构、随笔、小说发表在《解放日报》《作家文摘》《新民晚报》《上海纪实》《上海小说》《上海滩》等,发表作品200余万字。其中,《芒刺》在第十四届全国公安系统"金盾文化工程"优秀作品评选中获金盾文学奖;《海洋的"心头之痛"》《紧急追踪》《"摩天"之恋》等作品获中国散文学会、全国公安文联、上海市作家协会等颁发的相关奖项。

章慧敏

中国作家协会会员、上海市作家协会会员,上海微型小说学会副会长,上海公安博物馆客座研究员。著有报告文学集《死亡的天使》《人生广角镜》《江山如此多娇》《商海潮》《拐角有爱》《情动天府》《右岸·苏州河》《繁华深处》《鱼翔潜底》等。其中,报告文学《沉重的红十字》被译成日文出版。曾获上海公安文学突出贡献奖。

缪国庆

上海公安博物馆客座研究员。作家、诗人,著有报告文学集、散文集、诗集多种，二十多年来，专注于公安文学创作。曾获上海公安文学突出贡献奖。

徐有威

上海大学二级教授、历史系博士生导师，上海大学中国三线建设研究中心副主任兼秘书长，上海公安博物馆学术顾问。2013年度国家社科基金重大项目"小三线建设资料的整理与研究"首席专家，作为主编或副主编，出版《小三线建设研究论丛（1—9辑）》《新中国小三线建设档案文献整理汇编（第一辑）》《中国共产党与三线建设》《口述上海：小三线建设》等多部著作。

姜龙飞

中国作家协会会员、上海市作家协会会员，上海公安博物馆客座研究员。下过乡、当过兵、做过工、进过机关、编过杂志；发表过一些文章，出版过一些书。退休后仍以文史和写作为乐。曾获上海公安文学突出贡献奖和全国报纸副刊一等奖。

胡晗

上海市公安局城市轨道和公交总队刑侦支队民警，团支部书记，综合室警长。多篇作品发表在《东方剑》《人民警察》，其中，《守护最大轨交路网的"城市猎人"》发表在《中国警察》。曾荣立个人三等功1次，荣获嘉奖2次，荣获上海市公安局青年"五四奖章"。

刘佳雯

上海市公安局特警总队综合办公室（监察室）民警，驻守过执法一线，后扎根综合岗位，长期从事文字材料工作，记录警营中平凡的伟大。曾荣立个人三等功2次。

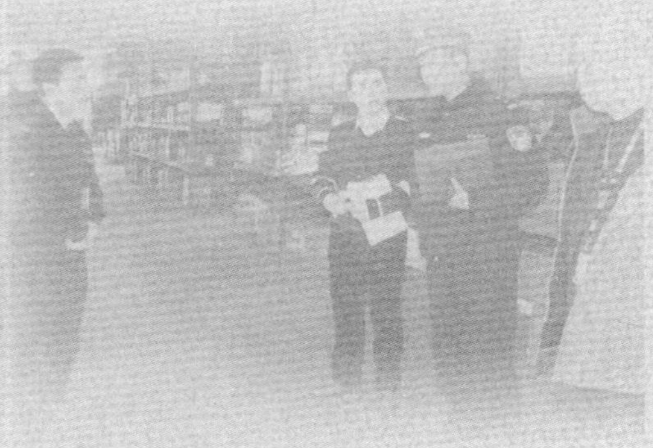

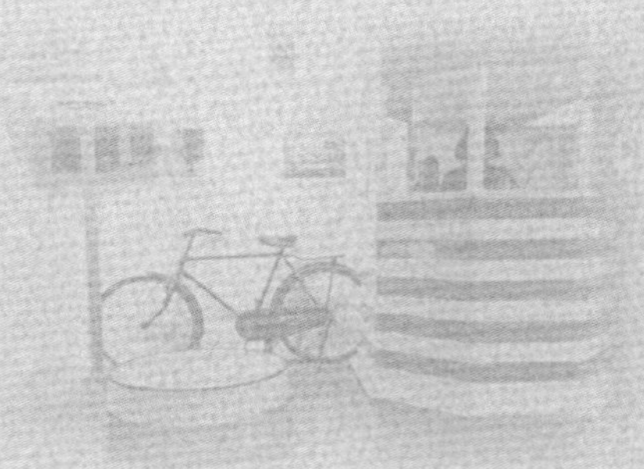

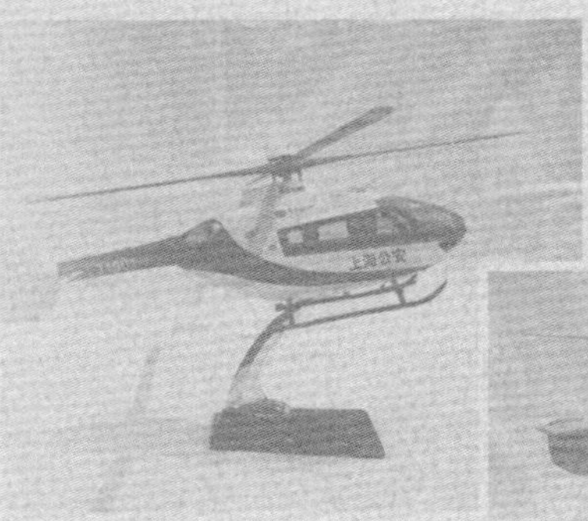

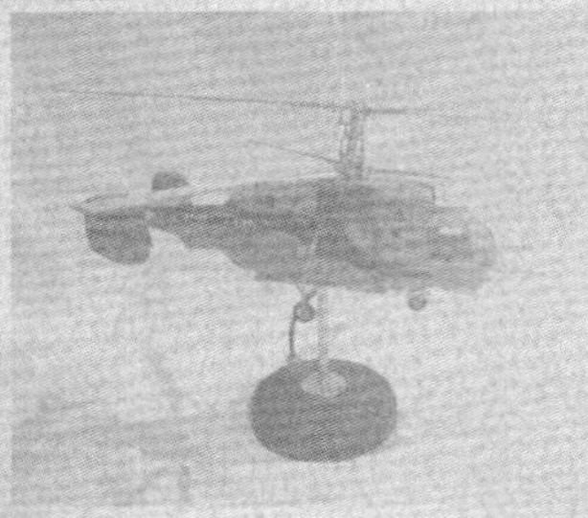

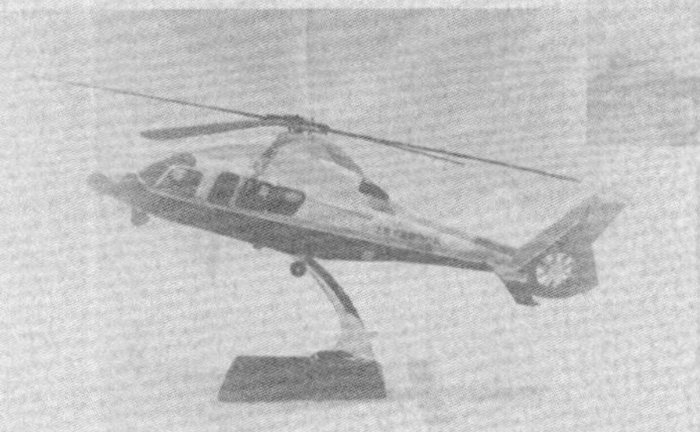

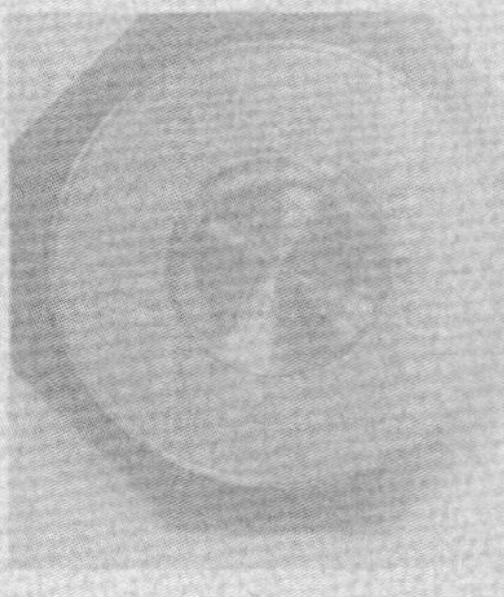

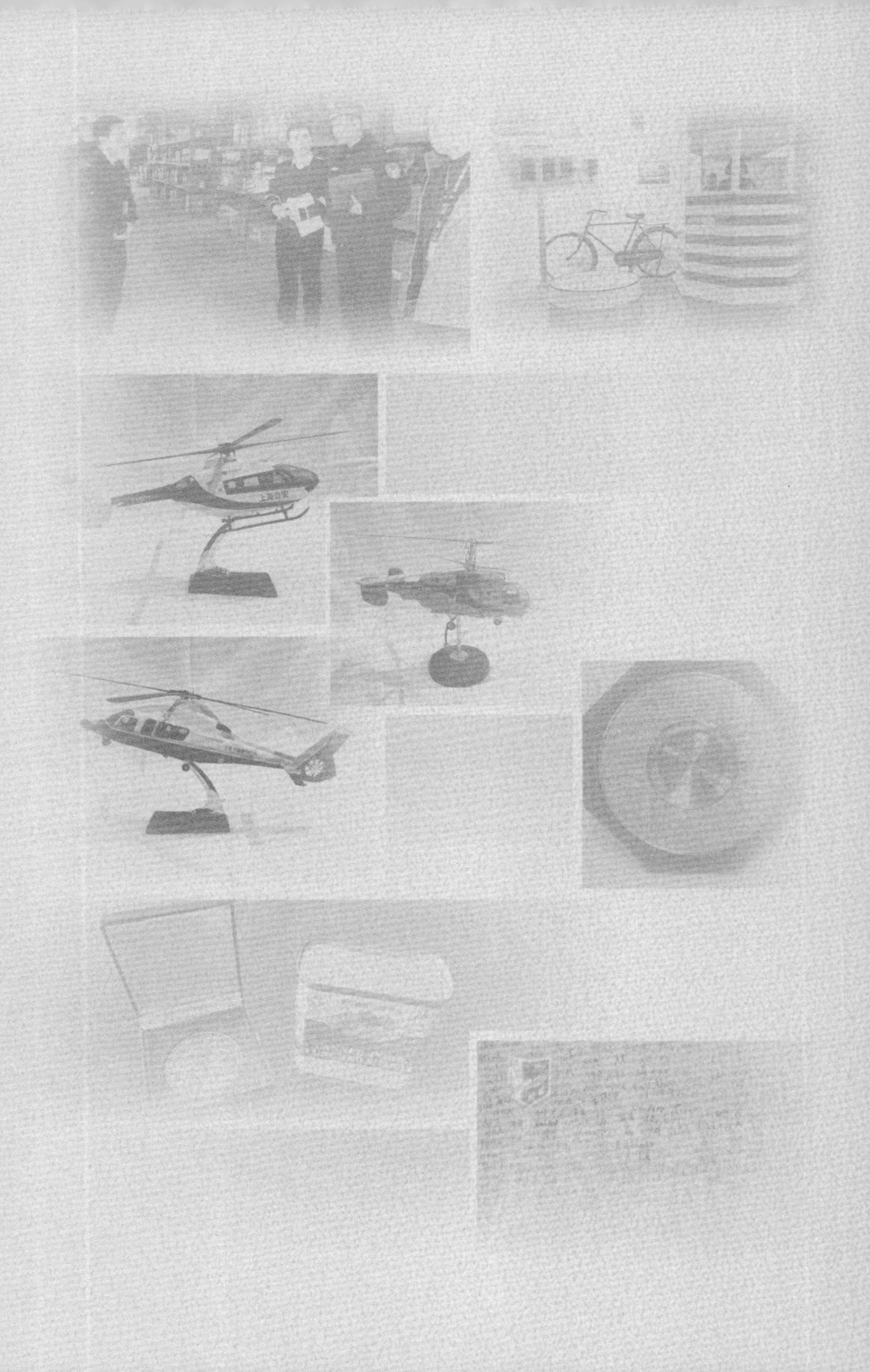

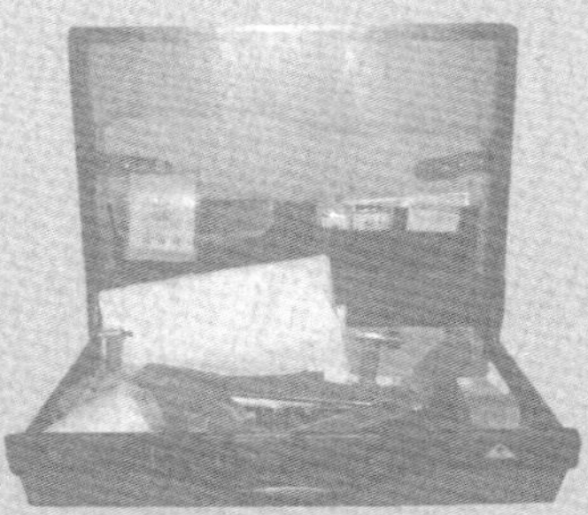

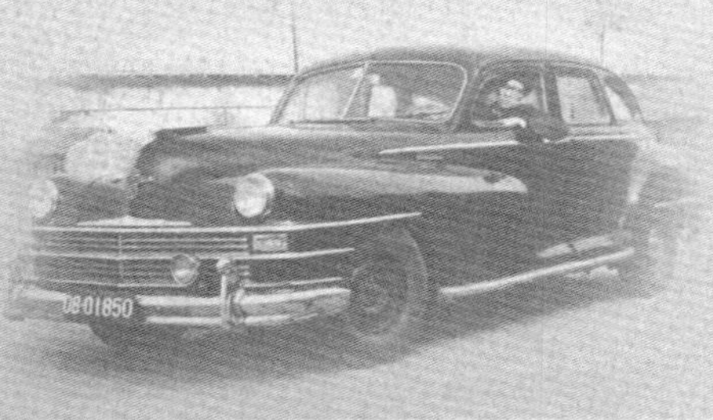

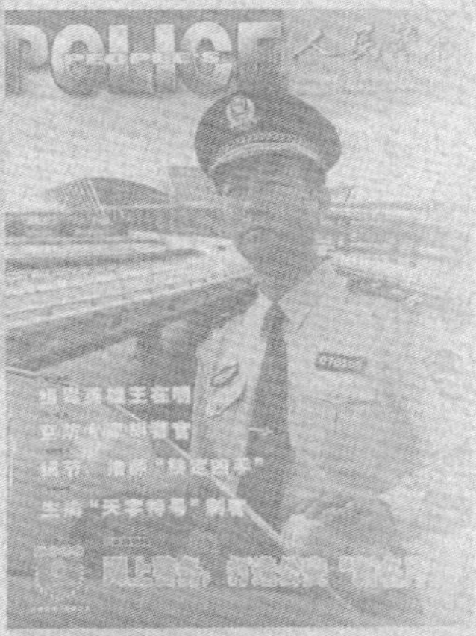

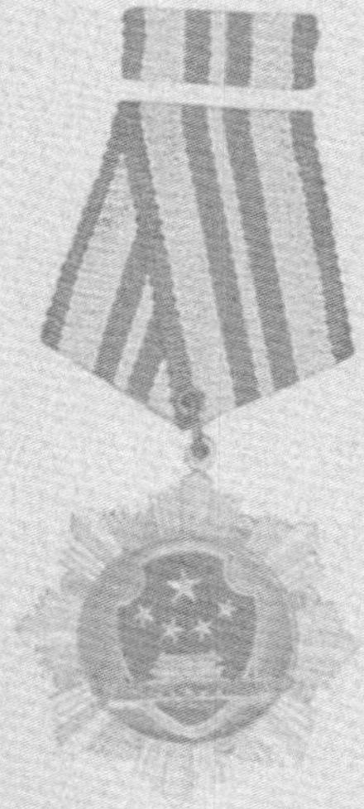

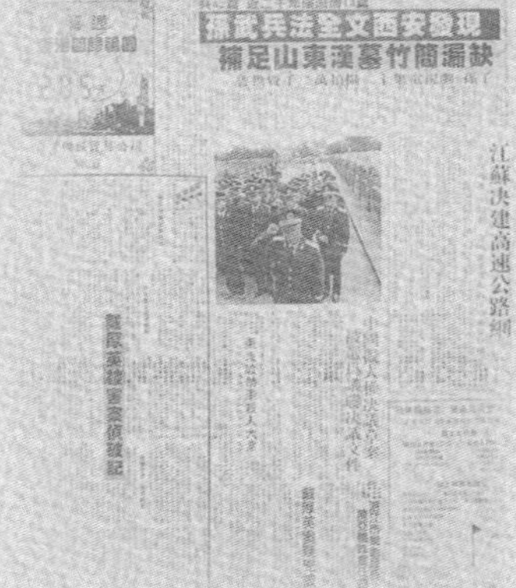

孫武兵法全文西安發現

補足山東漢墓竹簡遺缺

江蘇決建高速公路網

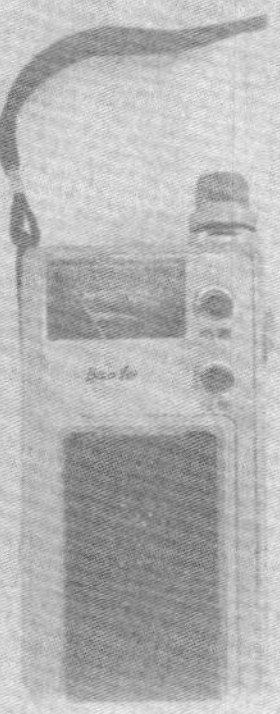

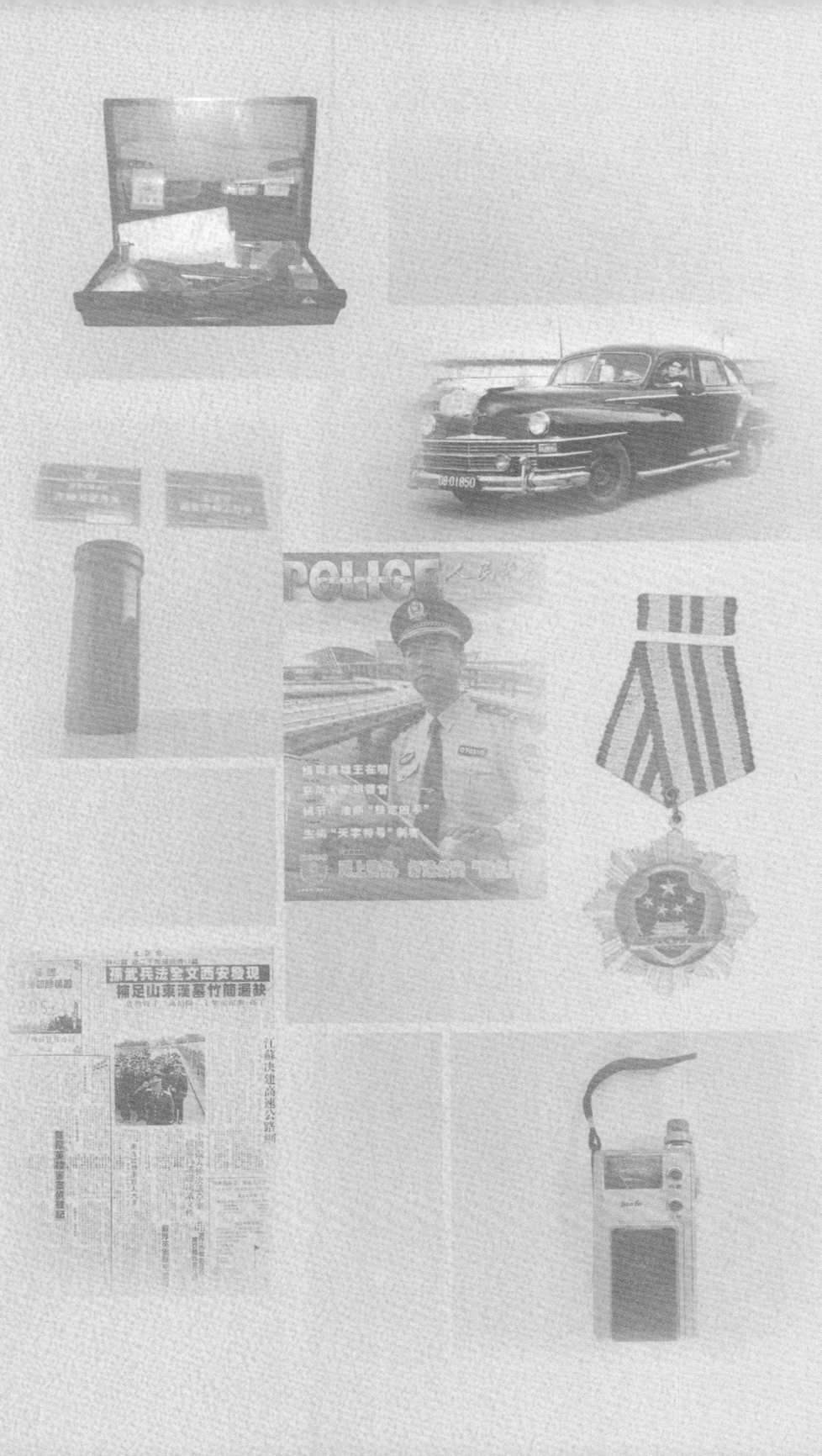